应用型本科财务管理、会计学专业精品系列教材

政府与非营利组织会计

张　新　季荣花　编著

北京理工大学出版社
BEIJING INSTITUTE OF TECHNOLOGY PRESS

内容简介

《政府与非营利组织会计》是会计学的基本原理在政府与非营利组织中的具体运用。近年来,国家修订了一系列政府与非营利组织会计准则、制度,包括:《财政总预算会计制度》《政府会计准则—基本准则》《政府会计制度—行政事业单位会计科目和报表》和系列《政府会计准则》等具体准则。本书以最新的政府与非营利组织会计准则制度为基础,适时更新并修订了相关准则制度的现实应用场景,将其贯彻融合在相关经济业务的会计处理中。本书以政府与非营利组织会计的确认、计量和报告为主线,穿插大量的案例习题,系统阐述了财政总预算、行政事业单位和民间非营利组织三种会计信息的生成过程,为应用型本科院校和高职院校会计学、审计学和公共管理等专业的学生及相关从业人员提供参考和借鉴。

版权专有　侵权必究

图书在版编目(CIP)数据

政府与非营利组织会计/张新,季荣花编著. --北京:北京理工大学出版社,2021.1(2024.1 重印)
ISBN 978-7-5682-9330-3

Ⅰ. ①政⋯　Ⅱ. ①张⋯ ②季⋯　Ⅲ. ①单位预算会计　Ⅳ. ①F810.6

中国版本图书馆 CIP 数据核字(2020)第 252859 号

责任编辑:王晓莉	**文案编辑**:王晓莉
责任校对:刘亚男	**责任印制**:李志强

出版发行 / 北京理工大学出版社有限责任公司
社　　址 / 北京市丰台区四合庄路 6 号
邮　　编 / 100070
电　　话 /(010)68914026(教材售后服务热线)
　　　　　(010)68944437(课件资源服务热线)
网　　址 / http://www.bitpress.com.cn
版 印 次 / 2024 年 1 月第 1 版第 3 次印刷
印　　刷 / 河北盛世彩捷印刷有限公司
开　　本 / 787 mm×1092 mm　1/16
印　　张 / 16
字　　数 / 375 千字
定　　价 / 48.00 元

图书出现印装质量问题,请拨打售后服务热线,负责调换

前言

《政府与非营利组织会计》贯彻落实党的二十大精神，贯彻党的教育方针，落实立德树人根本任务，是应用型大学会计学、审计学和财务管理专业的通用教材，也可以作为政府与非营利组织会计从业人员的实务参考书。为构建中国特色社会主义政府会计理论体系，国家修订了一系列政府与非营利组织会计准则制度，审议通过并颁布了《财政总预算会计制度》《政府会计准则—基本准则》《政府会计制度—行政事业单位会计科目和报表》《政府会计准则第1号—存货》《政府会计准则第2号—投资》《政府会计准则第3号—固定资产》《政府会计准则第4号—无形资产》《政府会计准则第5号—公共基础设施》《政府会计准则第6号—政府储备物资》《政府会计准则第7号—会计调整》《政府会计准则第8号—负债》《政府会计准则第9号—财务报表编制与列报》《政府会计准则第10号—政府和社会资本合作项目合同》等。本书根据最新政府与非营利组织会计准则制度编写，内容涵盖了财政总预算会计、政府会计（行政事业单位会计）和民间非营利组织会计。本书共四篇17章，以政府与非营利组织会计的确认、计量和报告为主线，穿插大量的案例习题，系统阐述了财政总预算、行政事业单位和民间非营利组织三种会计信息的生成过程。本书以二十大精神为指引，遵循并贯彻以下指导思想。

(1) 全面贯彻最新政府与非营利组织会计准则制度，遵循最新税收法规。

(2) 注重实践性和应用性，选择融入德育教育要素的案例，将会计准则制度用现实中通俗易懂的实际经济业务习题训练来呈现，贴近实际经济业务，贯穿政府与非营利组织资金运动全过程，增强学生实际操作和运用能力。

在本书的编写过程中，编者参考了很多著作，在此向作者和出版社表示深深的敬意和感谢。本书编写过程中，力求展现编者多年在政府与非营利组织工作和教学的实践和教学成果。虽经努力，但书中仍难免存在错误或不足，恳请读者批评指正。

编　者
2023 年 8 月

目 录

第一篇 总 论

第一章 政府与非营利组织会计概述 (3)
第一节 政府与非营利组织及其会计组成体系 (3)
第二节 财政预算管理制度 (4)
复习思考题 (11)

第二章 政府与非营利组织会计基本理论体系 (12)
第一节 会计基本假设和记账基础 (12)
第二节 会计信息质量要求 (13)
第三节 会计要素确认与计量 (15)
复习思考题 (28)

第二篇 财政总预算会计

第三章 财政总预算会计的资产 (31)
第一节 财政存款与有价证券 (31)
第二节 暂付及应收款项与在途款 (35)
第三节 借出款项与预拨经费 (37)
第四节 股权投资与应收股利 (39)
复习思考题 (40)

第四章 财政总预算会计的负债 (41)
第一节 应付政府债券与借入款项 (41)
第二节 应付国库集中支付结余与已结报支出 (44)
第三节 暂收及应付款项与其他各类负债 (45)
复习思考题 (47)

第五章 财政总预算会计的收入 (48)
第一节 政府基本预算收入 (48)

第二节　财政专户管理资金收入与专用基金收入 ……………………… (50)
　　第三节　转移性收入与动用预算稳定调节基金 …………………………… (51)
　　第四节　债务收入及债务转贷收入 ………………………………………… (54)
　　复习思考题 ………………………………………………………………………… (56)

第六章　财政总预算会计的支出 ……………………………………………… (57)
　　第一节　政府基本预算支出 ………………………………………………… (57)
　　第二节　财政专户管理资金支出和专用基金支出 ………………………… (59)
　　第三节　转移性支出和安排预算稳定调节基金 …………………………… (61)
　　第四节　债务还本支出和债务转贷支出 …………………………………… (64)
　　复习思考题 ………………………………………………………………………… (65)

第七章　财政总预算会计的净资产 …………………………………………… (66)
　　第一节　各项结转结余 ……………………………………………………… (66)
　　第二节　预算周转金和预算稳定调节基金 ………………………………… (69)
　　第三节　资产基金和待偿债净资产 ………………………………………… (71)
　　复习思考题 ………………………………………………………………………… (71)

第八章　财政总预算会计报表的编制 ………………………………………… (72)
　　第一节　财政总预算会计年终清理和结账 ………………………………… (72)
　　第二节　财政总预算会计报表的编制 ……………………………………… (74)
　　复习思考题 ………………………………………………………………………… (83)

第三篇　政府会计（行政事业单位会计）

第九章　行政事业单位的资产 …………………………………………………… (87)
　　第一节　流动资产 …………………………………………………………… (87)
　　第二节　事业单位的对外投资 ……………………………………………… (104)
　　第三节　行政事业单位的固定资产 ………………………………………… (111)
　　第四节　行政事业单位的无形资产 ………………………………………… (120)
　　第五节　政府资产与受托资产 ……………………………………………… (125)
　　第六节　待摊费用与待处置资产 …………………………………………… (136)
　　复习思考题 ………………………………………………………………………… (139)

第十章　行政事业单位的负债 …………………………………………………… (140)
　　第一节　流动负债 …………………………………………………………… (140)
　　第二节　非流动负债 ………………………………………………………… (153)
　　复习思考题 ………………………………………………………………………… (156)

第十一章　行政事业单位的收入和预算收入 ………………………………… (157)
　　第一节　行政事业单位的收入 ……………………………………………… (157)
　　第二节　行政事业单位的预算收入 ………………………………………… (165)

复习思考题 ……………………………………………………………………… (172)

第十二章　行政事业单位的费用和预算支出 ………………………………… (173)
　　第一节　行政事业单位的费用 …………………………………………… (173)
　　第二节　行政事业单位的预算支出 ……………………………………… (181)
　　复习思考题 ………………………………………………………………… (189)

第十三章　行政事业单位的净资产和预算结余 ……………………………… (190)
　　第一节　行政事业单位的净资产 ………………………………………… (190)
　　第二节　行政事业单位的预算结余 ……………………………………… (196)
　　复习思考题 ………………………………………………………………… (203)

第十四章　行政事业单位会计报表的编制 …………………………………… (204)
　　第一节　年终清理和结账 ………………………………………………… (204)
　　第二节　财务会计报表 …………………………………………………… (206)
　　第三节　预算会计报表 …………………………………………………… (212)
　　复习思考题 ………………………………………………………………… (218)

第四篇　民间非营利组织会计

第十五章　民间非营利组织的资产和负债 …………………………………… (221)
　　第一节　民间非营利组织的资产 ………………………………………… (221)
　　第二节　民间非营利组织的负债 ………………………………………… (224)
　　复习思考题 ………………………………………………………………… (225)

第十六章　民间非营利组织的收入、费用和净资产 ………………………… (226)
　　第一节　民间非营利组织的收入 ………………………………………… (226)
　　第二节　民间非营利组织的费用 ………………………………………… (230)
　　第三节　民间非营利组织的净资产 ……………………………………… (232)
　　复习思考题 ………………………………………………………………… (234)

第十七章　民间非营利组织会计报表的编制 ………………………………… (235)
　　第一节　资产负债表 ……………………………………………………… (235)
　　第二节　业务活动表 ……………………………………………………… (237)
　　第三节　现金流量表 ……………………………………………………… (239)
　　复习思考题 ………………………………………………………………… (241)

主要参考文献 …………………………………………………………………… (242)

第一篇 总 论

▶ 第一章 政府与非营利组织会计概述
▶ 第二章 政府与非营利组织会计基本理论体系

第一章

政府与非营利组织会计概述

学习目的

了解政府与非营利组织的概念和组成体系；掌握政府与非营利组织会计的概念；熟悉我国财政预算管理制度。

第一节 政府与非营利组织及其会计组成体系

一、政府与非营利组织

随着社会的不断发展和进步，社会组织形态不断细化。根据社会结构理论，现代社会组织形式分为政府组织、营利组织和非营利组织三大类型，它们分别是政治领域、经济领域和社会领域的主要组织形式。

在我国，人们通常将政府组织和非营利组织称为预算单位，主要包括行政单位和事业单位。行政单位是指进行国家行政管理，组织经济建设和文化建设，维护社会公共秩序的单位，包括国家权力机关、行政机关、司法机关、检察机关以及各级党政和人民团体。事业单位是指不直接从事物质资料的生产和流通，不具有国家管理职能，直接或间接地为上层建筑、生产建设和人民生活服务的单位，包括科学、文化、广播电视、信息、卫生、体育等科学文化单位，气象、水利、计划生育、社会福利等公益事业单位，公证、法律服务等中介机构。

非营利组织不以营利为目的，资源提供者不图回报，资源供应者不享有该组织的所有权益。非营利组织主要包括事业单位和民间非营利组织。民间非营利组织是指在中华人民共和国境内依法成立的各类社会团体、基金会、民办非企业单位（企业事业单位、社会团体和其他社会力量以及公民个人利用非国有资产举办的，从事非营利性社会服务活动的社会组织）、寺院、宫观、清真寺、教堂等。

二、政府与非营利组织会计组成体系

（一）财政总预算会计

财政总预算会计是各级政府财政部门核算和监督政府预算执行和财政周转性资金活动的专业会计。财政总预算会计的会计核算一般采用收付实现制，部分经济业务或者事项应当按照规定采用权责发生制核算。

我国政权划分为中央、省（自治区、直辖市）、市、县、乡五级，财政总预算会计也相应划分为五级。

（二）政府会计（行政事业单位会计）

政府会计分为预算会计和财务会计。

预算会计是指以收付实现制为基础，对政府会计主体预算执行过程中发生的全部收入和全部支出进行会计核算，主要反映和监督预算收支执行情况的会计。

财务会计是指以权责发生制为基础，对政府会计主体发生的各项经济业务或者事项进行会计核算，主要反映和监督政府会计主体财务状况、运行情况和现金流量等的会计。

（三）民间非营利组织会计

民间非营利组织会计是以民间非营利组织的交易或者事项为对象，记录和反映该组织各项业务活动的专业会计。

政府与非营利组织会计体系组成部分中，各部分既相互独立，又密切联系。例如，财政总预算会计与行政单位、事业单位和部分纳入预算管理的民间非营利组织之间有资金收拨关系，财政总预算会计拨款时形成财政支出，收款单位形成财政拨款收入或政府补助收入等，因此形成了各组成部分会计信息之间的相互联系。

第二节 财政预算管理制度

政府与非营利组织会计的核算对象（资金运动）受财政预算管理制度的约束。财政预算管理是政府的一项重要职能，对国民经济的健康运行至关重要。财政预算是经法定程序审批的，政府在一个财政年度内的基本财政收支计划。财政预算规范和安排着财政活动，直接体现着政府的政策意向，直接关系到社会经济运作的好坏，所以，必须预先做出周密的计划和规划。所以，对财政预算进行科学、规范的管理尤为重要。财政预算管理是现代国家公共财政体制建设的基本内容，也是衡量一国财政管理现代化水平的重要标志之一。财政预算管理制度主要包括部门预算制度、国库集中收付制度、政府采购制度、政府非税收入管理制度和政府收支分类管理制度。

一、部门预算制度

(一) 部门预算制度的含义

部门预算是指以政府部门为单位进行编制，经财政部门审核后报人民代表大会审议通过，反映部门所有的收入和支出的预算。部门预算的实施，严格了预算管理，增加了政府工作的透明度，是预防腐败的重要手段，是财政预算管理制度的重要内容。

《中华人民共和国预算法》（以下简称《预算法》）于1994年3月22日第八届全国人民代表大会第二次会议通过，并于1995年1月1日起施行。此后，2014年8月31日，第十二届全国人民代表大会常务委员会第十次会议表决通过了第一次修订；2018年12月29日，第十三届全国人民代表大会常务委员会第七次会议表决通过了第二次修订。《预算法》包括总则、预算管理职权、预算收支范围、预算编制、预算审查和批准、预算执行、预算调整、决算、监督、法律责任、附则等方面的内容。

实行部门预算制度，需要将部门的各种财政性资金、部门所属单位收支全部纳入预算编制。部门预算收支既包括行政单位预算，也包括事业单位预算；既包括一般公共收支预算，也包括政府性基金收支预算；既包括基本支出预算，也包括项目支出预算；既包括财政部门直接安排预算，也包括有预算分配权的部门安排的预算，还包括预算外资金安排的预算。

(二) 部门预算的编制方法

收入预算编制采用标准收入预算法。通过对国民经济运行情况和重点税源的调查，建立收入动态数据库和国民经济综合指标库，在对经济、财源及其发展变化趋势进行分析论证的基础上，选取财政收入相关指标，建立标准收入预算模型，根据可预见的经济性、政策性和管理性等因素，确定修正系数，编制标准收入预算。

支出预算编制采用零基预算法。支出预算包括基本支出预算和项目支出预算。其中，基本支出预算实行定员定额管理，人员支出预算按照定员标准逐人核定；日常公用支出预算按照部门性质、职责、工作量等划分为若干档次。项目支出预算是预算单位为完成其特定功能确定的年度项目，并依据具体工作内容编制的年度项目支出计划。项目支出预算需要制订中长期项目安排计划，根据部门发展规划，结合财力状况，在预算中优先安排急需可行的项目，在此基础上，编制具有综合财政预算特点的部门预算。

二、国库集中收付制度

(一) 国库集中收付制度的含义

国库集中收付制度是指建立国库单一账户体系，所有财政性资金都纳入国库单一账户管理，收入直接缴入国库或财政专户，支出通过国库单一账户体系，按照不同支付类型，采用财政直接支付与授权支付的方法，支付到商品或货物供应者或用款单位。

实行国库集中收付制度后，预算单位的财政资金全部集中在国库集中收付系统，有利于财政部门统一调度资金，调余补缺，缩小财政赤字，从而提高财政资金的使用效率。同时，所有财政资金都通过国库单一账户体系收付，有利于中央银行和财政部门对国库资金的监督管理和调控。

（二）我国国库集中收付制度的主要内容

1. 建立国库单一账户体系

国库单一账户体系包括国库单一账户、财政部门的零余额账户、预算外资金财政专户、小额现金账户和特设专户。

（1）国库单一账户为国库存款账户，用于记录、核算和反映纳入预算管理的财政收入和支出活动，并用于与财政部门在商业银行开设的零余额账户进行清算，实现支付。

（2）财政部门的零余额账户，用于财政直接支付和与国库单一账户支出清算。预算单位的零余额账户用于财政授权支付和清算。

（3）预算外资金财政专户，用于记录、核算和反映预算外资金的收入和支出活动，并用于预算外资金日常收支清算。

（4）小额现金账户，用于记录、核算和反映预算单位的零星支出活动，并用于与国库单一账户清算。

（5）特设专户，用于记录、核算和反映预算单位的特殊专项支出活动，并用于与国库单一账户清算。

2. 规范收入收缴程序

（1）收入类型。按政府收支分类标准，对财政收入进行分类。

（2）收缴方式。财政收入的收缴方式分为直接缴库和集中汇缴两种。

1）直接缴库是由缴款单位或缴款人按有关法律规定，直接将应缴收入缴入国库单一账户或预算外资金财政专户。

2）集中汇缴是由征收机关（有关法定单位）按有关法律法规规定，将所收的应缴收入汇总缴入国库单一账户或预算外资金财政专户。

（3）收缴程序。直接缴库的税收收入，由纳税人或税务代理人提出纳税申报，经征收机关审核无误后，由纳税人通过开户银行将税款缴入国库单一账户。小额零散税收和法律另有规定的应缴收入，由征收机关于收缴收入的当日汇总缴入国库单一账户。

3. 规范支出拨付方式和程序

（1）支付方式。财政资金的支付方式分为财政直接支付和财政授权支付两种。

1）财政直接支付是指由财政部门开具支付指令，通过国库单一账户体系，直接将财政资金支付到收款人（商品或劳务供应者）或用款单位账户。实行财政直接支付的主要包括工资支出、购买支出以及中央对地方的专项支出等。

2）财政授权支付是指预算单位根据财政授权，自行开具支付指令，通过国库单一账户体系将资金支付到收款人账户。实行财政授权支付的支出主要包括未实现财政直接支付的购买支出和零星支出。

(2) 支付程序。

1) 财政直接支付的程序为：预算单位按照批复的部门预算和资金使用计划，向财政国库支付执行机构提出支付申请；财政国库支付执行机构根据批复的部门预算和资金使用计划及相关要求对支付申请进行审核，审核无误后向代理银行发出支付指令，并通知中国人民银行国库部门；通过代理银行，进入全国银行代理清算系实时清算，财政资金从国库单一账户划拨到收款人的银行账户。

2) 财政授权支付的程序为：预算单位按照批复的预算和资金使用计划，向财政国库支付执行机构申请授权支付的月度用款限额；财政国库支付执行机构将批准后的限额通知代理银行和预算单位，并通知中国人民银行国库部门；预算单位在用款额度内，自行开具支付指令，通过财政国库支付执行机构转由代理银行向收款人付款，并与国库单一账户进行清算。

三、政府采购制度

(一) 政府采购的含义

政府采购是指各级政府及其所属机构为了开展日常活动或为公众提供公共服务，在财政的监督下，以法定的方式、方法和程序，对货物、工程或服务的购买。

我国的政府采购工作试点始于1996年，1998年试点范围迅速扩大。2002年6月，我国颁布了《中华人民共和国政府采购法》（以下简称《政府采购法》），于2003年1月1日起施行，与《预算法》同步于2014年进行了修订。《政府采购法》包括总则、政府采购当事人、政府采购方式、政府采购程序、政府采购合同、质疑和投诉、监督检查、法律责任、附则等方面内容。

实行政府采购制度可以促进公共资源优化配置，引导市场发展以及实施财政监督。政府采购所用的财政资金是公共资源的主要部分之一，通过政府采购，一方面可以优化公共资源配置；另一方面政府采购具有政策效应，可以引导市场配合财政政策从而促进公共资源的优化配置。例如，政府采购可以向节能环保、新能源、高端装备制造等高科技企业发出订单，从而引导供应商向国家鼓励的新兴产业发展；还可以对需要稳定物价的商品进行采购，从而调节物价。政府采购通过招投标的方式进行交易，使政府的各项采购活动在公开、公正、公平、透明的环境中运作，形成财政、审计、供应商和社会公众等全方位、全流程参与监督的机制，从而有效抑制政府采购活动的幕后交易、暗箱操作等腐败现象。

(二) 我国政府采购制度的主要内容

1. 政府采购资金的来源渠道

政府采购资金包括财政性资金（预算资金和预算外资金）和与财政性资金相配套的单位自筹资金。预算资金是指财政预算安排的资金，包括预算执行中追加的资金。预算外资金是指按规定缴入财政专户和经财政部门批准留用的未纳入财政预算收入管理的财政性资金。单位自筹资金是指采购机关按照政府采购拼盘项目的要求，按规定用单位自有资金安排的资金。

2. 政府采购资金专户

政府采购资金专户是指财政国库管理机构按规定在代理银行开设的用于支付政府采购资金的专户（政府采购资金专门账户）。任何部门（包括集中采购机关）都不得自行开设政府采购资金专户。

3. 政府采购资金的支付方式

政府采购资金财政直接支付方式分为三种：财政全额直接拨付方式、财政差额直接拨付方式及采购卡支付方式。

（1）财政全额直接拨付方式是指财政部门和采购单位按照先集中后支付的原则，在采购活动开始前，采购单位必须先将单位自筹资金和预算外资金汇集到政府采购资金专户，需要支付资金时，财政部门根据合同履行情况，将预算资金和已经汇集的单位自筹资金和预算外资金通过政府采购资金专户一并拨付给中标供应商。

（2）财政差额直接拨付方式是指财政部门和采购单位按照政府采购拼盘项目合同中约定的各方负担的资金比例，分别将预算资金和预算外资金及单位自筹资金拨付给中标供应商。采购资金全部为预算资金的采购项目也实行这种支付方式。

（3）采购卡支付方式是指采购机关使用选定的某家商业银行借记卡支付采购资金的方式，适用于采购单位经常性的零星采购项目。

4. 政府采购资金的支付程序

（1）资金汇集。

实行财政全额直接拨付方式的采购项目，采购单位应当在采购活动开始前的三个工作日，依据政府采购计划，将应分担的预算外资金和单位自筹资金足额划入政府采购资金专户。实行财政差额直接拨付方式的采购项目，采购单位应当在确保具备支付应分担资金能力的前提下开展政府采购活动。

（2）支付申请。

采购单位根据合同约定需要付款时，应当向同级财政部门主管机构提交预算拨款申请书和相关采购文件。其中，实行财政差额直接拨付方式的，必须经财政部门政府采购主管机构确认已先支付自筹资金和预算外资金后，才可提出预算申请。

（3）支付。

财政部门国库管理机构审核采购单位填报的政府采购资金拨付申请书或预算拨款申请书无误后，按实际发生数并通过政府采购资金专户支付给供应商。实行财政差额直接拨付方式的，应按先预算单位自筹资金和预算外资金，后预算资金的顺序执行。

四、政府非税收入管理制度

（一）政府非税收入的含义

政府非税收入是指除税收以外，由各级国家机关、事业单位、代行政府职能的社会团体及其他组织依法利用国家权力、政府信誉、国有资源（资产）所有者权益等取得的各项收入。政府非税收入是政府财政收入的重要组成部分，是政府参与国民收入分配和再分配的一种形式。

（二）政府非税收入的管理

1. 明确政府非税收入管理范围。

按照建立健全公共财政体制的要求，政府非税收入管理范围包括：行政事业性收费、政府性基金、国有资源（资产）有偿使用收入、国有资本经营收益、彩票公益金、罚没收入、以政府名义接受的捐赠收入、主管部门集中收入、政府财政资金产生的利息收入等。政府非税收入不包括社会保险费、住房公积金（计入缴存人个人科目部分）。

2. 政府非税收入实行分类分级管理。

根据非税收入的不同类别和特点，制定与分类相适应的管理制度，鼓励各地区探索和建立符合本地区实际的非税收入管理制度。

3. 政府非税收入纳入预算管理。

非税收入纳入财政预算，实行"收支两条线"管理。执收单位要编报非税收入年度收入预算，不得违规多征、提前征收或者减征、免征、缓征非税收入。

4. 完善政府非税收入收缴管理。

非税收入可以由财政部门直接征收，也可以由财政部门委托的部门和单位（以下简称执收单位）征收。按照深化"收支两条线"管理改革和财政国库管理制度改革的要求，各级财政部门要积极推进非税收入收缴管理制度改革，加强对非税收入的监督管理，确保非税收入全部上缴国库，任何部门、单位和个人不得截留、占用、挪用、坐支或者拖欠。非税收入收缴实行国库集中收缴制度，应当通过国库单一账户体系收缴、存储、退付、清算和核算。

5. 加强政府非税收入票据管理。

非税收入票据是征收非税收入的法定凭证和会计核算的原始凭证，是财政、审计等部门进行监督检查的重要依据。非税收入票据种类包括非税收入通用票据、非税收入专用票据和非税收入缴款书。各级财政部门应当通过加强非税收入票据管理，规范执收单位的征收行为，从源头上杜绝乱收费，并确保依法合规的非税收入及时、足额上缴国库。执收单位使用非税收入票据，一般按照财务隶属关系向同级财政部门申领。除财政部另有规定以外，执收单位征收非税收入应当向缴纳义务人开具财政部或者省级财政部门统一监（印）制的非税收入票据。非税收入票据使用单位不得转让、出借、代开、买卖、擅自销毁、涂改非税收入票据；不得串用非税收入票据，不得将非税收入票据与其他票据互相替代。非税收入票据使用完毕，使用单位应当按顺序清理票据存根、装订成册、妥善保管。非税收入票据存根的保存期限一般为 5 年。保存期满需要销毁的，报经原核发票据的财政部门查验后销毁。

6. 完善政府非税收入分成管理政策。

根据分级财政管理体制，非税收入实行中央和地方分成的，应当按照事权与支出责任相适应的原则确定分成比例，并按下列管理权限予以批准：涉及中央与地方分成的非税收入，其分成比例由国务院或者财政部规定；涉及省级与市、县级分成的非税收入，其分成比例由省级人民政府或者其财政部门规定；涉及部门、单位之间分成的非税收入，其分成比例按照隶属关系由财政部或者省级财政部门规定。未经国务院和省级人民政府及其财政部门批准，不得对非税收入实行分成或者调整分成比例。

7. 建立健全政府非税收入监督管理制度。

各级财政部门应当建立健全非税收入监督管理制度，加强对非税收入政策执行情况的监督检查，依法处理非税收入违法违规行为。执收单位应当建立健全内部控制制度，接受财政部门和审计机关的监督检查，如实提供非税收入情况和相关资料。各级财政部门和执收单位应当通过政府网站和公共媒体等渠道，向社会公开非税收入项目名称、设立依据、征收方式和标准等，并加大预决算公开力度，提高非税收入透明度，接受公众监督。

五、政府收支分类管理制度

（一）政府收支分类的定义

政府收支分类就是对政府收入和支出进行类别和层次划分，以全面、准确、清晰地反映政府收支活动。政府收支分类改革的指导思想是，适应市场经济条件下转变政府职能、建立健全公共财政体系的总体要求，逐步形成一套既适合我国国情又符合国际通行做法的、较为规范合理的政府收支分类体系，为进一步深化财政改革、提高预算透明度、强化预算监督创造有利条件。

（二）政府收支分类管理的主要内容

目前政府收支分类体系由收入分类、支出功能分类、支出经济分类三部分组成。

（1）收入分类，主要反映政府收入的来源和性质。根据目前我国政府收入构成情况，结合国际通行的分类方法，将政府收入分为类、款、项、目四级。《2020年政府收支分类科目》中，一般公共预算收入类级科目包括税收收入、非税收入、债务收入、转移性收入四类。

（2）支出功能分类，主要反映政府活动的不同功能和政策目标。根据社会主义市场经济条件下政府职能活动情况及国际通行做法，将政府支出分为类、款、项三级。《2020年政府收支分类科目》中，一般公共预算支出类级科目包括一般公共服务支出、外交支出、国防支出、公共安全支出、教育支出、科学技术支出、文化旅游体育与传媒支出、社会保障和就业支出、卫生健康支出、节能环保支出、城乡社区支出、农林水支出、交通运输支出、资源勘探工业信息等支出、商业服务业等支出、金融支出、援助其他地区支出、自然资源海洋气象等支出、住房保障支出、粮油物质储备支出、灾害防治及应急管理支出、预备费支出、其他支出、转移性支出、债务还本支出、债务付息支出、债务发行费用支出二十七类。

（3）支出经济分类，主要反映政府预算支出的经济性质和具体用途。支出经济分类设类、款两级。《2020年政府收支分类科目》中，部门预算支出类级科目包括工资福利支出、商品和服务支出、对个人和家庭的补助、债务利息及费用支出、资本性支出（基本建设）、资本性支出、对企业补助（基本建设）、对企业补助、对社会保障基金补助、其他支出十类。

复习思考题

1. 政府与非营利组织会计的定义是什么？简述政府与非营利组织会计的组成体系。
2. 什么是政府采购？政府采购资金的支付方式有哪些？
3. 什么是国库集中收付制度？我国国库集中收付制度的主要内容是什么？
4. 什么是部门预算制度？简述部门预算的编制方法。
5. 什么是政府非税收入？政府非税收入包括哪些？
6. 政府收支分类管理的主要内容有哪些？

第二章

政府与非营利组织会计基本理论体系

学习目的

了解政府与非营利组织会计基本假设；掌握政府与非营利组织会计的记账基础；了解政府与非营利组织会计信息质量要求；掌握政府与非营利组织会计要素确认与计量。

第一节 会计基本假设和记账基础

一、政府与非营利组织会计的基本假设

政府与非营利组织会计的基本假设是对政府与非营利组织会计核算所处的空间环境、时间所作的合理设定。设定会计基本假设是为了保证政府与非营利组织会计工作的正常进行和会计信息的质量。政府与非营利组织会计的基本假设有以下四个。

（一）会计主体

会计主体是指会计信息所反映的特定单位或组织，是对会计对象和会计工作的空间范围所作的限定，也界定了会计信息的主体范围。会计主体作为会计核算的基本假设之一，为日常的会计处理提供了空间依据。各项会计工作，会计确认、计量、记录和报告都必须在确定的会计主体范围内进行。

政府与非营利组织的会计核算应该以特定的政府与非营利组织的资金运动为对象，只记录、反映和报告其会计主体本身的各项业务活动。政府会计的会计主体是各级政府、各部门、各单位，各部门、各单位是指与本级政府财政部门直接或者间接发生预算拨款关系的国家机关、军队、政党组织、社会团体、事业单位和其他单位。非营利组织的会计主体主要是民间非营利组织。会计主体假设要求会计工作严格区分特定会计主体的经济活动和其他会计

主体的经济活动的界限。

（二）持续运行

持续运行是指在可以预见的将来，政府和非营利组织将会按照当前的规模和状态继续存在下去，不会停业，也不会大规模削减业务。持续运行是对会计核算时间范围的界定。这一规定要求政府与非营利组织会计以持续、正常的业务活动为前提，连续记录、计量和报告政府与非营利组织的经济活动结果，对会计要素的计价应当按照正常的程序和方法进行。

（三）会计分期

会计分期是指将政府与非营利组织会计主体持续不断的经济业务活动划分为一个个连续的、长短相同的期间，以便分期结算账目，按规定编制决算报告和财务报告，向有关方面提供会计信息。

会计期间一般按照日历时间划分，分为年、季、月，政府与非营利组织会计制度规定会计期间至少分为年度和月度。会计年度、月度等会计期间的起讫日期采用公历日期。会计分期假设与持续运行假设一样，都是为政府与非营利组织会计的业务活动做了时间上的规定。会计分期假设依赖于持续运行假设，持续运行假设需要会计分期假设，两者相互补充，不可分离。

（四）货币计量

货币计量是指政府与非营利组织的一切经济业务或事项均以货币单位作为计量标准，以便综合、全面、系统、完整地反映政府与非营利组织的资金运动。货币计量假设是对会计信息的表现形式所做的假定。

在我国，政府与非营利组织会计核算应当以人民币为记账本位币。发生外币业务时，应当将有关外币金额折算为人民币金额计量，同时登记外币金额。

二、政府与非营利组织会计的记账基础

记账基础是指将政府与非营利组织的经济业务或者事项纳入会计核算系统的依据。也就是说，政府与非营利组织的经济业务什么时候、以什么样的金额才能成为政府与非营利组织的会计要素。

政府与非营利组织的记账基础有收付实现制和权责发生制。政府会计（包括财政总预算会计）中的预算会计核算采用收付实现制，财务会计核算采用权责发生制；民间非营利组织的会计核算采用权责发生制。

第二节　会计信息质量要求

会计信息质量要求是进行会计工作的规范和评价会计工作质量的标准，也是对会计核算提供信息的基本要求。

一、可靠性（真实性、客观性）

政府与非营利组织应当以实际发生的经济业务或者事项为依据进行会计核算，如实反映各项会计要素的情况和结果，保证会计信息真实可靠。

二、全面性

政府与非营利组织会计主体应当将发生的各项经济业务统一纳入会计核算，确保会计信息能够全面反映政府与非营利组织会计主体预算收支的执行结果、财务状况、运行情况和现金流量等。

三、相关性

政府与非营利组织会计主体提供的会计信息，应当与反映政府会计主体公共受托责任履行情况、民间非营利组织资源使用者受托管理责任，以及报告使用者决策或者监督、管理的需要相关，有助于报告使用者对政府与非营利组织会计主体过去、现在或者未来的情况做出评价或者预测。

四、可比性

政府与非营利组织会计主体提供的会计信息应当具有可比性。同一政府与非营利组织会计主体不同时期发生的相同或者相似的经济业务或者事项，应当采用一致的会计政策，不得随意变更，确需变更的，应当将变更的内容、理由及影响在附注中予以说明。不同政府与非营利组织会计主体发生的相同或者相似的经济业务或者事项，应当采用一致的会计政策，确保政府会计信息口径一致，相互可比。

五、及时性

政府与非营利组织会计主体对已经发生的经济业务或者事项，应当及时进行会计核算，不得提前或者延后。

六、明晰性（可理解性）

政府与非营利组织会计主体提供的会计信息应当清晰明了，便于报告使用者理解和使用。

七、重要性

政府与非营利组织会计主体要确定其本身的重要会计事项，并对其分别核算，分项反映，在会计报告中重点列报；对于次要的会计事项，在不影响会计信息真实性和相关性的前提下，可以适当简化会计核算。

八、专款专用

对于财政预算拨款和其他指定用途的资金，政府与非营利组织会计主体应按规定的用途和时间使用，不能擅自改变，挪作他用。专款专用原则是政府与非营利组织会计的特有原则。

九、配比性

政府与非营利组织在进行会计核算时，收入与其费用应当相互配比，同一会计期间的各项收入与其相关费用，应当在该会计期间确认。有经营收支业务活动的非营利组织，经营收入与其相关的经营费用应当配比，在同一会计期间登记入账，以计算经营收支结余。

十、谨慎性

非营利组织会计主体在面对不确定的环境因素时，会计人员应持审慎态度，尽可能选择低估资产和收入，尽可能充分预计费用和损失计入当期损益的会计处理方法，使会计核算尽可能建立在较为稳妥的基础上，提高非营利组织应对风险的能力。例如，合理充分地计提各项资产减值准备、预计负债等。

十一、划分收益性支出与资本性支出原则

非营利组织会计主体在会计核算时应当合理划分收益性支出和资本性支出的界限。支出的效益仅限于本年度的，应当作为收益性支出，由本年收入弥补；支出的效益与几个会计年度相关的，应当作为资本性支出，采用一定的方法，计入相关年度内的费用，逐年补偿。

十二、实质重于形式

非营利组织会计主体应当按照经济业务或者事项的经济实质进行会计核算，不限于以经济业务或者事项的法律形式为依据。

第三节 会计要素确认与计量

一、财政总预算会计要素确认与计量

（一）资产

资产是指政府财政占有或控制的，能以货币计量的经济资源。财政总预算会计核算的资产包括财政存款、有价证券、应收股利、借出款项、暂付及应收款项、预拨经费、应收转贷款和股权投资等。财政总预算会计核算的资产，应当按照取得或发生时的实际金额进行计量。

(二) 负债

负债是指政府财政承担的能以货币计量、需以资产偿付的债务。财政总预算会计核算的负债具体包括应付国库集中支付结余、暂收及应付款项、应付政府债券、借入款项、应付转贷款、其他负债、应付代管资金等。财政总预算会计核算的负债，应当按照承担的相关合同金额或实际发生金额进行计量。

(三) 净资产

净资产是政府财政资产减去负债的差额。财政总预算会计核算的净资产包括一般公共预算结转结余、政府性基金预算结转结余、国有资本经营预算结转结余、财政专户管理资金结余、专用基金结余、预算稳定调节基金、预算周转金、资产基金和待偿债净资产。

(四) 收入

收入是指政府财政为实现政府职能，根据法律法规等所筹集的资金。财政总预算会计核算的收入包括一般公共预算本级收入、政府性基金预算本级收入、国有资本经营预算本级收入、财政专户管理资金收入、专用基金收入、转移性收入、债务收入、债务转贷收入等。

一般公共预算本级收入、政府性基金预算本级收入、国有资本经营预算本级收入、财政专户管理资金收入和专用基金收入应当按照实际收到的金额入账。转移性收入应当按照财政体制的规定或实际发生的金额入账。债务收入应当按照实际发行额或借入的金额入账。债务转贷收入应当按照实际收到的转贷金额入账。

(五) 支出

支出是指政府财政为实现政府职能，对财政资金的分配和使用。财政总预算会计核算的支出包括一般公共预算本级支出、政府性基金预算本级支出、国有资本经营预算本级支出、财政专户管理资金支出、专用基金支出、转移性支出、债务还本支出、债务转贷支出等。

一般公共预算本级支出、政府性基金预算本级支出、国有资本经营预算本级支出一般应当按照实际支付的金额入账，年末可采用权责发生制将国库集中支付结余列支入账。从本级预算支出中安排提取的专用基金，按照实际提取金额列支入账。财政专户管理资金支出、专用基金支出应当按照实际支付的金额入账。转移性支出应当按照财政体制的规定或实际发生的金额入账。债务还本支出应当按照实际偿还的金额入账。债务转贷支出应当按照实际转贷的金额入账。

财政总预算会计要素之间的关系等式为：

$$资产 - 负债 = 净资产$$
$$资产 + 支出 = 负债 + 净资产 + 收入$$

二、政府会计要素确认与计量

政府会计核算应当具备财务会计与预算会计双重功能，实现财务会计与预算会计适度分离并相互衔接，全面、清晰反映单位财务信息和预算执行信息。政府会计单位对于纳入部门预算管理的现金收支业务，在采用财务会计核算的同时应当进行预算会计核算；对于其他业务，仅需进行财务会计核算。政府会计要素包括预算会计要素和财务会计要素。

（一）预算会计要素确认与计量

1. 预算收入

预算收入是指政府会计主体在预算年度内依法取得的并纳入预算管理的现金流入。预算收入一般在实际收到时予以确认，以实际收到的金额计量。

2. 预算支出

预算支出是指政府会计主体在预算年度内依法发生并纳入预算管理的现金流出。预算支出一般在实际支付时予以确认，以实际支付的金额计量。

3. 预算结余

预算结余是指政府会计主体预算年度内预算收入扣除预算支出后的资金余额，以及历年滚存的资金余额。预算结余包括结余资金和结转资金。

结余资金是指年度预算执行终了，预算收入实际完成数扣除预算支出和结转资金后剩余的资金。结转资金是指预算安排项目的支出年终尚未执行完毕或者因故未执行，且下年需要按原用途继续使用的资金。

政府预算会计要素之间的关系等式为：

$$预算收入-预算支出=预算结余$$

（二）财务会计要素确认与计量

1. 资产

资产是指政府会计主体过去的经济业务或者事项形成的，由政府会计主体控制的，预期能够产生服务潜力或者带来经济利益流入的经济资源。服务潜力是指政府会计主体利用资产提供公共产品和服务以履行政府职能的潜在能力。经济利益流入表现为现金及现金等价物的流入，或者现金及现金等价物流出的减少。

政府会计主体的资产按照流动性分为流动资产和非流动资产。流动资产是指预计在1年内（含1年）耗用或者可以变现的资产，包括货币资金、短期投资、应收及预付款项、存货等。非流动资产是指流动资产以外的资产，包括固定资产、在建工程、无形资产、长期投资、公共基础设施、政府储备资产、文物文化资产、保障性住房和自然资源资产等。

政府会计主体资产的计量属性主要包括历史成本、重置成本、现值、公允价值和名义金额。在历史成本计量下，资产按照取得时支付的现金金额或者支付对价的公允价值计量。在重置成本计量下，资产按照现在购买相同或者相似资产所需支付的现金金额计量。在现值计量下，资产按照预计从其持续使用和最终处置中所产生的未来净现金流入量的折现金额计量。在公允价值计量下，资产按照市场参与者在计量日发生的有序交易中出售资产所能收到的价格计量。无法采用上述计量属性的，采用名义金额（即人民币1元）计量。

2. 负债

负债是指政府会计主体过去的经济业务或者事项形成的，预期会导致经济资源流出政府会计主体的现时义务。现时义务是指政府会计主体在现行条件下已承担的义务。未来发生的经济业务或者事项形成的义务不属于现时义务，不应当确认为负债。

政府会计主体的负债按照流动性分为流动负债和非流动负债。流动负债是指预计在1年内（含1年）偿还的负债，包括应付及预收款项、应付职工薪酬、应缴款项等。非流动负债是指流动负债以外的负债，包括长期应付款、应付政府债券和政府依法担保形成的债务等。

负债的计量属性主要包括历史成本、现值和公允价值。在历史成本计量下，负债按照因承担现时义务而实际收到的款项或者资产的金额，或者承担现时义务的合同金额，或者为偿还负债预期需要支付的现金计量。在现值计量下，负债按照预计期限内需要偿还的未来净现金流出量的折现金额计量。在公允价值计量下，负债按照市场参与者在计量日发生的有序交易中转移负债所需支付的价格计量。政府会计主体在对负债进行计量时，一般应当采用历史成本。采用现值、公允价值计量的，应当保证所确定的负债金额能够持续、可靠计量。

3. 净资产

净资产是指政府会计主体资产扣除负债后的净额。净资产金额取决于资产和负债的计量。

4. 收入

收入是指报告期内导致政府会计主体净资产增加的、含有服务潜力或者经济利益的经济资源的流入。收入的确认应当同时满足以下条件。

（1）与收入相关的含有服务潜力或者经济利益的经济资源很可能流入政府会计主体。

（2）含有服务潜力或者经济利益的经济资源流入会导致政府会计主体资产增加或者负债减少。

（3）流入金额能够可靠地计量。

5. 费用

费用是指报告期内导致政府会计主体净资产减少的、含有服务潜力或者经济利益的经济资源的流出。费用的确认应当同时满足以下条件。

（1）与费用相关的含有服务潜力或者经济利益的经济资源很可能流出政府会计主体。

（2）含有服务潜力或者经济利益的经济资源流出会导致政府会计主体资产减少或者负债增加。

（3）流出金额能够可靠地计量。

政府财务会计要素之间的关系等式为：

$$资产-负债=净资产$$
$$资产+费用=负债+净资产+收入$$

三、民间非营利组织会计要素确认与计量

1. 资产

资产是过去的事项形成的并由民间非营利组织拥有或控制的能以货币计量的经济资源，包括各种财产、债权和其他权利。民间非营利组织的资产有流动资产、长期投资、固定资产、无形资产、受托代理资产等。

2. 负债

负债是过去的经济业务或者事项形成的现实义务，履行该义务预期会导致经济利益或者服务资源流出民间非营利组织。民间非营利组织的负债分为流动负债、长期负债和受托代理负债。

3. 净资产

净资产是资产减去负债后的余额。按是否受到限制，净资产分为限定性净资产和非限定性净资产。

4. 收入

收入是指民间非营利组织开展业务活动导致本期净资产增加的经济利益或者服务潜能的流入。民间非营利组织的收入可以按照不同的标准分类。

按照来源，民间非营利组织的收入分为捐赠收入、会费收入、提供服务收入、政府补助收入、投资收益、商品销售收入、其他收入等；按民间非营利组织业务的主次，分为主要业务收入和其他收入；按照收入是否受到限制，分为限定性收入和非限定性收入；按照收入是否为交换交易形成的，分为交换交易形成的收入和非交换交易形成的收入等。

5. 费用

费用指民间非营利组织开展业务活动所发生的、导致本期净资产减少的经济利益或者服务潜能的流出，分为业务活动成本、管理费用、筹资费用和其他费用等。

民间非营利组织会计要素的计量原则与政府会计要素的计量原则相似。民间非营利组织会计要素之间的关系等式为：

$$资产-负债=净资产$$
$$资产+费用=负债+净资产+收入$$

四、政府与非营利组织会计科目

（一）财政总预算会计科目

财政总预算会计科目共59个，其中资产类15个，负债类11个，净资产类9个，收入和支出类各12个，如表2-1所示。

表 2-1　财政总预算会计科目

序号	科目编号	会计科目名称
一、资产类		
1	1001	国库存款
2	1003	国库现金管理存款
3	1004	其他财政存款
4	1005	财政零余额账户存款
5	1006	有价证券
6	1007	在途款
7	1011	预拨经费
8	1021	借出款项
9	1022	应收股利
10	1031	与下级往来
11	1036	其他应收款
12	1041	应收地方政府债券转贷款
13	1045	应收主权外债转贷款
14	1071	股权投资
15	1081	待发国债
二、负债类		
16	2001	应付短期政府债券
17	2011	应付国库集中支付结余
18	2012	与上级往来
19	2015	其他应付款
20	2017	应付代管资金
21	2021	应付长期政府债券
22	2022	借入款项
23	2026	应付地方政府债券转贷款
24	2027	应付主权外债转贷款
25	2045	其他负债
26	2091	已结报支出
三、净资产类		
27	3001	一般公共预算结转结余
28	3002	政府性基金预算结转结余
29	3003	国有资本经营预算结转结余

续表

序号	科目编号	会计科目名称
30	3005	财政专户管理资金结余
31	3007	专用基金结余
32	3031	预算稳定调节基金
33	3033	预算周转金
34	3081	资产基金
	308101	应收地方政府债券转贷款
	308102	应收主权外债转贷款
	308103	股权投资
	308104	应收股利
35	3082	待偿债净资产
	308201	应付短期政府债券
	308202	应付长期政府债券
	308203	借入款项
	308204	应付地方政府债券转贷款
	308205	应付主权外债转贷款
	308206	其他负债
四、收入类		
36	4001	一般公共预算本级收入
37	4002	政府性基金预算本级收入
38	4003	国有资本经营预算本级收入
39	4005	财政专户管理资金收入
40	4007	专用基金收入
41	4011	补助收入
42	4012	上解收入
43	4013	地区间援助收入
44	4021	调入资金
45	4031	动用预算稳定调节基金
46	4041	债务收入
47	4042	债务转贷收入
五、支出类		
48	5001	一般公共预算本级支出
49	5002	政府性基金预算本级支出
50	5003	国有资本经营预算本级支出

续表

序号	科目编号	会计科目名称
51	5005	财政专户管理资金支出
52	5007	专用基金支出
53	5011	补助支出
54	5012	上解支出
55	5013	地区间援助支出
56	5021	调出资金
57	5031	安排预算稳定调节基金
58	5041	债务还本支出
59	5042	债务转贷支出

(二) 政府会计（行政事业单位会计）科目

行政事业单位会计科目分为财务会计科目和预算会计科目。财务会计科目共77个，其中资产类35个，负债类16个，净资产类7个，收入类11个，费用类8个；预算会计科目共26个，其中预算收入类9个，预算支出类8个，预算结余类9个。行政事业单位会计科目如表2-2所示。

表2-2 行政事业单位会计科目

序号	科目编号	会计科目名称
一、财务会计科目		
(一) 资产类		
1	1001	库存现金
2	1002	银行存款
3	1011	零余额账户用款额度
4	1021	其他货币资金
5	1101	短期投资
6	1201	财政应返还额度
7	1211	应收票据
8	1212	应收账款
9	1214	预付账款
10	1215	应收股利
11	1216	应收利息
12	1218	其他应收款
13	1219	坏账准备
14	1301	在途物品

续表

序号	科目编号	会计科目名称
15	1302	库存物品
16	1303	加工物品
17	1401	待摊费用
18	1501	长期股权投资
19	1502	长期债券投资
20	1601	固定资产
21	1602	固定资产累计折旧
22	1611	工程物资
23	1613	在建工程
24	1701	无形资产
25	1702	无形资产累计摊销
26	1703	研发支出
27	1801	公共基础设施
28	1802	公共基础设施累计折旧（摊销）
29	1811	政府储备物资
30	1821	文物文化资产
31	1831	保障性住房
32	1832	保障性住房累计折旧
33	1891	受托代理资产
34	1901	长期待摊费用
35	1902	待处理财产损溢
(二) 负债类		
36	2001	短期借款
37	2101	应缴增值税
38	2102	其他应缴税费
39	2103	应缴财政款
40	2201	应付职工薪酬
41	2301	应付票据
42	2302	应付账款
43	2303	应付政府补贴款
44	2304	应付利息
45	2305	预收账款

续表

序号	科目编号	会计科目名称
46	2307	其他应付款
47	2401	预提费用
48	2501	长期借款
49	2502	长期应付款
50	2601	预计负债
51	2901	受托代理负债
(三)净资产类		
52	3001	累计盈余
53	3101	专用基金
54	3201	权益法调整
55	3301	本期盈余
56	3302	本年盈余分配
57	3401	无偿调拨净资产
58	3501	以前年度盈余调整
(四)收入类		
59	4001	财政拨款收入
60	4101	事业收入
61	4201	上级补助收入
62	4301	附属单位上缴收入
63	4401	经营收入
64	4601	非同级财政拨款收入
65	4602	投资收益
66	4603	捐赠收入
67	4604	利息收入
68	4605	租金收入
69	4609	其他收入
(五)费用类		
70	5001	业务活动费用
71	5101	单位管理费用
72	5201	经营费用
73	5301	资产处置费用
74	5401	上缴上级费用

续表

序号	科目编号	会计科目名称
75	5501	对附属单位补助费用
76	5801	所得税费用
77	5901	其他费用
二、预算会计科目		
(一)预算收入类		
1	6001	财政拨款预算收入
2	6101	事业预算收入
3	6201	上级补助预算收入
4	6301	附属单位上缴预算收入
5	6401	经营预算收入
6	6501	债务预算收入
7	6601	非同级财政拨款预算收入
8	6602	投资预算收入
9	6609	其他预算收入
(二)预算支出类		
10	7101	行政支出
11	7201	事业支出
12	7301	经营支出
13	7401	上缴上级支出
14	7501	对附属单位补助支出
15	7601	投资支出
16	7701	债务还本支出
17	7901	其他支出
(三)预算结余类		
18	8001	资金结存
19	8101	财政拨款结转
20	8102	财政拨款结余
21	8201	非财政拨款结转
22	8202	非财政拨款结余
23	8301	专用结余
24	8401	经营结余
25	8501	其他结余
26	8701	非财政拨款结余分配

（三）民间非营利组织会计科目

民间非营利组织会计科目共 48 个，其中资产类 23 个，负债类 12 个，净资产类 2 个，收入费用类 11 个，如表 2-3 所示

表 2-3 民间非营利组织会计科目

序号	科目编号	会计科目名称
一、资产类		
1	1001	现金
2	1002	银行存款
3	1009	其他货币资金
4	1101	短期投资
5	1102	短期投资跌价准备
6	1111	应收票据
7	1121	应收账款
8	1122	其他应收款
9	1131	坏账准备
10	1141	预付账款
11	1201	存货
12	1202	存货跌价准备
13	1301	待摊费用
14	1401	长期股权投资
15	1402	长期债权投资
16	1421	长期投资减值准备
17	1501	固定资产
18	1502	累计折旧
19	1505	在建工程
20	1506	文物文化资产
21	1509	固定资产清理
22	1601	无形资产
23	1701	受托代理资产
二、负债类		
24	2101	短期借款
25	2201	应付票据
26	2202	应付账款

续表

序号	科目编号	会计科目名称
27	2203	预收账款
28	2204	应付工资
29	2206	应缴税金
30	2209	其他应付款
31	2301	预提费用
32	2401	预计负债
33	2501	长期借款
34	2502	长期应付款
35	2601	受托代理负债
三、净资产类		
36	3101	非限定性净资产
37	3102	限定性净资产
四、收入费用类		
38	4101	捐赠收入
39	4201	会费收入
40	4301	提供服务收入
41	4401	政府补助收入
42	4501	商品销售收入
43	4601	投资收益
44	4901	其他收入
45	5101	业务活动成本
46	5201	管理费用
47	5301	筹资费用
48	5401	其他费用

五、政府与非营利组织会计的特点

政府与非营利组织会计和企业会计相比较，主要有以下特点。

（一）适用范围不同

财政总预算会计适用于政府财政部门，政府会计适用于各级政府、各单位、各部门，民间非营利组织会计适用于民间非营利组织。政府与非营利组织主要是以服务于社会、服务于公众为宗旨，其活动大都不以营利为目的。而企业会计适用于以营利为目的的从事生产经营活动的各类企业。

(二) 会计核算的基础不同

财政总预算会计和政府会计中的预算会计采用收付实现制为会计核算基础；政府会计中的财务会计和民间非营利组织会计采用权责发生制为会计核算基础。而企业采用权责发生制为会计核算基础。

(三) 会计要素的构成不同

财政总预算会计要素包括资产、负债、净资产、收入和支出；政府会计要素包括预算会计要素和财务会计要素。政府预算会计要素包括预算收入、预算支出和预算结余；政府财务会计要素包括资产、负债、净资产、收入和费用。企业会计要素分为六大类：资产、负债、所有者权益、收入、费用和利润。即使名称相同的会计要素，其核算内容也存在着较大差异。

(四) 提供会计信息的目的不同

以政府会计为例，政府会计主体需要编制决算报告和财务报告。

决算报告的目标是向决算报告使用者提供与政府预算执行情况有关的信息，综合反映政府会计主体预算收支的年度执行结果，有助于决算报告使用者进行监督和管理，并为编制后续年度预算提供参考和依据。政府决算报告使用者包括各级人民代表大会及其常务委员会、各级政府及其有关部门、政府会计主体自身、社会公众和其他利益相关者。

财务报告的目标是向财务报告使用者提供政府的财务状况、运行情况和现金流量等有关信息，反映政府会计主体公共受托责任履行情况，有助于财务报告使用者做出决策或者进行监督和管理。政府财务报告使用者包括各级人民代表大会及其常务委员会、债权人、各级政府及其有关部门、政府会计主体自身和其他利益相关者。

而企业提供的信息不仅要满足国家宏观经济管理的需要，还要满足企业内外部利益相关者的需要。

复习思考题

1. 政府与非营利组织会计的基本假设是什么？与企业会计基本假设的主要区别是什么？
2. 政府与非营利组织的会计要素包括哪些？
3. 政府与非营利组织的会计基础是什么？
4. 政府与非营利组织会计和企业会计相比较，主要特点是什么？

第二篇 财政总预算会计

- 第三章 财政总预算会计的资产
- 第四章 财政总预算会计的负债
- 第五章 财政总预算会计的收入
- 第六章 财政总预算会计的支出
- 第七章 财政总预算会计的净资产
- 第八章 财政总预算会计报表的编制

第三章

财政总预算会计的资产

> **学习目的**
>
> 熟悉财政总预算会计的资产核算内容,能够正确地进行财政存款、有价证券、暂付及应收款项、预拨经费等的核算,提供政府财政资产的核算信息。

财政总预算会计的资产是指政府财政占有或控制的,能以货币计量的经济资源。财政总预算会计核算的资产按照流动性分为流动资产和非流动资产。流动资产是指预计在1年内(含1年)变现的资产;非流动资产是指流动资产以外的资产。

财政总预算会计核算的资产具体包括财政存款、有价证券、应收股利、借出款项、暂付及应收款项、预拨经费、应收转贷款和股权投资等。

第一节 财政存款与有价证券

一、财政存款

(一)财政存款的管理

财政存款是指政府财政部门代表政府管理的国库存款、国库现金管理存款以及其他财政存款等。财政存款的支配权属于同级政府财政部门,并由财政总预算会计负责管理,统一在国库或选定的银行开立存款账户,统一收付,不得透支,不得提取现金。财政总预算会计管理财政存款时,应当遵循以下原则。

1. 集中管理,统一调度

为防范风险,保证资金安全,全部财政性资金都应纳入财政国库单一账户体系统一调度,所有财政支出通过国库单一账户进行拨付。同时,合理调度管理资金,提高资金使用效益。

2. 严格控制存款开户

财政性资金除财政部门有明确规定以外,一律由财政总预算会计在国库或选定的银行开立存款账户,不得将预算资金或其他财政资金任意转存其他金融机构。

3. 执行预算,计划支拨

财政部门应根据核定的年度预算分月计划拨付资金,不得办理超预算、无计划的拨款。

4. 转账结算,不提现金

财政总预算会计的各种结算凭证不得用以提取现金,因为财政的职能是分配资金,不直接使用资金。虽然财政部门也经办一部分直接支出,但都不涉及现金结算,财政支出与预算单位支出是有原则区别的。

(二)财政存款的核算

各级财政总预算会计应设置"国库存款""国库现金管理存款""财政零余额账户存款"和"其他财政存款"总账科目来核算财政存款的增加、减少和结存情况。

1. "国库存款"科目

本科目核算政府财政存放在国库单一账户的款项。收到预算收入时,借记本科目,贷记有关预算收入科目。当日收入数为负数时,以红字记入(采用计算机记账的,用负数反映)。收到国库存款利息收入时,借记本科目,贷记"一般公共预算本级收入"科目。收到缴入国库的来源不清的款项时,借记本科目,贷记"其他应付款"等科目。国库存款减少时,按照实际支付的金额,借记有关科目,贷记本科目,本科目可按"一般公共预算存款"和"政府性基金预算存款"等进行明细核算。本科目期末借方余额反映政府财政国库存款的结存数。

【例3-1】 某市财政总预算会计发生如下业务。

(1)收到国库报来的预算收入日报表,其中,一般公共预算本级收入1 700 000元,政府性基金预算收入400 000元。会计分录为:

借:国库存款——一般公共预算存款　　　　　　　　　　1 700 000
　　国库存款——政府性基金预算存款　　　　　　　　　　400 000
　　贷:一般公共预算本级收入　　　　　　　　　　　　　1 700 000
　　　　政府性基金预算本级收入　　　　　　　　　　　　400 000

(2)根据分月用款计划签发预算拨款凭证,通知国库支付市教委当月的经费150 000元,根据支付凭证回单入账。会计分录为:

借:一般公共预算本级支出　　　　　　　　　　　　　　150 000
　　贷:国库存款——一般公共预算存款　　　　　　　　　150 000

2. "国库现金管理存款"科目

本科目核算政府财政实行国库现金管理业务存放在商业银行的款项。按照国库现金管理有关规定，将库款转存商业银行时，按照存入商业银行的金额，借记本科目，贷记"国库存款"科目。国库现金管理存款收回国库时，按照实际收回的金额，借记"国库存款"科目，按照原存入商业银行的存款本金金额，贷记本科目，按照两者的差额，贷记"一般公共预算本级收入"科目。本科目期末借方余额反映政府财政实行国库现金管理业务持有的存款。

3. "财政零余额账户存款"科目

本科目用于核算财政国库支付执行机构在代理银行办理财政直接支付的业务。财政国库支付执行机构未单设的地区不使用该科目。财政国库支付执行机构为预算单位直接支付款项时，借记有关预算支出科目，贷记本科目。财政国库支付执行机构每日将按部门分类、款项汇总的预算支出结算清单等结算单与中国人民银行国库划款凭证核对无误后，送财政总预算会计结算资金时，按照结算的金额，借记本科目，贷记"已结报支出"科目。本科目当日资金结算后一般应无余额。

【例3-2】 某市财政国库支付中心当日为市统计局直接支付工资1 150 000元、设备购置款3 500 000元，图书采购300 000元。

(1) 国库支付中心支付款项时，会计分录为：

借：一般公共预算本级支出——财政直接支付——工资　　　　1 150 000
　　一般公共预算本级支出——财政直接支付——设备费　　　3 500 000
　　一般公共预算本级支出——财政直接支付——图书资料费　　300 000
　　贷：财政零余额账户存款　　　　　　　　　　　　　　　4 950 000

(2) 当日营业终了，代理银行与国库清算时，会计分录为：

借：财政零余额账户存款　　　　　　　　　　　　　　　　　4 950 000
　　贷：已结报支出——财政直接支付　　　　　　　　　　　4 950 000

4. "其他财政存款"科目

本科目核算政府财政未列入"国库存款""国库现金管理存款"科目反映的各项存款。财政专户收到款项时，按照实际收到的金额，借记本科目，贷记有关科目。其他财政存款产生的利息收入，除规定作为专户资金收入外，其他利息收入都应缴入国库，纳入一般公共预算管理。取得其他财政存款利息收入时，按照实际获得的利息金额，按规定作为专户资金收入的，借记本科目，贷记"应付代管资金"或有关收入科目；按规定应缴入国库的，借记本科目，贷记"其他应付款"科目。将其他财政存款利息收入缴入国库时，借记"其他应付款"科目，贷记本科目；同时，借记"国库存款"科目，贷记"一般公共预算本级收入"科目。

其他财政存款减少时，按照实际支付的金额，借记有关科目，贷记本科目。本科目期末借方余额反映政府财政持有的其他财政存款。该科目应当按照资金性质和存款银行等信息进行明细核算。

【例3-3】 某市财政收到省财政拨入的专用基金700 000元，同时，拨给某县财政250 000元。

(1) 收到省财政拨入的专用基金时，会计分录为：

借：其他财政存款　　　　　　　　　　　　　　　　　700 000
　　贷：专用基金收入　　　　　　　　　　　　　　　　700 000

(2) 拨给某县财政时，会计分录为：

借：专用基金支出　　　　　　　　　　　　　　　　　250 000
　　贷：其他财政存款　　　　　　　　　　　　　　　　250 000

二、有价证券

有价证券是指政府财政按照有关规定取得并持有的政府债券。政府财政管理有价证券时应遵循以下原则。

(1) 各级财政只能用财政结余资金购买国家指定的有价证券。

(2) 购买的有价证券不能列作支出。

(3) 转让有价证券取得的收入与其账面成本的差额以及有价证券的利息收入，应按其购入时的资金来源，分别列作一般公共预算本级收入、政府性基金预算收入等。

(4) 购入的有价证券应视同货币资金管理，防止损失。

为核算有价证券的购买、兑付情况，各级财政总预算会计应设置"有价证券"总账科目。购入有价证券时，按照实际支付的金额，借记本科目，贷记"国库存款""其他财政存款"等科目。转让或到期兑付有价证券时，按照实际收到的金额，借记"国库存款""其他财政存款"等科目，按照该有价证券的账面余额，贷记本科目，按其差额，贷记"一般公共预算本级收入"等科目。本科目期末借方余额反映政府财政持有的有价证券金额。本科目应当按照有价证券种类和资金性质进行明细核算。

【例3-4】 某市财政根据市政府指令用预算结余资金购买国家指定的一年期国库券5 000 000元，用财政专户管理资金结余购入一年期国库券2 000 000元。假定上述国库券利息率为5%。

购入国库券时，会计分录为：

借：有价证券　　　　　　　　　　　　　　　　　　　7 000 000
　　贷：国库存款　　　　　　　　　　　　　　　　　　5 000 000
　　　　其他财政存款　　　　　　　　　　　　　　　　2 000 000

上述国库券一年到期，收回本息7 350 000元，会计分录为：

借：国库存款　　　　　　　　　　　　　　　　　　　5 250 000
　　其他财政存款　　　　　　　　　　　　　　　　　2 100 000
　　贷：有价证券　　　　　　　　　　　　　　　　　　7 000 000

| 一般公共预算本级收入 | 250 000 |
| 财政专户管理资金收入 | 100 000 |

第二节　暂付及应收款项与在途款

一、暂付及应收款项

暂付及应收款项是指政府财政业务活动中形成的债权，包括与下级往来和其他应收款等。暂付及应收款项应当及时清理结算，不得长期挂账。

（一）与下级往来

"与下级往来"科目用来核算本级政府财政与下级政府财政的往来待结算款项。与下级往来的主要账务处理如下。

借给下级政府财政款项时，借记本科目，贷记"国库存款"科目。

体制结算中应当由下级政府财政上缴的收入数，借记本科目，贷记"上解收入"科目。

借款收回、转作补助支出或体制结算应当补助下级政府财政的支出，借记"国库存款""补助支出"等有关科目，贷记本科目。

发生上解多缴应当退回的，按照应当退回的金额，借记"上解收入"科目，贷记本科目。

发生补助多补应当退回的，按照应当退回的金额，借记本科目，贷记"补助支出"科目。

本科目期末借方余额反映下级政府财政欠本级政府财政的款项；期末贷方余额反映本级政府财政欠下级政府财政的款项。本科目应当按照下级政府财政、资金性质等进行明细核算。

【例3-5】　某市财政发生下列与下级往来业务。

（1）借给A县财政临时周转金120 000元，应编制的相应会计分录为：

借：与下级往来——A县　　　　　　　　　　　　　　　120 000
　　贷：国库存款　　　　　　　　　　　　　　　　　　　120 000

（2）按照财政体制结算要求，B县应上支财政款项210 000元，应编制的相应会计分录为：

借：与下级往来——B县　　　　　　　　　　　　　　　210 000
　　贷：上解收入　　　　　　　　　　　　　　　　　　　210 000

（3）将借给A县财政的50 000元转作对该县的补助，应编制的相应会计分录为：

借：补助支出　　　　　　　　　　　　　　　　　　　　50 000
　　贷：与下级往来——A县　　　　　　　　　　　　　　50 000

（4）收回C县财政的剩余借款70 000元，应编制的相应会计分录为：

借：国库存款	70 000	
贷：与下级往来——C县		70 000

（二）其他应收款

"其他应收款"科目用来核算政府财政临时发生的其他应收、暂付、垫付款项。项目单位拖欠外国政府和国际金融组织贷款本息和相关费用导致相关政府财政履行担保责任，代偿的贷款本息费，也通过本科目核算。其他应收款的主要账务处理如下。

发生其他应收款项时，借记本科目，贷记"国库存款""其他财政存款"等科目。

收回或转作预算支出时，借记"国库存款""其他财政存款"或有关支出科目，贷记本科目。

政府财政对使用外国政府和国际金融组织贷款资金的项目单位履行担保责任，代偿贷款本息费时，借记本科目，贷记"国库存款""其他财政存款"等科目。政府财政行使追索权，收回项目单位贷款本息费时，借记"国库存款""其他财政存款"等科目，贷记本科目。政府财政最终未收回项目单位贷款本息费，经核准列支时，借记"一般公共预算本级支出"等科目，贷记本科目。

本科目应及时清理结算，年终，原则上应无余额。本科目应当按照资金性质、债务单位等进行明细核算。

【例3-6】 某省财政采用政府采购方式执行某高校购买实验室设备的预算计划，设备价值2 000 000元。按照协议规定，财政预算资金支付1 000 000元，学校配套自筹资金1 000 000元。

（1）采购机关收到高校的自筹资金1 000 000元，存入政府采购资金专户。
（2）财政总预算会计按照项目进度，划拨1 000 000元到政府采购资金专户。
（3）财政总预算会计根据采购合同和有关文件，向供应商付款1 700 000元，其中财政预算资金支付850 000元，配套的自筹资金支付850 000元。
（4）财政总预算会计将财政安排的政府采购资金列报支出。
（5）财政总预算会计将结余的预算资金划回国库。
（6）退回高校节约的政府采购配套资金150 000元。

政府采购相关业务的会计分录如下。

（1）借：其他财政存款　　　　　　　　　　　　　1 000 000
　　　贷：其他应收款——政府采购配套资金　　　　　　　1 000 000
（2）借：其他应收款——政府采购款　　　　　　　1 000 000
　　　贷：国库存款　　　　　　　　　　　　　　　　　　1 000 000
　　借：其他财政存款　　　　　　　　　　　　　1 000 000
　　　贷：其他应收款——政府采购款　　　　　　　　　　1 000 000
（3）借：其他应收款——政府采购款　　　　　　　　850 000
　　　　其他应收款——政府采购配套资金　　　　　　　　850 000

　　　　　贷：其他财政存款　　　　　　　　　　　　　　　1 700 000
（4）借：一般公共预算本级支出　　　　　　　　　　　850 000
　　　　　贷：其他应收款——政府采购款　　　　　　　　850 000
（5）借：国库存款——一般公共预算存款　　　　　　　150 000
　　　　　贷：其他应收款——政府采购款　　　　　　　　150 000
（6）借：其他应收款——政府采购配套资金　　　　　　150 000
　　　　　贷：其他财政存款　　　　　　　　　　　　　　150 000

二、在途款

在途款是指在途未达款项。财政总预算会计的"在途款"科目核算决算清理期和库款报解整理期内发生的需要通过本科目过渡处理的属于上年度收入、支出等业务的资金数。这些款项在发生时虽然款已收到，却是属于上年度的，从上年度的角度来看，这些款尚未到达，需要用"在途款"作过渡性核算。在途款的主要账务处理如下。

决算清理期和库款报解整理期内收到属于上年度收入时，在上年度账务中，借记本科目，贷记有关收入科目；收回属于上年度拨款或支出时，在上年度账务中，借记本科目，贷记"预拨经费"或有关支出科目。冲转在途款时，在本年度账务中，借记"国库存款"科目，贷记本科目。本科目期末借方余额反映政府财政持有的在途款。

【例3-7】　某市财政在决算清理期间，收到国库报来一般公共预算本级收入日报表，其中，属于上年度的一般公共预算本级收入450 000元。
（1）在上年度账上记，会计分录为：
借：在途款　　　　　　　　　　　　　　　　　　　450 000
　　贷：一般公共预算本级收入　　　　　　　　　　　450 000
（2）在本年度新账上记，会计分录为：
借：国库存款　　　　　　　　　　　　　　　　　　450 000
　　贷：在途款　　　　　　　　　　　　　　　　　　450 000

第三节　借出款项与预拨经费

一、借出款项

借出款项是指政府财政按照对外借款管理相关规定借给预算单位临时急用，并需按期收回的款项。

为核算政府财政按照对外借款管理相关规定借给预算单位临时急用，并需按期收回的款项，财政总预算会计应设置"借出款项"总账科目。将款项借出时，按照实际支付的金额，借记本科目，贷记"国库存款"等科目。收回借款时，按照实际收到的金额，借记"国库存款"等科目，贷记本科目。本科目期末借方余额反映政府财政借给预算单位尚未收回的款项。本科目应当按照借款单位等进行明细核算。

【例3-8】 某市财政发生如下临时借款业务。

(1) 市教育局因维修校舍，向市财政紧急借款300 000元。应编制的会计分录为：

借：借出款项——市教育局　　　　　　　　　　　　　　300 000
　　贷：国库存款　　　　　　　　　　　　　　　　　　　　　300 000

(2) 经批准，借给市公安局急需款项500 000元。应编制的会计分录为：

借：借出款项——市公安局　　　　　　　　　　　　　　500 000
　　贷：国库存款　　　　　　　　　　　　　　　　　　　　　500 000

(3) 经批准，将市教育局借款300 000元转作经费拨款。应编制的会计分录为：

借：一般公共预算本级支出　　　　　　　　　　　　　　300 000
　　贷：借出款项——市教育局　　　　　　　　　　　　　　　300 000

(4) 收到市规划和自然资源局偿还借款90 000元。应编制的会计分录为：

借：国库存款　　　　　　　　　　　　　　　　　　　　　90 000
　　贷：借出款项——市规划和自然资源局　　　　　　　　　　90 000

(5) 经批准，将市规划和自然资源局剩余借款210 000元转作经费拨款。应编制的会计分录为：

借：一般公共预算本级支出　　　　　　　　　　　　　　210 000
　　贷：借出款项——市规划和自然资源局　　　　　　　　　　210 000

二、预拨经费

预拨经费是指政府财政在年度预算执行中预拨出应在以后各月列支以及会计年度终了前根据"二上"预算预拨出的下年度预算资金。预拨经费（不含预拨下年度预算资金）应在年终前转列支出或清理收回。财政部门在预拨经费时，应当遵循以下管理原则。

第一，根据批准的年度预算和季度（分月）用款计划拨付，不得办理无预算、无用款计划、超预算、超计划的拨款。

第二，根据用款单位的申请，按照用款单位的资金领报关系和审定的用款计划，逐级转拨，不得越级办理拨款。

第三，根据用款单位的事业进度或实际用款进度拨付，预拨经费（不含预拨下年经费）应在年终前转列支出或清理收回。

第四，根据财政部门的国库存款情况拨付，以保证预算资金调度的平衡。

"预拨经费"是资产类科目，拨出款项时，借记本科目，贷记"国库存款"科目。转列支出或收回预拨款项时，借记"一般公共预算本级支出""政府性基金预算本级支出""国库存款"等科目，贷记本科目。本科目借方余额反映政府财政年末尚未转列支出或尚待收回的预拨经费数。本科目应当按照预拨经费种类、预算单位等进行明细核算。

【例 3-9】 某市财政预拨市文化局经费 900 000 元。

(1) 预拨经费时，会计分录为：

借：预拨经费——市文化局　　　　　　　　　　　　　　900 000
　　贷：国库存款　　　　　　　　　　　　　　　　　　　　900 000

(2) 市文化局月末报银行支出数快报，汇总本月支出共计 850 000 元。根据银行回单编制的会计分录为：

借：一般公共预算本级支出　　　　　　　　　　　　　　850 000
　　贷：预拨经费——市文化局　　　　　　　　　　　　　850 000

第四节　股权投资与应收股利

一、股权投资

股权投资是指政府持有的各类股权投资资产，包括国际金融组织股权投资、投资基金股权投资、国有企业股权投资等。

财政总预算会计应当设置"股权投资"总账科目，核算政府持有的各类股权投资。股权投资一般采用权益法进行核算。本科目期末借方余额反映政府持有的各种股权投资金额。本科目应当按照"国际金融组织股权投资""投资基金股权投资""企业股权投资"设置一级明细科目，在一级明细科目下，可根据管理需要，按照被投资主体进行明细核算。对每一被投资主体还可按"投资成本""收益转增投资""损益调整""其他权益变动"进行明细核算。以对"国际金融组织股权投资"进行账务处理为例，政府财政代表政府认缴国际金融组织股本时，按照实际支付的金额，借记"一般公共预算本级支出"等科目，贷记"国库存款"科目，根据股权投资确认相关资料，按照确定的股权投资成本，借记本科目，贷记"资产基金——股权投资"科目；从国际金融组织撤出股本时，按照收回的金额，借记"国库存款"科目，贷记"一般公共预算本级支出"科目，根据股权投资清算相关资料，按照实际撤出的股本，借记"资产基金——股权投资"科目，贷记本科目。

【例 3-10】 我国对亚洲基础设施投资银行（简称"亚投行"）投资 500 亿美元，首期投资 25 亿美元，折合人民币 153 亿元，根据投资协议和银行回单等凭证编制会计分录。

借：一般公共预算本级支出　　　　　　　　　　　　　15 300 000 000
　　贷：国库存款　　　　　　　　　　　　　　　　　　15 300 000 000
借：股权投资——国际金融组织股权投资——亚投行　　15 300 000 000
　　贷：资产基金——股权投资　　　　　　　　　　　　15 300 000 000

二、应收股利

应收股利是指政府因持有股权投资而应当收取的现金股利或利润。财政总预算会计应当设置"应收股利"总账科目来核算政府因持有股权投资而应当收取的现金股利或利润。应收股利的主要账务处理如下。

（1）持有股权投资期间被投资主体宣告发放现金股利或利润的，按应上缴政府财政的部分，借记本科目，贷记"资产基金——应收股利"科目；按照相同的金额，借记"资产基金——股权投资"科目，贷记"股权投资（损益调整）"科目。

（2）实际收到现金股利或利润，借记"国库存款"等科目，贷记有关收入科目；按照相同的金额，借记"资产基金——应收股利"科目，贷记本科目。

本科目期末借方余额反映政府尚未收回的现金股利或利润。本科目应当按照被投资主体进行明细核算。

复习思考题

1. 什么是财政总预算会计核算的资产？财政总预算会计核算的资产包括哪些？
2. 什么是财政总预算会计核算的财政存款？管理财政存款应当遵循哪些原则？
3. 有价证券的定义是什么？有价证券的管理原则是什么？
4. 什么是在途款？应当如何核算在途款？
5. 简述财政部门如何核算预拨经费以及预拨经费应当遵循的管理原则。

第四章

财政总预算会计的负债

> **学习目的**
>
> 熟悉财政总预算会计的负债核算内容；能够正确地进行应付国库集中支付结余、暂收及应付款项、应付政府债券、借入款项及其他各类负债的核算，提供政府财政负债的核算信息。

财政总预算会计的负债是指一级政府财政承担的能以货币计量、需以资产偿付的债务。财政总预算会计核算的负债按照流动性分为流动负债和非流动负债。流动负债是指预计在1年内（含1年）偿还的负债；非流动负债是指流动负债以外的负债。财政总预算会计核算的负债具体包括应付政府债券、借入款项、应付国库集中支付结余、暂收及应付款项、应付转贷款、应付代管资金、其他负债等。

第一节 应付政府债券与借入款项

应付政府债券是指政府财政采用发行政府债券方式筹集资金而形成的负债，包括应付短期政府债券和应付长期政府债券。

一、应付短期政府债券

应付短期政府债券是指政府财政部门以政府名义发行的期限不超过1年（含1年）的国债和地方政府债券的应付本金和利息。为核算短期政府债券业务，财政总预算会计应设置"应付短期政府债券"总账科目，同时应当在本科目下设置"应付国债""应付地方政府一般债券""应付地方政府专项债券"等一级明细科目，在一级明细科目下，再分别设置"应付本金""应付利息"明细科目，分别核算政府债券的应付本金和利息。债务管理部门应当设置相应的辅助账，详细记录每期政府债券的金额、种类、期限、发行日、到期日、票面利率、偿还本金及付息情况等。应付短期政府债券期末贷方余额反映政府财政尚未偿还的短期政府债券本金和利息。应付短期政府债券的主要账务处理如下。

（1）实际收到短期政府债券发行收入时，按照实际收到的金额，借记"国库存款"科目，按照短期政府债券实际发行额，贷记"债务收入"科目，按照发行收入和发行额的差额，借记或贷记有关支出科目；根据债券发行确认文件等相关债券管理资料，按照到期应付的短期政府债券本金金额，借记"待偿债净资产——应付短期政府债券"科目，贷记本科目。

（2）期末确认短期政府债券的应付利息时，根据债务管理部门计算出的本期应付未付利息金额，借记"待偿债净资产——应付短期政府债券"科目，贷记本科目。

（3）实际支付本级政府财政承担的短期政府债券利息时，借记"一般公共预算本级支出"或"政府性基金预算本级支出"科目，贷记"国库存款"等科目；实际支付利息金额中属于已确认的应付利息部分，还应根据债券兑付确认文件等相关债券管理资料，借记本科目，贷记"待偿债净资产——应付短期政府债券"科目。

（4）实际偿还本级政府财政承担的短期政府债券本金时，借记"债务还本支出"科目，贷记"国库存款"等科目；根据债券兑付确认文件等相关债券管理资料，借记本科目，贷记"待偿债净资产——应付短期政府债券"科目。

（5）省级财政部门采用定向承销方式发行短期地方政府债券置换存量债务时，根据债权债务确认相关资料，按照置换本级政府存量债务的额度，借记"债务还本支出"科目，贷记"债务收入"科目；根据债务管理部门转来的相关资料，按照置换本级政府存量债务的额度，借记"待偿债净资产——应付短期政府债券"科目，贷记本科目。

二、应付长期政府债券

应付长期政府债券是指核算政府财政部门以政府名义发行的期限超过1年的国债和地方政府债券的应付本金和利息。为核算长期政府债券业务，财政总预算会计应设置"应付长期政府债券"总账科目，同时在本科目下设置"应付国债""应付地方政府一般债券""应付地方政府专项债券"等一级明细科目，在一级明细科目下，再分别设置"应付本金""应付利息"明细科目，分别核算政府债券的应付本金和利息。债务管理部门应当设置相应的辅助账，详细记录每期政府债券的金额、种类、期限、发行日、到期日、票面利率、偿还本金及付息情况等。本科目期末贷方余额反映政府财政尚未偿还的长期政府债券本金和利息。应付长期政府债券的主要账务处理如下。

（1）实际收到长期政府债券发行收入时，按照实际收到的金额，借记"国库存款"科目，按照长期政府债券实际发行额，贷记"债务收入"科目，按照发行收入和发行额的差额，借记或贷记有关支出科目；根据债券发行确认文件等相关债券管理资料，按照到期应付的长期政府债券本金金额，借记"待偿债净资产——应付长期政府债券"科目，贷记本科目。

（2）期末确认长期政府债券的应付利息时，根据债务管理部门计算出的本期应付未付利息金额，借记"待偿债净资产——应付长期政府债券"科目，贷记本科目。

（3）实际支付本级政府财政承担的长期政府债券利息时，借记"一般公共预算本级支出"或"政府性基金预算本级支出"科目，贷记"国库存款"等科目；实际支付利息金额中属于已确认的应付利息部分，还应根据债券兑付确认文件等相关债券管理资料，借记本科目，贷记"待偿债净资产——应付长期政府债券"科目。

（4）实际偿还本级政府财政承担的长期政府债券本金时，借记"债务还本支出"科目，贷记"国库存款"等科目；根据债券兑付确认文件等相关债券管理资料，借记本科目，贷记"待偿债净资产——应付长期政府债券"科目。

（5）本级政府财政偿还下级政府财政承担的地方政府债券本息时，借记"其他应付款"或"其他应收款"科目，贷记"国库存款"科目；根据债券兑付确认文件等相关债券管理资料，按照实际偿还的长期政府债券本金及已确认的应付利息金额，借记本科目，贷记"待偿债净资产——应付长期政府债券"科目。

（6）省级财政部门采用定向承销方式发行长期地方政府债券置换存量债务时，根据债权债务确认相关资料，按照置换本级政府存量债务的额度，借记"债务还本支出"科目，按照置换下级政府存量债务的额度，借记"债务转贷支出"科目，按照置换存量债务的总额度，贷记"债务收入"科目；根据债务管理部门转来的相关资料，按照置换存量债务的总额度，借记"待偿债净资产——应付长期政府债券"科目，贷记本科目。同时，按照置换下级政府存量债务的额度，借记"应收地方政府债券转贷款"科目，贷记"资产基金——应收地方政府债券转贷款"科目。

【例4-1】 某省级政府财政经批准发行3年期记账式地方政府债券，收到款项55亿元，该债券采用单一价格荷兰式招标方式，按年支付利息，假设利息率为4%，不考虑发行费用。

收到长期政府债券发行收入时，会计分录为：

借：国库存款　　　　　　　　　　　　　　　　　　　5 500 000 000
　　贷：债务收入　　　　　　　　　　　　　　　　　　　5 500 000 000
借：待偿债净资产　　　　　　　　　　　　　　　　　　5 500 000 000
　　贷：应付长期政府债券——应付本金　　　　　　　　　5 500 000 000

期末确认长期政府债券应付利息2.2亿元，会计分录为：

借：待偿债净资产　　　　　　　　　　　　　　　　　　220 000 000
　　贷：应付长期政府债券——应付利息　　　　　　　　　220 000 000

实际支付本级政府财政承担的长期政府债券利息2.2亿元，会计分录为：

借：一般公共预算本级支出　　　　　　　　　　　　　　220 000 000
　　贷：国库存款　　　　　　　　　　　　　　　　　　　220 000 000

借：应付长期政府债券——应付利息　　　　　　　　　　220 000 000
　　贷：待偿债净资产　　　　　　　　　　　　　　　　　　220 000 000
长期政府债券到期，偿还本级政府财政承担的本金55亿元，会计分录为：
借：债券还本支出　　　　　　　　　　　　　　　　　5 500 000 000
　　贷：国库存款　　　　　　　　　　　　　　　　　　　5 500 000 000
借：应付长期政府债券——应付本金　　　　　　　　　5 500 000 000
　　贷：待偿债净资产　　　　　　　　　　　　　　　　　5 500 000 000

三、借入款项

借入款项是指政府财政部门以政府名义向外国政府、国际金融组织等借入的款项，以及通过经国务院批准的其他方式借款形成的负债。为核算政府财政借入款项业务，财政总预算会计应设置"借入款项"总账科目。本科目下应当设置"应付本金""应付利息"明细科目，分别对借入款项的应付本金和利息进行明细核算，还应当按照债权人进行明细核算。本科目期末贷方余额反映本级政府财政尚未偿还的借入款项本金和利息。债务管理部门应当设置相应的辅助账，详细记录每笔借入款项的期限、借入日期、偿还及付息情况等。

第二节　应付国库集中支付结余与已结报支出

一、应付国库集中支付结余

应付国库集中支付结余是指国库集中支付中，按照财政部门批复的部门预算，当年未支付而需结转下一年度支付的款项采用权责发生制列支后形成的债务。为核算政府财政采用权责发生制列支，预算单位尚未使用的国库集中支付结余资金，财政总预算会计应设置"应付国库集中支付结余"总账科目。本科目期末贷方余额反映政府财政尚未支付的国库集中支付结余。本科目应当根据管理需要，按照政府收支分类科目等进行相应明细核算。应付国库集中支付结余的主要账务处理为：年末，对当年形成的国库集中支付结余采用权责发生制列支时，借记有关支出科目，贷记本科目；以后年度实际支付国库集中支付结余资金时，按原结转预算科目支出的，借记本科目，贷记"国库存款"科目，调整支出预算科目的，应当按原结转预算科目作冲销处理，借记本科目，贷记有关支出科目。同时，按实际支出预算科目作列支账务处理，借记有关支出科目，贷记"国库存款"科目：

【例4-2】　年终，某市财政确定一项已经安排的一般公共预算资金280 000元，由于预算单位项目进度的原因，未能实现财政直接支付，该市财政应编制如下会计分录：

（1）在本年度账上记：
借：一般公共预算本级支出　　　　　　　　　　　　　　　280 000
　　贷：应付国库集中支付结余　　　　　　　　　　　　　　　280 000

(2) 下一预算年度，该项目资金根据项目进度完成了财政直接支付，在下一年度账上记：

借：应付国库集中支付结余　　　　　　　　　　　　　　280 000
　　贷：国库存款　　　　　　　　　　　　　　　　　　　　280 000

二、已结报支出

已结报支出是指政府财政国库支付执行机构已清算的国库集中支付支出数额。为核算政府财政国库支付执行机构已清算的国库集中支付支出数额，财政总预算会计应当设置"已结报支出"总账科目。财政国库支付执行机构未单设的地区，不使用该科目。本科目年终转账后无余额。已结报支出的主要账务处理如下。

（1）每日汇总清算后，财政国库支付执行机构会计根据有关划款凭证回执联和按部门分类、款、项汇总的预算支出结算清单，对于财政直接支付，借记"财政零余额账户存款"科目，贷记本科目；对于财政授权支付，借记"一般公共预算本级支出""政府性基金预算本级支出""国有资本经营预算本级支出"等科目，贷记本科目。

（2）年终财政国库支付执行机构按照累计结清的支出金额，与有关方面核对一致后转账时，借记本科目，贷记"一般公共预算本级支出""政府性基金预算本级支出""国有资本经营预算本级支出"等科目。

【例4-3】　年终，某市财政国库处与预算处核对本年支出一致无误后，冲销国库科目，其中本年一般公共预算支出69 000 000元，基金预算支出11 000 000元。该市财政应编制的会计分录为：

借：已结报支出　　　　　　　　　　　　　　　　　　80 000 000
　　贷：一般公共预算本级支出　　　　　　　　　　　　　69 000 000
　　　　政府性基金预算本级支出　　　　　　　　　　　　11 000 000

第三节　暂收及应付款项与其他各类负债

一、暂收及应付款项

暂收及应付款项是指政府财政业务活动中形成的债务，包括与上级往来和其他应付款等。暂收及应付款项应当及时清理结算。

（一）与上级往来

与上级往来同与下级往来相对应，是指本级政府财政与上级政府财政的往来待结算款项。此业务对于下级财政来说，属于与上级往来；而对于上级财政来说，则属于与下级往来。为核算本级政府财政与上级政府财政的往来待结算款项，财政总预算会计应设置"与上级往来"总账科目。本科目期末贷方余额反映本级政府财政欠上级政府财政的款项；借方余额反映上级政府财政欠本级政府财政的款项。本科目应当按照往来款项的类别和项目等进行明细核算。与上级往来的主要账务处理如下。

（1）本级政府财政从上级政府财政借入款或体制结算中发生应上缴上级政府财政款项时，借记"国库存款""上解支出"等科目，贷记本科目。

（2）本级政府财政归还借款、转作上级补助收入或体制结算中应由上级补给款项时，借记本科目，贷记"国库存款""补助收入"等科目。

【例4-4】 某市财政在财政体制结算中，应上解省财政款项420 000元，省财政应补助该市财政款项250 000元。应编制的会计分录为：

借：上解支出　　　　　　　　　　　　　　　　　　　420 000
　　贷：与上级往来　　　　　　　　　　　　　　　　　　　420 000
借：与上级往来　　　　　　　　　　　　　　　　　　　250 000
　　贷：补助收入　　　　　　　　　　　　　　　　　　　　250 000

【例4-5】 某市财政为了满足对财政资金周转调度的需要，向省财政借入资金800 000元。应编制的会计分录为：

借：国库存款　　　　　　　　　　　　　　　　　　　800 000
　　贷：与上级往来　　　　　　　　　　　　　　　　　　　800 000

续前例，该市财政归还省财政借款750 000元。应编制的会计分录为：

借：与上级往来　　　　　　　　　　　　　　　　　　　750 000
　　贷：国库存款　　　　　　　　　　　　　　　　　　　　750 000

（二）其他应付款

其他应付款是指政府财政临时发生的暂收、应付和收到的不明性质款项。为核算政府财政其他应付款项，财政总预算会计应设置"其他应付款"总账科目。本科目期末贷方余额反映政府财政尚未结清的其他应付款项。本科目应当按照债权单位或资金来源等进行明细核算。应特别指出：税务机关代征入库的社会保险费、项目单位使用并承担还款责任的外国政府和国际金融组织贷款，也通过本科目核算。其他应付款的主要账务处理如下。

（1）收到暂存款项时，借记"国库存款""其他财政存款"等科目，贷记本科目。

（2）将暂存款项清理退还或转作收入时，借记本科目，贷记"国库存款""其他财政存款"或有关收入科目。

（3）社会保险费代征入库时，借记"国库存款"科目，贷记本科目。社会保险费国库缴存社保基金财政专户时，借记本科目，贷记"国库存款"科目。

（4）收到项目单位承担还款责任的外国政府和国际金融组织贷款资金时，借记"其他财政存款"科目，贷记本科目；付给项目单位时，借记本科目，贷记"其他财政存款"科目。收到项目单位偿还贷款资金时，借记"其他财政存款"科目，贷记本科目；付给外国政府和国际金融组织项目单位还款资金时，借记本科目，贷记"其他财政存款"科目。

二、其他各类负债

其他各类负债主要包括应付代管资金、应付转贷款、应付地方政府债券转贷款、应付主权外债转贷款和其他负债等。

应付代管资金是指政府财政代为管理的，使用权属于被代管主体的资金。应付转贷款是指地方政府财政向上级政府财政借入转贷资金而形成的负债，包括应付地方政府债券转贷款和应付主权外债转贷款等。应付地方政府债券转贷款是指地方政府财政从上级政府财政借入的地方政府债券转贷款的本金和利息。应付主权外债转贷款是指本级政府财政从上级政府财政借入的主权外债转贷款的本金和利息。其他负债是指政府财政因有关政策明确要求其承担支出责任的事项而形成的应付未付款项。其他各类负债应严格按照《财政总预算会计制度》的规定进行核算。

复习思考题

1. 财政总预算会计核算的负债包括哪些内容？
2. 什么是已结报支出？已结报支出的核算包括哪些内容？
3. "与上级往来"科目和"与下级往来"科目在经济业务核算内容上有什么联系？

第五章

财政总预算会计的收入

> **学习目的**
>
> 熟悉财政总预算会计的收入内容及核算方法；能够正确地进行一般公共预算本级收入、政府性基金预算本级收入、国有资本经营预算本级收入、财政专户管理资金收入、专用基金收入、转移性收入、债务收入、债务转贷收入等的核算，提供政府财政收入的核算信息。

财政总预算会计的收入是指政府财政为实现政府职能，根据法律法规等所筹集的资金。财政总预算会计核算的收入包括一般公共预算本级收入、政府性基金预算本级收入、国有资本经营预算本级收入、财政专户管理资金收入、专用基金收入、转移性收入、债务收入、债务转贷收入等。

财政总预算会计应当加强各项收入的管理，严格会计核算手续。对于各项收入的账务处理必须以审核无误的国库入库凭证、预算收入日报表和其他合法凭证为依据。发现错误，应当按照相关规定及时通知有关单位共同更正。对于已缴入国库和财政专户的收入退库（付），要严格把关，强化监督。凡不属于国家规定的退库（付）项目，一律不得冲退收入。属于国家规定的退库（付）项目，具体退库（付）程序按财政部的有关规定办理。

第一节 政府基本预算收入

政府基本预算收入包括：一般公共预算本级收入、政府性基金预算本级收入和国有资本经营预算本级收入。

一、一般公共预算本级收入

一般公共预算本级收入是指政府财政筹集的纳入本级一般公共预算管理的税收收入和非

税收入。财政总预算会计应设置"一般公共预算本级收入"总账科目来核算政府财政筹集的纳入本级一般公共预算管理的税收收入和非税收入。本科目平时贷方余额反映一般公共预算本级收入的累计数。本科目应当根据《政府收支分类科目》中"一般公共预算收入"科目的规定进行明细核算。一般公共预算本级收入的主要账务处理如下。

（1）收到款项时，根据当日预算收入日报表所列一般公共预算本级收入数，借记"国库存款"等科目，贷记本科目。

（2）年终转账时，本科目贷方余额全数转入"一般公共预算结转结余"科目，借记本科目，贷记"一般公共预算结转结余"科目。结转后，本科目无余额。

【例5-1】 某市财政总预算会计发生如下一般公共预算收入资金业务。

收到国库报来的预算收入日报表，列示当日的一般公共预算本级收入为390 000元。相应的会计分录为：

借：国库存款——一般公共预算存款　　　　　　　　　390 000
　　贷：一般公共预算本级收入　　　　　　　　　　　　　　390 000

年终，市财政将一般公共预算本级收入2 700 000元转入结余。相应的会计分录为：

借：一般公共预算本级收入　　　　　　　　　　　　2 700 000
　　贷：一般公共预算结转结余　　　　　　　　　　　　　2 700 000

二、政府性基金预算本级收入

政府性基金预算本级收入是指政府财政筹集的纳入本级政府性基金预算管理的非税收入。财政总预算会计应设置"政府性基金预算本级收入"总账科目来核算政府财政筹集的纳入本级政府性基金预算管理的非税收入。本科目平时贷方余额反映政府性基金预算本级收入的累计数。本科目应当根据《政府收支分类科目》中"政府性基金预算收入"科目的规定进行明细核算。政府性基金预算本级收入的主要账务处理如下。

（1）收到款项时，根据当日预算收入日报表所列政府性基金预算本级收入数，借记"国库存款"等科目，贷记本科目。

（2）年终转账时，本科目贷方余额全数转入"政府性基金预算结转结余"科目，借记本科目，贷记"政府性基金预算结转结余"科目。结转后，本科目无余额。

【例5-2】 某市财政总预算会计发生如下政府性基金预算资金业务。

收到国库报来的预算收入日报表，列示当日政府性基金预算本级收入150 000元。相应的会计分录为：

借：国库存款　　　　　　　　　　　　　　　　　　　150 000
　　贷：政府性基金预算本级收入　　　　　　　　　　　　　150 000

年末，政府性基金预算本级收入4 300 000元，转入结余。相应的会计分录为：

借：政府性基金预算本级收入　　　　　　　　　　　4 300 000
　　贷：政府性基金预算结转结余　　　　　　　　　　　　4 300 000

三、国有资本经营预算本级收入

国有资本经营预算本级收入是指政府财政筹集的纳入本级国有资本经营预算管理的非税收入。财政总预算会计应设置"国有资本经营预算本级收入"总账科目来核算政府财政筹集的纳入本级国有资本经营预算管理的非税收入。本科目平时贷方余额反映国有资本经营预算本级收入的累计数。本科目应当根据《政府收支分类科目》中"国有资本经营预算收入"科目的规定进行明细核算。国有资本经营预算本级收入的主要账务处理如下。

(1) 收到款项时，根据当日预算收入日报表所列国有资本经营预算本级收入数，借记"国库存款"等科目，贷记本科目。

(2) 年终转账时，本科目贷方余额全数转入"国有资本经营预算结转结余"科目，借记本科目，贷记"国有资本经营预算结转结余"科目。结转后，本科目无余额。

第二节 财政专户管理资金收入与专用基金收入

一、财政专户管理资金收入

财政专户管理资金收入是指政府财政纳入财政专户管理的教育收费等资金收入。财政总预算会计应设置"财政专户管理资金收入"总账科目来核算政府财政纳入财政专户管理的教育收费等资金收入。本科目平时贷方余额反映财政专户管理资金收入的累计数。本科目应当按照《政府收支分类科目》中收入分类科目的规定进行明细核算。同时，根据管理需要，按部门（单位）等进行明细核算。财政专户管理资金收入的主要账务处理如下。

(1) 收到财政专户管理资金时，借记"其他财政存款"科目，贷记本科目。

(2) 年终转账时，本科目贷方余额全数转入"财政专户管理资金结余"科目，借记本科目，贷记"财政专户管理资金结余"科目。结转后，本科目无余额。

【例 5-3】 某市财政总预算会计发生如下财政专户管理资金业务。
收到待缴国库单一账户的教育收费收入 870 000 元，存入财政专户。相应的会计分录为：

借：其他财政存款　　　　　　　　　　　　　　　　　　　870 000
　　贷：财政专户管理资金收入　　　　　　　　　　　　　　　　870 000

年终，"财政专户管理资金收入"科目贷方余额 9 500 000 元，转入结余。相应的会计分录为：

借：财政专户管理资金收入　　　　　　　　　　　　　　　9 500 000
　　贷：财政专户管理资金结余　　　　　　　　　　　　　　　9 500 000

二、专用基金收入

专用基金收入是指政府财政根据法律法规等规定设立的各项专用基金（包括粮食风险基金等）取得的资金收入。财政总预算会计应设置"财政专户管理资金收入"总账科目来核算政府财政按照法律法规和国务院、财政部规定设置或取得的粮食风险基金等专用基金收入。本科目平时贷方余额反映取得专用基金收入的累计数。本科目应当按照专用基金的种类进行明细核算。专用基金收入的主要账务处理如下。

（1）通过预算支出安排取得专用基金收入转入财政专户的，借记"其他财政存款"科目，贷记本科目；同时，借记"一般公共预算本级支出"等科目，贷记"国库存款""补助收入"等科目。退回专用基金收入时，借记本科目，贷记"其他财政存款"科目。

（2）通过预算支出安排取得专用基金收入仍存在国库的，借记"一般公共预算本级支出"等科目，贷记"专用基金收入"科目。

（3）年终转账时，本科目贷方余额全数转入"专用基金结余"科目，借记本科目，贷记"专用基金结余"科目。结转后，本科目无余额。

【例5-4】 某市财政收到上级财政部门取得粮食风险基金560 000元。相应的会计分录为：

借：其他财政存款　　　　　　　　　　　　　　　560 000
　　贷：专用基金收入——粮食风险基金　　　　　　　　560 000

【例5-5】 某市财政总预算会计按规定设置粮食风险基金600 000元。相应的会计分录为：

借：其他财政存款　　　　　　　　　　　　　　　600 000
　　贷：专用基金收入　　　　　　　　　　　　　　　600 000
借：一般公共预算本级支出　　　　　　　　　　　600 000
　　贷：国库存款　　　　　　　　　　　　　　　　　600 000

年终，专用基金收入（粮食风险基金）贷方余额2 960 000元，转入结余。相应的会计分录为：

借：专用基金收入——粮食风险基金　　　　　　2 960 000
　　贷：专用基金结余　　　　　　　　　　　　　　2 960 000

第三节　转移性收入与动用预算稳定调节基金

一、转移性收入

转移性收入是指在各级政府财政之间进行资金调拨以及在本级政府财政不同类型资金之间调剂所形成的收入，包括补助收入、上解收入、调入资金和地区间援助收入等。

（一）补助收入

补助收入是指上级政府财政按照财政体制规定或因专项需要补助给本级政府财政的款

项，包括上级税收返还、转移支付等。财政总预算会计应设置"补助收入"总账科目来核算上级政府财政按照财政体制规定或因专项需要补助给本级政府财政的款项。本科目平时贷方余额反映补助收入的累计数。本科目下应当按照不同的资金性质设置"一般公共预算补助收入""政府性基金预算补助收入"等明细科目。补助收入的主要账务处理如下。

（1）收到上级政府财政拨入的补助款时，借记"国库存款""其他财政存款"等科目，贷记本科目。

（2）专项转移支付资金实行特设专户管理的，政府财政应当根据上级政府财政下达的预算文件确认补助收入。年度当中收到资金时，借记"其他财政存款"科目，贷记"与上级往来"等科目；年度终了，根据专项转移支付资金预算文件，借记"与上级往来"科目，贷记本科目。

（3）从"与上级往来"科目转入本科目时，借记"与上级往来"科目，贷记本科目。

（4）有主权外债业务的财政部门，贷款资金由本级政府财政同级部门（单位）使用，且贷款的最终还款责任由上级政府财政承担的，本级政府财政部门收到贷款资金时，借记"其他财政存款"科目，贷记本科目；外方将贷款资金直接支付给供应商或用款单位时，借记"一般公共预算本级支出"，贷记本科目。

（5）年终与上级政府财政结算时，根据预算文件，按照尚未收到的补助款金额，借记"与上级往来"科目，贷记本科目。退还或核减补助收入时，借记本科目，贷记"国库存款""与上级往来"等科目。

（6）年终转账时，本科目贷方余额应根据资金性质分别转入对应的结转结余科目，借记本科目，贷记"一般公共预算结转结余""政府性基金预算结转结余"等科目。结转后，本科目无余额。

【例5-6】 某市财政收到上级财政部门拨来的一般预算补助收入2 300 000元，专项补助款350 000元。相应的会计分录为：

借：国库存款　　　　　　　　　　　　　　　　　　　　2 650 000
　　贷：补助收入——一般公共预算补助　　　　　　　　　　2 300 000
　　　　补助收入——专项补助　　　　　　　　　　　　　　　350 000

（二）上解收入

上解收入是指按照财政体制规定由下级政府财政上缴给本级政府财政的款项。财政总预算会计应设置"上解收入"总账科目来核算按照体制规定由下级政府财政上缴给本级政府财政的款项。本科目平时贷方余额反映上解收入的累计数。本科目下应当按照资金性质设置"一般公共预算上解收入""政府性基金预算上解收入"等明细科目。同时，还应当按照上解地区进行明细核算。上解收入的主要账务处理如下。

（1）收到下级政府财政的上解款时，借记"国库存款"等科目，贷记本科目。

（2）年终与下级政府财政结算时，根据预算文件，按照尚未收到的上解款金额，借记"与下级往来"科目，贷记本科目。退还或核减上解收入时，借记本科目，贷记"国库存款""与下级往来"等科目。

（3）年终转账时，本科目贷方余额应根据资金性质分别转入对应的结转结余科目，借记本科目，贷记"一般公共预算结转结余""政府性基金预算结转结余"等科目。结转后，本科目无余额。

【例5-7】 某市财政收到所属县级财政按规定上缴的预算上解款140 000元，存入国库。相应的会计分录为：

借：国库存款　　　　　　　　　　　　　　　　　　　　140 000
　　贷：上解收入　　　　　　　　　　　　　　　　　　　140 000

（三）调入资金

调入资金是指政府财政为平衡某类预算收支，从其他类型预算资金及其他渠道调入的资金。财政总预算会计应设置"调入资金"总账科目来核算政府财政为平衡某类预算收支，从其他类型预算资金及其他渠道调入的资金。本科目平时贷方余额反映调入资金的累计数。本科目下应当按照资金性质设置"一般公共预算调入资金""政府性基金预算调入资金"等明细科目。调入资金的主要账务处理如下。

（1）从其他类型预算资金及其他渠道调入一般公共预算时，按照调入的资金金额，借记"调出资金——政府性基金预算调出资金""调出资金——国有资本经营预算调出资金""国库存款"等科目，贷记本科目（一般公共预算调入资金）。

（2）从其他类型预算资金及其他渠道调入政府性基金预算时，按照调入的资金金额，借记"调出资金——一般公共预算调出资金""国库存款"等科目，贷记本科目（政府性基金预算调入资金）。

（3）年终转账时，本科目贷方余额分别转入相应的结转结余科目，借记本科目，贷记"一般公共预算结转结余""政府性基金预算结转结余"等科目。结转后，本科目无余额。

【例5-8】 某市财政从政府性基金预算结余中调入一般公共预算590 000元，用以平衡一般公共预算。相应的会计分录为：

借：调出资金——政府性基金预算调出资金　　　　　　　590 000
　　贷：调入资金——一般公共预算调入资金　　　　　　　590 000

（四）地区间援助收入

地区间援助收入是指受援方政府财政收到援助方政府财政转来的可统筹使用的各类援助、捐赠等资金收入。财政总预算会计应设置"地区间援助收入"总账科目来核算受援方政府财政收到援助方政府财政转来的可统筹使用的各类援助、捐赠等资金收入。本科目平时贷方余额反映地区间援助收入的累计数。本科目应当按照援助地区及管理需要进行相应的明细核算。地区间援助收入的主要账务处理如下。

（1）收到援助方政府财政转来的资金时，借记"国库存款"科目，贷记本科目。

（2）年终转账时，本科目贷方余额全数转入"一般公共预算结转结余"科目，借记本科目，贷记"一般公共预算结转结余"科目。结转后，本科目无余额。

【例5-9】 某自治区收到S省政府财政转来的援助资金45 000 000元,存入国库。相应的会计分录为:

借:国库存款　　　　　　　　　　　　　　　　　　　　　45 000 000
　　贷:地区间援助收入——S省政府财政　　　　　　　　　　45 000 000

二、动用预算稳定调节基金

动用预算稳定调节基金是指政府财政为弥补本年度预算资金的不足而调用的预算稳定调节基金。为核算预算稳定调节基金业务,财政总预算会计应设置"动用预算稳定调节基金"总账科目。本科目平时贷方余额反映动用预算稳定调节基金的累计数。动用预算稳定调节基金的主要账务处理如下。

(1) 调用预算稳定调节基金时,借记"预算稳定调节基金"科目,贷记本科目。

(2) 年终转账时,本科目贷方余额全数转入"一般公共预算结转结余"科目,借记本科目,贷记"一般公共预算结转结余"科目。结转后,本科目无余额。

【例5-10】 年终,某市财政一般公共预算资金存在缺口260 000元,动用预算稳定调节基金弥补财政赤字。相应的会计分录为:

借:预算稳定调节基金　　　　　　　　　　　　　　　　　　260 000
　　贷:动用预算稳定调节基金　　　　　　　　　　　　　　　260 000

【例5-11】 年终,某市财政相关收入类科目贷方余额如下:补助收入2 400 000元,上解收入2 500 000元,调入资金700 000元,地区间援助收入900 000元,动用预算稳定调节基金260 000元,转入结转结余。相应的会计分录为:

借:补助收入　　　　　　　　　　　　　　　　　　　　　2 400 000
　　上解收入　　　　　　　　　　　　　　　　　　　　　2 500 000
　　调入资金　　　　　　　　　　　　　　　　　　　　　　700 000
　　地区间援助收入　　　　　　　　　　　　　　　　　　　900 000
　　动用预算稳定调节基金　　　　　　　　　　　　　　　　260 000
　　贷:一般公共预算结转结余　　　　　　　　　　　　　　6 760 000

第四节　债务收入及债务转贷收入

一、债务收入

债务收入是指政府财政根据法律法规等规定,通过发行债券、向外国政府和国际金融组织借款等方式筹集的纳入预算管理的资金收入。财政总预算会计应设置"债务收入"总账科目来核算政府财政按照国家法律、国务院规定以发行债券等方式取得的,以及向外国政府、国际金融组织等机构借款取得的纳入预算管理的债务收入。本科目平时贷方余额反映债务收入的累计数。本科目应当按照《政府收支分类科目》中"债务收入"科目的规定进行明细核算。债务收入的主要账务处理如下。

(1) 省级以上政府财政收到政府债券发行收入时，按照实际收到的金额，借记"国库存款"科目，按照政府债券实际发行额，贷记本科目，按照发行收入和发行额的差额，借记或贷记有关支出科目；根据债务管理部门转来的债券发行确认文件等相关资料，按照到期应付的政府债券本金金额，借记"待偿债净资产——应付短期政府债券/应付长期政府债券"科目，贷记"应付短期政府债券""应付长期政府债券"等科目。

(2) 政府财政向外国政府、国际金融组织等机构借款时，按照借入的金额，借记"国库存款""其他财政存款"等科目，贷记本科目；根据债务管理部门转来的相关资料，按照实际承担的债务金额，借记"待偿债净资产——借入款项"科目，贷记"借入款项"科目。

(3) 年终转账时，本科目下"专项债务收入"明细科目的贷方余额应按照对应的政府性基金种类分别转入"政府性基金预算结转结余"相应明细科目，借记本科目（专项债务收入明细科目），贷记"政府性基金预算结转结余"科目；本科目下其他明细科目的贷方余额全数转入"一般公共预算结转结余"科目，借记本科目（其他明细科目），贷记"一般公共预算结转结余"科目。结转后，本科目无余额。

【例5-12】 中央财政经全国人民代表大会批准向某国际金融组织借款50亿元，款项已存入国库。相应的会计分录为：

借：国库存款　　　　　　　　　　　　　　　　5 000 000 000
　　贷：债务收入　　　　　　　　　　　　　　　5 000 000 000
借：待偿债净资产——借入款项　　　　　　　　5 000 000 000
　　贷：借入款项——应付本金　　　　　　　　　5 000 000 000

二、债务转贷收入

债务转贷收入是指本级政府财政收到上级政府财政转贷的债务收入。财政总预算会计应设置"债务收入"总账科目来核算省级以下（不含省级）政府财政收到上级政府财政转贷的债务收入。本科目平时贷方余额反映债务转贷收入的累计数。本科目下应当设置"地方政府一般债务转贷收入""地方政府专项债务转贷收入"明细科目。债务转贷收入的主要账务处理如下。

(1) 省级以下（不含省级）政府财政收到地方政府债券转贷收入时，按照实际收到的金额，借记"国库存款"科目，贷记本科目；根据债务管理部门转来的相关资料，按照到期应偿还的转贷款本金金额，借记"待偿债净资产——应付地方政府债券转贷款"科目，贷记"应付地方政府债券转贷款"科目。

(2) 省级以下（不含省级）政府财政收到主权外债转贷收入时，借记"其他财政存款"科目，贷记本科目；根据债务管理部门转来的相关资料，按照实际承担的债务金额，借记"待偿债净资产——应付主权外债转贷款"科目，贷记"应付主权外债转贷款"科目。

(3) 年终转账时，本科目下"地方政府一般债务转贷收入"明细科目的贷方余额全数转入"一般公共预算结转结余"科目，借记本科目，贷记"一般公共预算结转结余"科目。本科目下"地方政府专项债务转贷收入"明细科目的贷方余额按照对应的政府性基金种类分别转入"政府性基金预算结转结余"相应明细科目，借记本科目，贷记"政府性基金预算结转结余"科目。结转后，本科目无余额。

复习思考题

1. 什么是财政总预算会计的收入？政府基本预算收入包括哪些？
2. 什么是转移性收入？转移性收入包括哪些？
3. 什么是专用基金收入？如何核算专用基金收入？
4. 什么是债务收入和债务转贷收入？如何核算债务收入和债务转贷收入？

第六章

财政总预算会计的支出

学习目的

了解财政预算支出的基本规定；熟悉财政总预算会计的支出核算内容；能够正确地进行一般公共预算本级支出、政府性基金预算本级支出、国有资本经营预算本级支出、财政专户管理资金支出、专用基金支出、转移性支出、债务还本支出、债务转贷支出的核算，提供政府财政支出的核算信息。

财政总预算会计的支出是指政府财政为实现政府职能，对财政资金的分配和使用。财政总预算会计核算的支出包括一般公共预算本级支出、政府性基金预算本级支出、国有资本经营预算本级支出、财政专户管理资金支出、专用基金支出、转移性支出、债务还本支出、债务转贷支出等。

财政总预算会计应当加强支出管理，科学预测和调度资金，严格按照批准的年度预算和用款计划办理支出，严格审核拨付申请，严格按预算管理规定和拨付实际列报支出，不得办理无预算、无用款计划、超预算、超用款计划的支出，不得任意调整预算支出科目。对于各项支出的账务处理，必须以审核无误的国库划款清算凭证、资金支付凭证和其他合法凭证为依据。地方各级财政部门除国库集中支付结余外，不得采用权责发生制列支。权责发生制列支只限于年末采用，平时不得采用。

第一节 政府基本预算支出

政府基本预算支出包括一般公共预算本级支出、政府性基金预算本级支出、国有资本经营预算本级支出。

一、一般公共预算本级支出

一般公共预算本级支出是指政府财政管理的由本级政府使用的列入一般公共预算的支出。为核算政府财政管理的由本级政府使用的列入一般公共预算的支出，财政总预算会计应设置"一般公共预算本级支出"总账科目。本科目平时借方余额反映一般公共预算本级支出的累计数。本科目应当根据《政府收支分类科目》中支出功能分类科目设置明细科目。同时，根据管理需要，按照支出经济分类科目、部门等进行明细核算。一般公共预算本级支出的主要账务处理如下。

（1）实际发生一般公共预算本级支出时，借记本科目，贷记"国库存款""其他财政存款"等科目。

（2）年度终了，对纳入国库集中支付管理的、当年未支付而需结转下一年度支付的款项（国库集中支付结余），采用权责发生制确认支出时，借记本科目，贷记"应付国库集中支付结余"科目。

（3）年终转账时，本科目借方余额应全数转入"一般公共预算结转结余"科目，借记"一般公共预算结转结余"科目，贷记本科目。结转后，本科目无余额。

【例6-1】 某市财政发生以下业务。
（1）财政总预算会计按照预算开出拨款凭证，拨付市科技局日常经费 8 100 000 元。
（2）预拨市文化局业务经费 360 000 元。
（3）预拨文化局经费转作文化市场管理经费 360 000 元。
（4）年终，该市财政总预算会计汇总全年一般公共预算本级支出 79 600 000 元，结转结余。

相应的会计分录如下。

（1）借：一般公共预算本级支出　　　　　　　　　8 100 000
　　　　贷：国库存款　　　　　　　　　　　　　　　　　8 100 000
（2）借：预拨经费　　　　　　　　　　　　　　　360 000
　　　　贷：国库存款　　　　　　　　　　　　　　　　　360 000
（3）借：一般公共预算本级支出　　　　　　　　　360 000
　　　　贷：预拨经费　　　　　　　　　　　　　　　　　360 000
（4）借：一般公共预算结转结余　　　　　　　　　79 600 000
　　　　贷：一般公共预算本级支出　　　　　　　　　　　79 600 000

二、政府性基金预算本级支出

政府性基金预算本级支出是指政府财政管理的由本级政府使用的列入政府性基金预算的支出。为核算政府财政管理的由本级政府使用的列入政府性基金预算的支出，财政总预算会计应设置"政府性基金预算本级支出"总账科目。本科目平时借方余额反映政府性基金预算本级支出的累计数。本科目应当按照《政府收支分类科目》中支出功能分类科目设置明细科目。同时，根据管理需要，按照支出经济分类科目、部门等进行明细核算。政府性基金预算本级支出的主要账务处理如下。

（1）实际发生政府性基金预算本级支出时，借记本科目，贷记"国库存款"科目。

（2）年度终了，对纳入国库集中支付管理的、当年未支付而需结转下一年度支付的款项（国库集中支付结余），采用权责发生制确认支出时，借记本科目，贷记"应付国库集中支付结余"科目。

（3）年终转账时，本科目借方余额应全数转入"政府性基金预算结转结余"科目，借记"政府性基金预算结转结余"科目，贷记本科目。结转后，本科目无余额。

【例6-2】 某市财政发生如下政府性基金预算业务。
（1）用政府性基金预算安排铁路建设支出6 500 000元。相应的会计分录为：
借：政府性基金预算本级支出　　　　　　　　　　　6 500 000
　　贷：国库存款　　　　　　　　　　　　　　　　　　6 500 000
（2）该市财政年终政府性基金预算支出10 600 000元，结转结余。相应的会计分录为：
借：政府性基金预算结转结余　　　　　　　　　　　10 600 000
　　贷：政府性基金预算本级支出　　　　　　　　　　　10 600 000

三、国有资本经营预算本级支出

国有资本经营预算本级支出是指政府财政管理的由本级政府使用的列入国有资本经营预算的支出。为核算政府财政管理的由本级政府使用的列入国有资本经营预算的支出，财政总预算会计应设置"国有资本经营预算本级支出"总账科目。本科目平时借方余额反映国有资本经营预算本级支出的累计数。本科目应当按照《政府收支分类科目》中支出功能分类科目设置明细科目。同时，根据管理需要，按照支出经济分类科目、部门等进行明细核算。国有资本经营预算本级支出的主要账务处理如下。

（1）实际发生国有资本经营预算本级支出时，借记本科目，贷记"国库存款"科目。

（2）年度终了，对纳入国库集中支付管理的、当年未支付而需结转下一年度支付的款项（国库集中支付结余），采用权责发生制确认支出时，借记本科目，贷记"应付国库集中支付结余"科目。

（3）年终转账时，本科目借方余额应全数转入"国有资本经营预算结转结余"科目，借记"国有资本经营预算结转结余"科目，贷记本科目。结转后，本科目无余额。

第二节　财政专户管理资金支出和专用基金支出

一、财政专户管理资金支出

财政专户管理资金支出是指政府财政用纳入财政专户管理的教育收费等资金安排的支

出。为核算政府财政用纳入财政专户管理的教育收费等资金安排的支出，财政总预算会计应设置"财政专户管理资金支出"总账科目。本科目平时借方余额反映财政专户管理资金支出的累计数。本科目应当按照《政府收支分类科目》中支出功能分类科目设置相应明细科目。同时，根据管理需要，按照支出经济分类科目、部门（单位）等进行明细核算。财政专户管理资金支出的主要账务处理如下。

（1）发生财政专户管理资金支出时，借记本科目，贷记"其他财政存款"等有关科目。

（2）年终转账时，本科目借方余额全数转入"财政专户管理资金结余"科目，借记"财政专户管理资金结余"科目，贷记本科目。结转后，本科目无余额。

【例6-3】 某市财政总预算会计发生如下财政专户管理资金业务。

（1）用财政专户管理资金安排教育专项经费310 000元。相应的会计分录为：

借：财政专户管理资金支出　　　　　　　　　　　　　　310 000
　　贷：其他财政存款　　　　　　　　　　　　　　　　310 000

（2）该市财政年终财政专户管理资金支出9 400 000元，结转结余。相应的会计分录为：

借：财政专户管理资金结余　　　　　　　　　　　　　　9 400 000
　　贷：财政专户管理资金支出　　　　　　　　　　　　9 400 000

二、专用基金支出

专用基金支出是指政府财政用专用基金收入安排的支出。为核算政府财政用专用基金收入安排的支出，财政总预算会计应设置"专用基金支出"总账科目。本科目平时借方余额反映专用基金支出的累计数。本科目应当根据专用基金的种类设置明细科目。同时，根据管理需要，按部门等进行明细核算。专用基金支出的主要账务处理如下。

（1）发生专用基金支出时，借记本科目，贷记"其他财政存款"等有关科目。退回专用基金支出时，做相反的会计分录。

（2）年终转账时，本科目借方余额全数转入"专用基金结余"科目，借记"专用基金结余"科目，贷记本科目。结转后，本科目无余额。

【例6-4】 某市财政发生如下专用基金预算业务。

（1）根据用款计划拨出粮食风险基金1 650 000元。相应的会计分录为：

借：专用基金支出　　　　　　　　　　　　　　　　　　1 650 000
　　贷：其他财政存款　　　　　　　　　　　　　　　　1 650 000

（2）该市财政年终专用基金支出2 950 000元，结转结余。相应的会计分录为：

借：专用基金结余　　　　　　　　　　　　　　　　　　2 950 000
　　贷：专用基金支出　　　　　　　　　　　　　　　　2 950 000

第三节　转移性支出和安排预算稳定调节基金

一、转移性支出

转移性支出是指在各级政府财政之间进行资金调拨以及在本级政府财政不同类型资金之间调剂所形成的支出，包括补助支出、上解支出、调出资金、地区间援助支出等。

（一）补助支出

补助支出是指本级政府财政按财政体制规定或因专项需要补助给下级政府财政的款项，包括对下级的税收返还、转移支付等。为核算本级政府财政补助给下级政府财政的款项，财政总预算会计应设置"补助支出"总账科目。本科目平时借方余额反映补助支出的累计数。本科目下应当按照资金性质设置"一般公共预算补助支出""政府性基金预算补助支出"等明细科目，同时还应当按照补助地区进行明细核算。补助支出的主要账务处理如下。

(1) 发生补助支出或从"与下级往来"科目转入时，借记本科目，贷记"国库存款""其他财政存款""与下级往来"等科目。

(2) 专项转移支付资金实行特设专户管理的，本级政府财政总预算会计应当根据本级政府财政下达的预算文件确认补助支出，借记本科目，贷记"国库存款""与下级往来"等科目。

(3) 有主权外债业务的财政部门，贷款资金由下级政府财政同级部门（单位）使用，且贷款最终还款责任由本级政府财政承担的，本级政府财政部门支付贷款资金时，借记本科目，贷记"其他财政存款"科目；外方将贷款资金直接支付给用款单位或供应商时，借记本科目，贷记"债务收入""债务转贷收入"等科目；根据债务管理部门转来的相关外债转贷管理资料，按照实际支付的金额，借记"待偿债净资产"科目，贷记"借入款项""应付主权外债转贷款"等科目。

(4) 年终与下级政府财政结算时，按照尚未拨付的补助金额，借记本科目，贷记"与下级往来"科目。退还或核减补助支出时，借记"国库存款""与下级往来"等科目，贷记本科目。

(5) 年终转账时，本科目借方余额应根据资金性质分别转入对应的结转结余科目，借记"一般公共预算结转结余""政府性基金预算结转结余"等科目，贷记本科目。结转后，本科目无余额。

【例6-5】　某省财政总预算会计在年末决算清理期内，按照财政体制结算规定，计算得出所属下级A市财政欠缴上解款项900 000元；本级财政有一笔应补助下级B市财政的860 000元补助款未补。相关账务处理如下：

(1) 本级省财政总预算会计应编制的会计分录为：

借：与下级往来　　　　　　　　　　　　　　　　　　　　　　　　900 000

贷：上解收入		900 000
借：补助支出	860 000	
贷：与下级往来		860 000
（2）A市财政总预算会计应编制的会计分录为：		
借：上解支出	900 000	
贷：与上级往来		900 000
（3）B市财政总预算会计应编制的会计分录为：		
借：与上级往来	860 000	
贷：补助收入		860 000

（二）上解支出

上解支出是指按照财政体制规定由本级政府财政上缴给上级政府财政的款项。为核算本级政府财政按照财政体制规定上缴给上级政府财政的款项，财政总预算会计应设置"上解支出"总账科目。本科目平时借方余额反映上解支出的累计数。本科目下应当按照资金性质设置"一般公共预算上解支出""政府性基金预算上解支出"等明细科目。上解支出的主要账务处理如下。

（1）发生上解支出时，借记本科目，贷记"国库存款""与上级往来"等科目。

（2）年终与上级政府财政结算时，按照尚未支付的上解金额，借记本科目，贷记"与上级往来"科目。退还或核减上解支出时，借记"国库存款""与上级往来"等科目，贷记本科目。

（3）年终转账时，本科目借方余额应根据资金性质分别转入对应的结转结余科目，借记"一般公共预算结转结余""政府性基金预算结转结余"等科目，贷记本科目。结转后，本科目无余额。

【例6-6】 某市财政收到国库报来的预算收入日报表，列明分成收入4 000 000元，上缴30%，自留70%。相应的会计分录为：

借：国库存款	4 000 000	
贷：一般公共预算本级收入		4 000 000
借：上解支出	1 200 000	
贷：国库存款		1 200 000

（三）调出资金

调出资金是指政府财政为平衡预算收支，从某类资金向其他类型预算调出的资金。为核算政府财政为平衡预算收支，从某类资金向其他类型预算调出的资金，财政总预算会计应设置"调出资金"总账科目。本科目平时借方余额反映调出资金的累计数。本科目下应当设置"一般公共预算调出资金""政府性基金预算调出资金""国有资本经营预算调出资金"等明细科目。调出资金的主要账务处理如下。

（1）从一般公共预算调出资金时，按照调出的金额，借记本科目（一般公共预算调出资金），贷记"调入资金"相关明细科目。

（2）从政府性基金预算调出资金时，按照调出的金额，借记本科目（政府性基金预算调出资金），贷记"调入资金"相关明细科目。

（3）从国有资本经营预算调出资金时，按照调出的金额，借记本科目（国有资本经营预算调出资金），贷记"调入资金"相关明细科目。

（4）年终转账时，本科目借方余额分别转入相应的结转结余科目，借记"一般公共预算结转结余""政府性基金预算结转结余""国有资本经营预算结转结余"等科目，贷记本科目。结转后，本科目无余额。

【例6-7】 某市财政从基金预算结余中调出车辆通行费收入740 000元以平衡预算。相应的会计分录为：

借：调出资金——政府性基金预算调出资金　　　　　740 000
　　贷：调入资金——一般公共预算调入资金　　　　　　　740 000

（四）地区间援助支出

地区间援助支出是指援助方政府财政安排用于受援方政府财政统筹使用的各类援助、捐赠等资金支出。为核算援助方政府财政安排用于受援方政府财政统筹使用的各类援助、捐赠等资金支出，财政总预算会计应设置"地区间援助支出"总账科目。本科目平时借方余额反映地区间援助支出的累计数。本科目应当按照受援地区及管理需要进行相应明细核算。地区间援助支出的主要账务处理如下。

（1）发生地区间援助支出时，借记本科目，贷记"国库存款"科目。

（2）年终转账时，本科目借方余额全数转入"一般公共预算结转结余"科目，借记"一般公共预算结转结余"科目，贷记本科目。结转后，本科目无余额。

【例6-8】 S省财政根据省人大决议，援助某自治区资金45 000 000元。S省财政总预算会计根据银行转账凭证回单和批复拨款文件编制的会计分录为：

借：地区间援助支出　　　　　　　　　　　　　　　45 000 000
　　贷：国库存款　　　　　　　　　　　　　　　　　　　45 000 000

二、安排预算稳定调节基金

预算平衡是财政资金平衡的重要标志，也是防范财政风险的工具。《预算法》第四十一条规定："各级一般公共预算按照国务院的规定可以设置预算稳定调节基金，用于弥补以后年度预算资金的不足。"为核算政府财政按照有关规定安排的预算稳定调节基金，财政总预算会计应设置"安排预算稳定调节基金"总账科目。本科目平时借方余额反映安排预算稳定调节基金的累计数。安排预算稳定调节基金的主要账务处理如下。

（1）补充预算稳定调节基金时，借记本科目，贷记"预算稳定调节基金"科目。

（2）年终转账时，本科目借方余额全数转入"一般公共预算结转结余"科目，借记"一般公共预算结转结余"科目，贷记本科目。结转后，本科目无余额。

【例6-9】 某市财政使用超收收入补充预算稳定调节基金4 300 000元。相应的会计分录为：

　　借：安排预算稳定调节基金　　　　　　　　　　　　4 300 000
　　　　贷：预算稳定调节基金　　　　　　　　　　　　　　4 300 000

第四节　债务还本支出和债务转贷支出

一、债务还本支出

债务还本支出是指政府财政偿还本级政府财政承担的债务本金支出。为核算政府财政偿还本级政府财政承担的纳入预算管理的债务本金支出，财政总预算会计应设置"债务还本支出"总账科目。本科目平时借方余额反映本级政府财政债务还本支出的累计数。本科目应当根据《政府收支分类科目》中债务还本支出有关规定设置明细科目。债务还本支出的主要账务处理如下。

（1）偿还本级政府财政承担的政府债券、主权外债等纳入预算管理的债务本金时，借记本科目，贷记"国库存款""其他财政存款"等科目；根据债务管理部门转来的相关资料，按照实际偿还的本金金额，借记"应付短期政府债券""应付长期政府债券""借入款项""应付地方政府债券转贷款""应付主权外债转贷款"等科目，贷记"待偿债净资产"科目。

（2）偿还截至2014年12月31日本级政府财政承担的存量债务本金时，借记本科目，贷记"国库存款""其他财政存款"等科目。

（3）年终转账时，本科目下"专项债务还本支出"明细科目的借方余额应按照对应的政府性基金种类分别转入"政府性基金预算结转结余"相应明细科目，借记"政府性基金预算结转结余"科目，贷记本科目（专项债务还本支出）。本科目下其他明细科目的借方余额全数转入"一般公共预算结转结余"科目，借记"一般公共预算结转结余"科目，贷记本科目（其他明细科目）。结转后，本科目无余额。

二、债务转贷支出

债务转贷支出是指本级政府财政向下级政府财政转贷的债务支出。为核算本级政府财政向下级政府财政转贷的债务支出，财政总预算会计应设置"债务转贷支出"总账科目。本科目平时借方余额反映债务转贷支出的累计数。本科目下应当设置"地方政府一般债务转贷支出""地方政府专项债务转贷支出"明细科目，同时还应当按照转贷地区进行明细核算。债务转贷支出的主要账务处理如下。

（1）本级政府财政向下级政府财政转贷地方政府债券资金时，借记本科目，贷记"国库存款"科目；根据债务管理部门转来的相关资料，按照到期应收回的转贷款本金金额，借记"应收地方政府债券转贷款"科目,贷记"资产基金——应收地方政府债券转贷款"科目。

(2) 年终转账时,本科目下"地方政府一般债务转贷支出"明细科目的借方余额全数转入"一般公共预算结转结余"科目,借记"一般公共预算结转结余"科目,贷记"债务转贷支出——地方政府一般债务转贷支出"科目。本科目下"地方政府专项债务转贷支出"明细科目的借方余额全数转入"政府性基金预算结转结余"科目,借记"政府性基金预算结转结余"科目,贷记"债务转贷支出——地方政府专项债务转贷支出"科目。结转后,本科目无余额。

复习思考题

1. 什么是财政总预算会计的支出?政府基本预算支出包括哪些?
2. 什么是转移性支出?转移性支出包括哪些?
3. 什么是专用基金支出?如何核算专用基金支出?

第七章

财政总预算会计的净资产

> **学习目的**
>
> 熟悉财政总预算会计的净资产核算内容；能够正确地进行各项结转结余、预算周转金、预算稳定调节基金、资产基金和待偿债净资产的核算，提供政府财政净资产的核算信息。

财政总预算会计的净资产是指政府财政资产减去负债的差额。财政总预算会计核算的净资产包括一般公共预算结转结余、政府性基金预算结转结余、国有资本经营预算结转结余、财政专户管理资金结余、专用基金结余、预算周转金、预算稳定调节基金、资产基金和待偿债净资产。

第一节 各项结转结余

各项结转结余是财政收支的执行结果，是下年度可以结转使用或重新安排使用的资金，包括一般公共预算结转结余、政府性基金预算结转结余、国有资本经营预算结转结余、财政专户管理资金结余和专用基金结余等。

各项结转结余每年结算一次，平时不结算，年终各项收入与相应的支出冲销后，即成为该项当年结转结余。当年结转结余加上上年年末的结转结余就是本年末滚存结转结余。各项结转结余应分别核算，不得混淆。

一、一般公共预算结转结余

一般公共预算结转结余是指一般公共预算收支的执行结果。为核算一般公共预算收支的执行结果，财政总预算会计应当设置"一般公共预算结转结余"总账科目。本科目年终贷方余额反映一般公共预算收支相抵后的滚存结转结余。一般公共预算结转结余的主要账务处理如下。

（1）年终转账时，将一般公共预算的有关收入科目贷方余额转入本科目的贷方，借记"一般公共预算本级收入""补助收入——一般公共预算补助收入""上解收入——一般公共预算上解收入""地区间援助收入""调入资金——一般公共预算调入资金""债务收入——一般债务收入""债务转贷收入——地方政府一般债务转贷收入""动用预算稳定调节基金"等科目，贷记本科目；将一般公共预算的有关支出科目借方余额转入本科目的借方，借记本科目，贷记"一般公共预算本级支出""上解支出——一般公共预算上解支出""补助支出——一般公共预算补助支出""地区间援助支出""调出资金——一般公共预算调出资金""安排预算稳定调节基金""债务转贷支出——地方政府一般债务转贷支出""债务还本支出——一般债务还本支出"等科目。

（2）设置和补充预算周转金时，借记本科目，贷记"预算周转金"科目。

【例7-1】 某市财政年终结账时发生如下一般公共预算结转结余的会计事项。

（1）将全年一般公共预算的各项收入转入"一般公共预算结转结余"账户。其中，一般公共预算本级收入46 000 000元，补助收入（一般公共预算补助收入）4 000 000元，上解收入（一般公共预算上解收入）5 000 000元，调入资金（一般公共预算调入资金）1 000 000元，编制如下会计分录：

借：一般公共预算本级收入　　　　　　　　　　46 000 000
　　补助收入——一般公共预算补助收入　　　　 4 000 000
　　上解收入——一般公共预算上解收入　　　　 5 000 000
　　调入资金——一般公共预算调入资金　　　　 1 000 000
　　贷：一般公共预算结转结余　　　　　　　　　56 000 000

（2）将全年一般公共预算的各项支出转入"一般公共预算结转结余"账户。其中，一般公共预算本级支出44 800 000万元，补助支出（一般公共预算补助支出）3 300 000万元，上解支出（一般公共预算上解支出）6 900 000万元。编制会计分录如下：

借：一般公共预算结转结余　　　　　　　　　　55 000 000
　　贷：一般公共预算本级支出　　　　　　　　　44 800 000
　　　　补助支出——一般公共预算补助支出　　　 3 300 000
　　　　上解支出——一般公共预算上解支出　　　 6 900 000

（3）假定上年一般公共预算滚存结转结余2 000 000元，则：

本年一般公共预算滚存结转结余=2 000 000+56 000 000-55 000 000=3 000 000（元）

（4）市财政按本年一般公共预算结转结余的10%增设预算周转金300 000元。编制会计分录如下：

借：一般公共预算结转结余　　　　　　　　　　　300 000
　　贷：预算周转金　　　　　　　　　　　　　　 300 000

二、政府性基金预算结转结余

政府性基金预算结转结余是指政府性基金预算收支的执行结果。为核算政府性基金预算结转结余情况，财政总预算会计应设置"政府性基金预算结转结余"总账科目。本科目年终贷方余额反映政府性基金预算收支相抵后的滚存结转结余。本科目应当根据管理需要，按照政府性基金的种类进行明细核算。政府性基金预算结转结余的主要账务处理如下。

年终转账时，应将政府性基金预算的有关收入科目贷方余额按照政府性基金种类分别转入本科目下相应明细科目的贷方，借记"政府性基金预算本级收入""补助收入——政府性基金预算补助收入""上解收入——政府性基金预算上解收入""调入资金——政府性基金预算调入资金""债务收入——专项债务收入""债务转贷收入——地方政府专项债务转贷收入"等科目，贷记本科目；将政府性基金预算的有关支出科目借方余额按照政府性基金种类分别转入本科目下相应明细科目的借方，借记本科目，贷记"政府性基金预算本级支出""上解支出——政府性基金预算上解支出""补助支出——政府性基金预算补助支出""调出资金——政府性基金预算调出资金""债务还本支出——专项债务还本支出""债务转贷支出——地方政府专项债务转贷支出"等科目。

【例7-2】 年终，某市财政总预算会计结账时，政府性基金预算本级收入550 000元，补助收入（政府性基金预算补助收入）70 000元，政府性基金预算本级支出520 000元，补助支出（政府性基金预算补助支出）50 000元，调出资金30 000元。

(1) 结转各政府性基金预算收入类账户，编制会计分录为：

借：政府性基金预算本级收入　　　　　　　　　　550 000
　　补助收入——政府性基金预算补助收入　　　　 70 000
　　贷：政府性基金预算结转结余　　　　　　　　620 000

(2) 结转各政府性基金预算支出类账户，编制会计分录为：

借：政府性基金预算结转结余　　　　　　　　　　600 000
　　贷：政府性基金预算本级支出　　　　　　　　520 000
　　　　补助支出——政府性基金预算补助支出　　 50 000
　　　　调出资金　　　　　　　　　　　　　　　 30 000

三、国有资本经营预算结转结余

国有资本经营预算结转结余是指国有资本经营预算收支的执行结果。为核算政府财政纳入国有资本经营预算管理的收支相抵形成的结转结余，财政总预算会计应设置"国有资本经营预算结转结余"总账科目。本科目年终贷方余额反映国有资本经营预算收支相抵后的滚存结转结余。

年终转账时，应将国有资本经营预算的有关收入科目贷方余额转入本科目贷方，借记"国有资本经营预算本级收入"等科目，贷记本科目；将国有资本经营预算的有关支出科目借方余额转入本科目借方,借记本科目,贷记"国有资本经营预算本级支出""调出资金——国有资本经营预算调出资金"等科目。

四、财政专户管理资金结余

财政专户管理资金结余是指纳入财政专户管理的教育收费等资金收支的执行结果。为核算政府财政纳入财政专户管理的教育收费等资金收支相抵后形成的结余,财政总预算会计应设置"财政专户管理资金结余"总账科目。本科目年终贷方余额反映政府财政纳入财政专户管理的资金收支相抵后的滚存结余。本科目应当根据管理需要,按照部门(单位)等进行明细核算。

年终转账时,将财政专户管理资金的有关收入科目贷方余额转入本科目贷方,借记"财政专户管理资金收入"等科目,贷记本科目;将财政专户管理资金的有关支出科目借方余额转入本科目借方,借记本科目,贷记"财政专户管理资金支出"等科目。

五、专用基金结余

专用基金结余是指专用基金收支的执行结果。为核算政府财政管理的专用基金收支相抵形成的结余,财政总预算会计应设置"专用基金结余"总账科目。本科目年终贷方余额反映政府财政管理的专用基金收支相抵后的滚存结余。本科目应当根据专用基金的种类进行明细核算。

年终转账时,将专用基金的有关收入科目贷方余额转入本科目贷方,借记"专用基金收入"等科目,贷记本科目;将专用基金的有关支出科目借方余额转入本科目借方,借记本科目,贷记"专用基金支出"等科目。

【例7-3】 年终,某市财政总预算会计结账时,专用基金收入1 200 000元,专用基金支出1 150 000元,结转专用基金收支类账户。

(1) 结转专用基金收入,编制会计分录为

借:专用基金收入　　　　　　　　　　　　　　　　1 200 000
　　贷:专用基金结余　　　　　　　　　　　　　　　　1 200 000

(2) 结转专用基金支出,编制会计分录为

借:专用基金结余　　　　　　　　　　　　　　　　1 150 000
　　贷:专用基金支出　　　　　　　　　　　　　　　　1 150 000

第二节　预算周转金和预算稳定调节基金

一、预算周转金

预算周转金是指政府财政为调剂预算年度内季节性收支差额,保证及时用款而设置的库

款周转资金。为核算政府财政设置的用于调剂预算年度内季节性收支差额周转使用的资金，财政总预算会计应设置"预算周转金"总账科目。本科目期末贷方余额反映预算周转金的规模。预算周转金应根据《预算法》的要求设置。预算周转金的主要账务处理如下。

（1）设置和补充预算周转金时，借记"一般公共预算结转结余"科目，贷记本科目。

【例7-4】　某市财政根据一般公共预算结转结余情况，补充预算周转金780 000元。相应的会计分录为：

借：一般公共预算结转结余	780 000
贷：预算周转金	780 000

（2）将预算周转金调入预算稳定调节基金时，借记本科目，贷记"预算稳定调节基金"科目。相应的会计分录为：

【例7-5】　某市财政将预算周转金850 000元调入预算稳定调节基金。相应的会计分录为：

借：预算周转金	850 000
贷：预算稳定调节基金	850 000

二、预算稳定调节基金

预算稳定调节基金是指政府财政安排用于弥补以后年度预算资金不足的储备资金。为核算政府财政设置的用于弥补以后年度预算资金不足的储备资金，财政总预算会计应设置"预算稳定调节基金"总账科目。本科目期末贷方余额反映预算稳定调节基金的规模。预算稳定调节基金的主要账务处理如下。

（1）使用超收收入或一般公共预算结余补充预算稳定调节基金时，借记"安排预算稳定调节基金"科目，贷记本科目。

【例7-6】　某省财政使用超收收入补充预算稳定调节基金3 000 000元。相应的会计分录为：

借：安排预算稳定调节基金	3 000 000
贷：预算稳定调节基金	3 000 000

（2）将预算周转金调入预算稳定调节基金时，借记"预算周转金"科目，贷记本科目。

（3）调用预算稳定调节基金时，借记本科目，贷记"动用预算稳定调节基金"科目。

【例7-7】　某省财政调用预算稳定调节基金5 000 000元，用于弥补预算缺口。相应的会计分录为：

借：预算稳定调节基金	5 000 000
贷：动用预算稳定调节基金	5 000 000

第三节 资产基金和待偿债净资产

一、资产基金

资产基金是指政府财政持有的债权和股权投资等资产（与其相关的资金收支纳入预算管理）在净资产中占用的金额。为核算政府财政持有的应收地方政府债券转贷款、应收主权外债转贷款、股权投资和应收股利等资产（与其相关的资金收支纳入预算管理）在净资产中占用的金额，财政总预算会计应设置"资产基金"总账科目。本科目期末贷方余额反映政府财政持有应收地方政府债券转贷款、应收主权外债转贷款、股权投资和应收股利等资产（与其相关的资金收支纳入预算管理）在净资产中占用的金额。本科目下应当设置"应收地方政府债券转贷款""应收主权外债转贷款""股权投资""应收股利"等明细科目，进行明细核算。

资产基金的账务处理参见"应收地方政府债券转贷款""应收主权外债转贷款""股权投资"和"应收股利"等科目的使用说明。

二、待偿债净资产

待偿债净资产是指政府财政承担应付短期政府债券、应付长期政府债券、借入款项、应付地方政府债券转贷款、应付主权外债转贷款、其他负债等负债（与其相关的资金收支纳入预算管理）而相应需在净资产中冲减的金额，为核算政府财政因发生应付政府债券、借入款项、应付地方政府债券转贷款、应付主权外债转贷款、其他负债等负债（与其相关的资金收支纳入预算管理）而相应需在净资产中冲减的金额，财政总预算会计应设置"待偿债净资产"总账科目。本科目期末借方余额反映政府财政承担应付政府债券、借入款项、应付地方政府债券转贷款、应付主权外债转贷款和其他负债等负债（与其相关的资金收支纳入预算管理）而相应需冲减净资产的金额。本科目下应当设置"应付短期政府债券""应付长期政府债券""借入款项""应付地方政府债券转贷款""应付主权外债转贷款""其他负债"等明细科目，进行明细核算。

待偿债净资产的账务处理参见"应付短期政府债券""应付长期政府债券""借入款项""应付地方政府债券转贷款""应付主权外债转贷款"和"其他负债"等科目的使用说明。

复习思考题

1. 什么是财政总预算会计的净资产？净资产包括哪些内容？
2. 各项结转结余包括哪些科目？核算的内容包括哪些？
3. 什么是预算周转金和预算稳定调节基金？分别如何核算？

财政总预算会计报表的编制

> **学习目的**
>
> 掌握财政总预算会计年终清理、年终结算和年终结账的具体内容，熟悉财政总预算会计报表之间的钩稽关系，能够编制财政会计报表，提供政府财政会计报表信息。

财政总预算会计报表是反映政府财政预算执行结果和财务状况的书面文件，是各级政府和上级财政部门了解情况、掌握政策、指导预算执行工作的重要资料，也是编制下年度预算的基础。财政总预算会计报表包括资产负债表、收入支出表、一般公共预算执行情况表、政府性基金预算执行情况表、国有资本经营预算执行情况表、财政专户管理资金收支情况表、专用基金收支情况表等会计报表和附注。

第一节 财政总预算会计年终清理和结账

财政总预算会计应当按月进行会计结账，具体结账方法参照《会计基础工作规范》。政府财政部门应当及时进行年终清理结算。年终清理是指年终时，财政总预算会计对年度预算收支及有关经济活动进行全面清理、核对和结算的工作。年终清理结算的主要事项如下。

一、年终清理

（1）核对年度预算。预算是预算执行和办理会计结算的依据。年终前，财政总预算会计应配合预算管理部门将本级政府财政全年预算指标与上、下级政府财政总预算和本级各部门预算进行核对，及时办理预算调整和转移支付事项。本年预算调整和对下转移支付一般截止到11月底；各项预算拨款，一般截止到12月25日。

(2) 清理本年预算收支。认真清理本年预算收入，督促征收部门和国家金库年终前如数缴库。应在本年预算支领列报的款项，非特殊原因，应在年终前办理完毕。

(3) 清理财政专户管理资金和专用基金收支。凡属应列入本年的收入，应及时催收，并缴入国库或指定财政专户。

(4) 组织征收部门和国家金库进行年度对账。

(5) 清理核对当年拨款支出。财政总预算会计对本级各单位的拨款支出应与单位的拨款收入核对无误。属于应收回的拨款，应及时收回，并按收回数相应冲减预算支出。属于预拨下年度的经费，不得列入当年预算支出。

(6) 核实股权、债权和债务。财政部门内部相关资产、债务管理部门应于12月20日前向财政总预算会计提供与股权、债权、债务等核算和反映相关的资料。财政总预算会计对股权投资、借出款项、应收股利、应收地方政府债券转贷款、应收主权外债转贷款、借入款项、应付短期政府债券、应付长期政府债券、应付地方政府债券转贷款、应付主权外债转贷款、其他负债等余额应与相关管理部门进行核对，记录不一致的要及时查明原因，按规定调整账务，做到账实相符、账账相符。

(7) 清理往来款项。政府财政要认真清理其他应收款、其他应付款等各种往来款项，在年度终了前予以收回或归还。应转作收入或支出的各项款项，要及时转入本年有关收支账。

(8) 进行年终财政结算。

二、年终结算

年终结算是指按照财政管理体制的规定，结清上下级政府财政之间的转移性收支和往来款项。财政预算管理部门要在年终清理的基础上，于次年元月底前结清上下级政府财政的转移支付收支和往来款项。财政总预算会计要按照财政管理体制的规定，将预算结算单与年度预算执行过程中已补助和已上解数额进行比较，结合往来款和借垫款情况，计算出全年最后应补或应退数额，填制年终财政决算结算单，经核对无误后，作为年终财政结算凭证，据以入账。

财政总预算会计对年终决算清理期内发生的会计事项，应当划清会计年度。属于清理上年度的会计事项，记入上年度会计账；属于新年度的会计事项，记入新年度会计账，防止错记漏记。

三、年终结账

经过年终清理和结算，把各项结算收支入账后，即可办理年终结账。年终结账工作一般分为年终转账、结清旧账和记入新账三个步骤，依次做账。

(1) 年终转账。计算出各科目12月份合计数和全年累计数，结出12月月末余额，编制结账前的资产负债表，再根据收支余额填制记账凭证，将收支分别转入"一般公共预算结转结余""政府性基金预算结转结余""国有资本经营预算结转结余""专用基金结余""财政专户管理资金结余"等科目冲销。

（2）结清旧账。将各个收入和支出科目的借方、贷方结出全年总计数。对年终有余额的科目，在"摘要"栏内注明"结转下年"字样，表示转入新账。

（3）记入新账。根据年终转账后的总账和明细账余额编制年终资产负债表和有关明细表（不需填制记账凭证），将表内各科目余额直接记入新年度有关总账和明细账"年初余额"栏内，并在"摘要"栏注明"上年结转"字样，以区别新年度发生数。

决算经本级人民代表大会常务委员会（或人民代表大会）审查批准后，如需更正原报决算草案收入、支出，要相应调整有关账目，重新办理结账事项。

第二节　财政总预算会计报表的编制

一、财政总预算会计报表编制要求

财政总预算会计应当按照下列规定编制会计报表。

（1）一般公共预算执行情况表、政府性基金预算执行情况表、国有资本经营预算执行情况表应当按旬、月度和年度编制，财政专户管理资金收支情况表和专用基金收支情况表应当按月度和年度编制，收入支出表按月度和年度编制，资产负债表和附注应当至少按年度编制。旬报、月报的报送期限及编报内容应当根据上级政府财政具体要求和本行政区域预算管理的需要办理。

（2）财政总预算会计应当根据《财政总预算会计制度》编制并提供真实、完整的会计报表，切实做到账表一致，不得估列代编、弄虚作假。

（3）财政总预算会计要严格按照统一规定的种类、格式、内容、计算方法和编制口径填制会计报表，以保证全国统一汇总和分析。汇总报表的单位，要把所属单位的报表汇集齐全，防止漏报。

二、资产负债表的编制

（一）资产负债表的定义和格式

资产负债表是反映政府财政在某一特定日期财务状况的报表。资产负债表应当按照资产、负债和净资产分类、分项列示，如表8-1所示。

第八章 财政总预算会计报表的编制

表8-1 资产负债表

会财政01表

编制单位：　　　　　　　　　　年　月　日　　　　　　　　　　单位：元

资　　产	年初余额	期末余额	负债和净资产	年初余额	期末余额
流动资产：			流动负债：		
国库存款			应付短期政府债券		
国库现金管理存款			应付利息		
其他财政存款			应付国库集中支付结余		
有价证券			与上级往来		
在途款			其他应付款		
预拨经费			应付代管资金		
借出款项			一年内到期的非流动负债		
应收股利			流动负债合计		
应收利息			非流动负债：		
与下级往来			应付长期政府债券		
其他应收款			借入款项		
流动资产合计			应付地方政府债券转贷款		
非流动资产：			应付主权外债转贷款		
应收地方政府债券转贷款			其他负债		
应收主权外债转贷款			非流动负债合计		
股权投资			负债合计		
待发国债			一般公共预算结转结余		
非流动资产合计			政府性基金预算结转结余		
			国有资本经营预算结转结余		
			财政专户管理资金结余		
			专用基金结余		
			预算稳定调节基金		
			预算周转金		
			资产基金		
			减：待偿债净资产		
			净资产合计		
资产总计			负债和净资产总计		

(二) 资产负债表的列报方法

本表"年初余额"栏内各项数字,应当根据上年末资产负债表"期末余额"栏内数字填列。如果本年度资产负债表规定的各个项目的名称和内容同上年度不一致,应对上年年末资产负债表各项目的名称和数字按照本年度的规定进行调整,填入本表"年初余额"栏内。"期末余额"栏各项目的填列方法如下。

(1) 根据总账账户期末余额直接填列。例如,资产类项目中的"国库存款""国库现金管理存款""其他财政存款""有价证券""在途款""预拨经费""借出款项""与下级往来""其他应收款"等项目,负债类项目中的"应付国库集中支付结余""与上级往来""其他应付款"等项目,净资产类项目中的"一般公共预算结转结余""政府性基金预算结转结余""国有资本经营预算结余""财政专户管理资金结余""专用基金结余""预算周转金""预算稳定调节基金""资产基金""代偿债净资产"等项目,都应当根据期末余额直接填列。

(2) 根据明细账户期末余额分析填列。例如,"应收地方政府债券转贷款"项目应当根据"应收地方政府债券转贷款"科目下"应收本金"明细科目的期末余额填列;"应付短期政府债券"项目应当根据"应付短期政府债券"科目下的"应付本金"明细科目的期末余额填列。

(3) 根据明细账户期末余额分析计算填列。"应收利息"项目应当根据"应收地方政府债券转贷款"科目和"应收主权外债转贷款"科目下"应收利息"明细科目的期末余额合计数填列;"应付利息"项目应当根据"应付短期政府债券""借入款项""应付地方政府债券转贷款""应付主权外债转贷款"科目下的"应付利息"明细科目期末余额,以及属于分期付息到期还本的"应付长期政府债券"的"应付利息"明细科目期末余额计算填列。"借入款项""应付地方政府债券转贷款"等项目应当分别根据"借入款项""应付地方政府债券转贷款"等科目下"应付本金"明细科目的期末余额分析填列。

(4) 根据总账账户期末余额分析填列。例如,"一年内到期的非流动负债"项目应当根据"应付长期政府债券""借入款项""应付地方政府债券转贷款""应付主权外债转贷款""其他负债"等科目的期末余额及债务管理部门提供的资料分析填列;"应付长期政府债券"项目应当根据"应付长期政府债券"科目的期末余额分析填列。

三、收入支出表的编制

(一) 收入支出表的定义和格式

收入支出表是反映政府财政在某一会计期间各类财政资金收支结余情况的报表。收入支出表根据资金性质按照收入、支出、结转结余的构成分类、分项列示,如表8-2所示。

表 8-2　收入支出表

会财政 02 表

编制单位：　　　　　　　　　　　　　　年　月　　　　　　　　　　　　　单位：元

项目	一般公共预算		政府性基金预算		国有资本经营预算		财政专户管理资金		专用基金	
	本月数	本年累计数	本月数	本年累计数	本月数	本年累计数	本月数	本年累计数	本月数	本年累计数
年初结转结余										
收入合计										
本级收入										
其中：来自预算安排的收入			—	—	—	—	—	—	—	—
补助收入					—	—	—	—	—	—
上解收入					—	—	—	—	—	—
地区间援助收入			—	—	—	—	—	—	—	—
债务收入							—	—	—	—
债务转贷收入							—	—	—	—
动用预算稳定调节基金							—	—	—	—
调入资金							—	—		
支出合计										
本级支出										
其中：权责发生制列支							—	—	—	—
预算安排专用基金的支出			—	—	—	—	—	—		
补助支出							—	—	—	—
上解支出							—	—	—	—
地区间援助支出			—	—	—	—	—	—	—	—
债务还本支出							—	—	—	—
债务转贷支出							—	—	—	—
安排预算稳定调节基金							—	—	—	—
调出资金							—	—	—	—
结余转出							—	—	—	—
其中：增设预算周转金			—	—	—	—	—	—	—	—
年末结转结余										

注：表中有"—"的部分不必填列。

(二) 收入支出表的列报方法

表内"本月数"栏各项目的填列方法如下。

(1) "年初结转结余"项目。各项目的"年初结转结余"应当分别根据"一般公共预算结转结余""政府性基金预算结转结余""国有资本经营预算结转结余""财政专户管理资金结余""专用基金结余"各科目的年初余额分别填列。

(2) "收入合计"项目。其中,一般公共预算的"收入合计"应当根据属于一般公共预算的"本级收入""补助收入""上解收入""地区间援助收入""债务收入""债务转贷收入""动用预算稳定调节基金""调入资金"各行项目金额的合计填列;政府性基金预算的"收入合计"应当根据属于政府性基金预算的"本级收入""补助收入""上解收入""债务收入""债务转贷收入""调入资金"各行项目金额的合计填列;国有资本经营预算的"收入合计"应当根据属于国有资本经营预算的"本级收入"项目的金额填列;财政专户管理资金的"收入合计"应当根据属于财政专户管理资金的"本级收入"项目的金额填列;专用基金的"收入合计"应当根据属于专用基金的"本级收入"项目的金额填列。

(3) 收入类项目。各项目应当分别根据各收入类项目相应科目的本期发生额填列。例如,一般公共预算的"本级收入"应当根据"一般公共预算本级收入"科目的本期发生额填列;政府性基金预算的"本级收入"应当根据"政府性基金预算本级收入"科目的本期发生额填列;国有资本经营预算的"本级收入"应当根据"国有资本经营预算本级收入"科目的本期发生额填列;财政专户管理资金的"本级收入"应当根据"财政专户管理资金收入"科目的本期发生额填列;专用基金的"本级收入"应当根据"专用基金收入"科目的本期发生额填列。

(4) "支出合计"项目。其中,一般公共预算的"支出合计"应当根据属于一般公共预算的"本级支出""补助支出""上解支出""地区间援助支出""债务还本支出""债务转贷支出""安排预算稳定调节基金""调出资金"各行项目金额的合计填列;政府性基金预算的"支出合计"应当根据属于政府性基金预算的"本级支出""补助支出""上解支出""债务还本支出""债务转贷支出""调出资金"各行项目金额的合计填列;国有资本经营预算的"支出合计"应当根据属于国有资本经营预算的"本级支出"和"调出资金"项目金额的合计填列;财政专户管理资金的"支出合计"应当根据属于财政专户管理资金的"本级支出"项目的金额填列;专用基金的"支出合计"应当根据属于专用基金的"本级支出"项目的金额填列。

(5) 支出类项目。各项目应当分别根据各支出类项目相应科目的本期发生额填列。例如,一般公共预算的"补助支出"应当根据"补助支出"科目下的"一般公共预算补助支出"明细科目的本期发生额填列;政府性基金预算的"补助支出"应当根据"补助支出"科目下的"政府性基金预算补助支出"明细科目的本期发生额填列。

(6) "年末结转结余"项目。各项目的"年末结转结余"应当分别根据"一般公共预算结转结余""政府性基金预算结转结余""国有资本经营预算结转结余""财政专户管理资金结余""专用基金结余"各科目的年末余额分别填列。

四、一般公共预算执行情况表的编制

(一) 一般公共预算执行情况表的定义和格式

一般公共预算执行情况表是反映政府财政在某一会计期间一般公共预算收支执行结果的报表,按照《政府收支分类科目》中一般公共预算收支科目列示。一般公共预算执行情况表如表 8-3 所示。

表 8-3 一般公共预算执行情况表

会财政 03-1 表

编制单位:　　　　　　　　　　年　月　旬　　　　　　　　　　单位:元

项　　目	本月(旬)数	本年(月)累计数
一般公共预算本级收入		
101 税收收入		
10101 增值税		
1010101 国内增值税		
……		
一般公共预算本级收入合计		
一般公共预算本级支出		
201 一般公共服务支出		
20101 人大事务		
2010101 行政运行		
……		
一般公共预算本级支出合计		

(二) 一般公共预算执行情况表的列报方法

(1) "一般公共预算本级收入"项目及所属各明细项目,应当根据"一般公共预算本级收入"科目及所属各明细科目的本期发生额填列。

(2) "一般公共预算本级支出"项目及所属各明细项目,应当根据"一般公共预算本级支出"科目及所属各明细科目的本期发生额填列。

五、政府性基金预算执行情况表的编制

(一) 政府性基金预算执行情况表的定义和格式

政府性基金预算执行情况表是反映政府财政在某一会计期间政府性基金预算收支执行结果的报表,按照《政府收支分类科目》中政府性基金预算收支科目列示。政府性基金预算执行情况表如表 8-4 所示。

表 8-4　政府性基金预算执行情况表

会财政 03-2 表

编制单位：　　　　　　　　　年　月　旬　　　　　　　　　单位：元

项　目	本月（旬）数	本年（月）累计数
政府性基金预算本级收入		
10301 政府性基金收入		
1030102 农网还贷资金收入		
103010201 中央农网还贷资金收入		
……		
政府性基金预算本级收入合计		
政府性基金预算本级支出		
206 科学技术支出		
20610 核电站乏燃料处理处置基金支出		
2061001 乏燃料运输		
……		
政府性基金预算本级支出合计		

（二）政府性基金预算执行情况表的列报方法

（1）"政府性基金预算本级收入"项目及所属各明细项目，应当根据"政府性基金预算本级收入"科目及所属各明细科目的本期发生额填列。

（2）"政府性基金预算本级支出"项目及所属各明细项目，应当根据"政府性基金预算本级支出"科目及所属各明细科目的本期发生额填列。

六、国有资本经营预算执行情况表的编制

（一）国有资本经营预算执行情况表的定义和格式

国有资本经营预算执行情况表是反映政府财政在某一会计期间国有资本经营预算收支执行结果的报表，按照《政府收支分类科目》中国有资本经营预算收支科目列示。国有资本经营预算执行情况表如表 8-5 所示。

表 8-5　国有资本经营预算执行情况表

会财政 03-3 表

编制单位：　　　　　　　　　年　月　旬　　　　　　　　　单位：元

项　目	本月（旬）数	本年（月）累计数
国有资本经营预算本级收入		
10306 国有资本经营收入		
1030601 利润收入		

续表

项　目	本月（旬）数	本年（月）累计数
103060103 烟草企业利润收入		
……		
国有资本经营预算本级收入合计		
国有资本经营预算本级支出		
208 社会保障和就业支出		
20804 补充全国社会保障基金		
2080451 国有资本经营预算补充社保基金支出		
……		
国有资本经营预算本级支出合计		

（二）国有资本经营预算执行情况表的列报方法

（1）"国有资本经营预算本级收入"项目及所属各明细项目，应当根据"国有资本经营预算本级收入"科目及所属各明细科目的本期发生额填列。

（2）"国有资本经营预算本级支出"项目及所属各明细项目，应当根据"国有资本经营预算本级支出"科目及所属各明细科目的本期发生额填列。

七、财政专户管理资金收支情况表的编制

（一）财政专户管理资金收支情况表的定义和格式

财政专户管理资金收支情况表是反映政府财政在某一会计期间纳入财政专户管理的财政专户管理资金全部收支情况的报表，按照相关政府收支分类科目列示。财政专户管理资金收支情况表如表 8-6 所示。

表 8-6　财政专户管理资金收支情况表

会财政 04 表

编制单位：　　　　　　　　　年　月　　　　　　　　　单位：元

项　目	本月数	本年累计数
财政专户管理资金收入		
财政专户管理资金收入合计		
财政专户管理资金支出		
财政专户管理资金支出合计		

(二)财政专户管理资金收支情况表的列报方法

(1)"财政专户管理资金收入"项目及所属各明细项目,应当根据"财政专户管理资金收入"科目及所属各明细科目的本期发生额填列。

(2)"财政专户管理资金支出"项目及所属各明细项目,应当根据"财政专户管理资金支出"科目及所属各明细科目的本期发生额填列。

八、专用基金收支情况表的编制

(一)专用基金收支情况表的定义和格式

专用基金收支情况表是反映政府财政在某一会计期间专用基金全部收支情况的报表,按照不同类型的专用基金分别列示。专用基金收支情况表如表8-7所示。

表8-7 专用基金收支情况表

会财政05表

编制单位: 年 月 旬 单位:元

项 目	本月数	本年累计数
专用基金收入		
粮食风险基金		
……		
专用基金收入合计		
专用基金支出		
粮食风险基金		
……		
专用基金支出合计		

(二)专用基金收支情况表的列报方法

(1)"专用基金收入"项目及所属各明细项目,应当根据"专用基金收入"科目及所属各明细科目的本期发生额填列。

(2)"专用基金支出"项目及所属各明细项目,应当根据"专用基金支出"科目及所属各明细科目的本期发生额填列。

九、附注

附注是指对在会计报表中列示项目的文字描述或明细资料,以及对未能在会计报表中列示项目的说明。财政总预算会计报表附注应当至少披露下列内容。

(1)遵循《财政总预算会计制度》的声明。

(2)本级政府财政预算执行情况和财务状况的说明。

(3)会计报表中列示的重要项目的进一步说明,包括其主要构成、增减变动情况等。

(4) 或有负债情况的说明。

(5) 有助于理解和分析会计报表的其他需要说明的事项。

十、决算草案编审

财政总预算会计年度报表，反映年度预算收支的最终结果和财务状况。财政总预算会计参与或具体负责组织下列决算草案的编审工作。

(1) 参与组织制定决算草案编审办法。根据上级政府财政的统一要求和本行政区域预算管理的需要，提出年终收支清理、数字编列口径、决算审查和组织领导等具体要求，并对财政结算、结余处理等具体问题制定管理办法。

(2) 根据上级政府财政的要求，结合本行政区域的具体情况制定本行政区域政府财政总决算统一表格。

(3) 办理全年各项收支、预拨款项、往来款项等会计对账、结账工作。

(4) 对下级政府财政布置决算草案编审工作，指导、督促其及时汇总报送决算。

(5) 审核、汇总所属财政部门总决算草案，向上级政府财政部门报送本辖区汇总的财政总决算草案。

(6) 编制决算说明和决算分析报告，向上级政府财政汇报决算编审工作情况，进行上下级政府财政之间的财政体制结算以及财政总决算的文件归档工作。

(7) 各级政府财政应将汇总编制的本级决算草案及时报本级政府审定。各级政府财政应按照上级政府财政部门的要求，将经本级人民政府审定的本行政区域决算草案逐级及时报送备案。计划单列市的财政决算，除按规定报送财政部外，应按所在省的规定报所在省。具体的决算编审工作，按照财政决算管理部门的相关规定执行。

复习思考题

1. 什么是财政总预算会计报表？它主要包括哪些会计报表？
2. 财政总预算会计的资产负债表可以提供哪些会计信息？
3. 财政总预算会计的收入支出表可以提供哪些会计信息？

第三篇　政府会计（行政事业单位会计）

▶ 第九章　行政事业单位的资产
▶ 第十章　行政事业单位的负债
▶ 第十一章　行政事业单位的收入和预算收入
▶ 第十二章　行政事业单位的费用和预算支出
▶ 第十三章　行政事业单位的净资产和预算结余
▶ 第十四章　行政事业单位会计报表的编制

第九章

行政事业单位的资产

学习目的

熟悉行政事业单位的资产核算范围，能够正确地进行货币资金、财政应返还额度、应收及预付款项、存货、固定资产、无形资产、在建工程、公共服务与受托资产等的核算，提供行政事业单位的资产核算信息。

行政事业单位的资产是指行政事业单位过去的经济业务或者事项形成的，由行政事业单位控制的，预期能够产生服务潜力或者带来经济利益流入的经济资源。服务潜力是指行政事业单位利用资产提供公共产品和服务以履行政府职能的潜在能力。经济利益流入表现为现金及现金等价物的流入，或者现金及现金等价物流出的减少。

行政事业单位核算的资产按照流动性分为流动资产和非流动资产。流动资产是指预计在1年内（含1年）耗用或者可以变现的资产，包括货币资金、短期投资、应收及预付款项、存货等。非流动资产是指流动资产以外的资产，包括固定资产、在建工程、无形资产、长期投资、公共基础设施、政府储备资产、文物文化资产、保障性住房和自然资源资产等。

第一节 流动资产

一、货币资金

行政事业单位核算的货币资金包括库存现金、银行存款、零余额账户用款额度和其他货币资金。行政事业单位应当加强货币资金的核查控制，指定不办理货币资金业务的会计人员定期和不定期抽查盘点库存现金，核对银行存款余额，抽查银行对账单、银行日记账及银行存款余额调节表，做到账实相符、账账相符。

(一) 库存现金

库存现金是指行政事业单位在预算执行过程中为保证日常开支需要而存放在财务部门的现金。行政事业单位应当设置"库存现金"总账科目核算行政事业单位的各项现金收支业务，并严格按照国家有关现金管理的规定收支现金。本科目期末借方余额反映行政事业单位实际持有的库存现金。本科目应当设置"受托代理资产"明细科目，核算行政事业单位受托代理、代管的现金。

行政事业单位应当设置库存现金日记账，由出纳人员根据收付款凭证，按照业务发生顺序逐笔登记。每日终了，应当计算当日的现金收入合计数、现金支出合计数和结余数，并将结余数与实际库存数核对，做到账款相符。每日账款核对中发现有待查明原因的现金短缺或溢余的，应当通过"待处理财产损溢"科目核算。属于现金溢余的，应当按照实际溢余的金额，借记本科目，贷记"待处理财产损溢"科目；属于现金短缺的，应当按照实际短缺的金额，借记"待处理财产损溢"科目，贷记本科目，待查明原因后及时进行账务处理，具体内容参见"待处理财产损溢"科目。行政事业单位有外币现金的，应当分别按照人民币、外币种类设置库存现金日记账进行明细核算。

【例9-1】 某事业单位用零余额支票提取现金900元以备用。该事业单位应编制的会计分录如下：

(1) 财务会计。

借：库存现金　　　　　　　　　　　　　　　　　　　　　　900
　　贷：零余额账户用款额度　　　　　　　　　　　　　　　　900

(2) 同时，预算会计平行记账。

借：资金结存——货币资金　　　　　　　　　　　　　　　　900
　　贷：资金结存——零余额账户用款额度　　　　　　　　　　900

该笔业务以及后续举例业务，既需要在财务会计中进行核算，也需要在预算会计中进行账务处理。按照目前《政府会计准则——基本准则》，财务会计与预算会计实行的是平行记账的方法，采用的是"双功能""双基础""双报告"的会计核算模式。

【例9-2】 某行政单位用现金360元购买办公用品。该行政单位应编制的会计分录如下：

(1) 财务会计。

借：业务活动费用　　　　　　　　　　　　　　　　　　　　360
　　贷：库存现金　　　　　　　　　　　　　　　　　　　　　360

(2) 同时，预算会计平行记账。

借：行政支出　　　　　　　　　　　　　　　　　　　　　　360
　　贷：资金结存——货币资金　　　　　　　　　　　　　　　360

【例9-3】 某行政单位发生如下受托代理业务。

(1) 收到委托人代理转赠用于孤寡老人救助的现金20 000元，当日缴存银行。应编制

的会计分录为:

```
借: 库存现金——受托代理资产                    20 000
    贷: 受托代理负债                            20 000
借: 银行存款——受托代理资产                    20 000
    贷: 库存现金——受托代理资产                20 000
```

(2) 将受托代理的资金20 000万元支付孤寡老人救助项目,应编制的会计分录为:

```
借: 受托代理负债                                20 000
    贷: 银行存款——受托代理资产                20 000
```

(二) 银行存款

银行存款是指行政事业单位存入银行或者其他金融机构的各种存款。行政事业单位应当设置"银行存款"总账科目核算行政事业单位存入银行或者其他金融机构的各种存款的各项收支业务,应当严格按照国家有关支付结算办法的规定办理银行存款收支业务。本科目期末借方余额反映行政事业单位实际存放在银行或其他金融机构的款项。本科目应当设置"受托代理资产"明细科目,核算行政事业单位受托代理、代管的银行存款。

行政事业单位发生外币业务的,应当按照业务发生当日的即期汇率,将外币金额折算为人民币金额记账,并登记外币金额和汇率。期末,各种外币账户的期末余额应当按照期末的即期汇率折算为人民币,作为外币账户期末人民币余额。调整后的各种外币账户人民币余额与原账面余额的差额,作为汇兑损益计入当期费用。

行政事业单位应当按照开户银行或其他金融机构、存款种类及币种等,分别设置银行存款日记账,由出纳人员根据收付款凭证,按照业务的发生顺序逐笔登记,每日终了应结出余额。银行存款日记账应定期与银行对账单核对,至少每月核对一次。月度终了,行政事业单位银行存款日记账账面余额与银行对账单余额之间如有差额,应当逐笔查明原因并进行处理,按月编制银行存款余额调节表,调节相符。

【例9-4】 某事业单位收到上级拨入的经费110 000元。该事业单位应编制的会计分录如下:

(1) 财务会计。

```
借: 银行存款                                   110 000
    贷: 上级补助收入                           110 000
```

(2) 同时,预算会计平行记账。

```
借: 资金结存——货币资金                       110 000
    贷: 上级补助预算收入                       110 000
```

【例9-5】 某事业单位通过银行存款账户支付一笔完成专项任务过程中的租赁费7 900元。该事业单位应编制的会计分录如下:

(1) 财务会计。

```
借: 业务活动费用                                7 900
```

　　　　贷：银行存款　　　　　　　　　　　　　　　　　　　　7 900
　（2）同时，预算会计平行记账。
　　借：事业支出　　　　　　　　　　　　　　　　　　　　　7 900
　　　　贷：资金结存——货币资金　　　　　　　　　　　　　7 900

（三）零余额账户用款额度

零余额账户用款额度是指实行国库集中支付的行政事业单位根据财政部门批复的用款计划收到和支用的零余额账户用款额度。行政事业单位应设置"零余额账户用款额度"总账科目核算实行国库集中支付的单位根据财政部门批复的用款计划收到和支用的零余额账户用款额度。本科目期末借方余额反映单位尚未支用的零余额账户用款额度。年末注销单位零余额账户用款额度后，本科目应无余额。零余额账户用款额度的主要账务处理如下。

（1）收到额度。

行政事业单位收到财政授权支付到账通知书时，根据通知书所列金额，借记本科目，贷记"财政拨款收入"科目。

（2）支用额度。

1）支付日常活动费用时，按照支付的金额，借记"业务活动费用""单位管理费用"等科目，贷记本科目。

2）购买库存物品或购建固定资产，按照实际发生的成本，借记"库存物品""固定资产""在建工程"等科目，按照实际支付或应付的金额，贷记本科目"应付账款"等科目。

3）从零余额账户提取现金时，按照实际提取的金额，借记"库存现金"科目，贷记本科目。

（3）因购货退回等发生财政授权支付额度退回的，按照退回的金额，借记本科目，贷记"库存物品"等科目。

（4）年末，根据代理银行提供的对账单作注销额度的相关账务处理，借记"财政应返还额度——财政授权支付"科目，贷记本科目。年末，行政事业单位本年度财政授权支付预算指标数大于零余额账户用款额度下达数的，根据未下达的用款额度，借记"财政应返还额度——财政授权支付"科目，贷记"财政拨款收入"科目。

下年初，行政事业单位根据代理银行提供的上年度注销额度恢复到账通知书作恢复额度的相关账务处理，借记本科目，贷记"财政应返还额度——财政授权支付"科目。行政事业单位收到财政部门批复的上年未下达零余额账户用款额度，借记本科目，贷记"财政应返还额度——财政授权支付"科目。

【例9-6】 某行政单位发生如下零余额账户用款额度的业务。

（1）月初根据财政授权支付到账通知书登记本月获得的财政授权支付额度2 300 000元，应编制的会计分录如下：

1）财务会计。

　　借：零余额账户用款额度　　　　　　　　　　　　　　　2 300 000

　　　　贷：财政拨款收入　　　　　　　　　　　　　　　　2 300 000
　2）同时，预算会计平行记账。
　借：资金结存——零余额账户用款额度　　　　　　　　　2 300 000
　　　　贷：财政拨款预算收入　　　　　　　　　　　　　　2 300 000
　（2）从零余额账户支用资金3 200元购买日常消耗用办公用品，应编制的会计分录如下：
　1）财务会计。
　借：业务活动费用　　　　　　　　　　　　　　　　　　　　3 200
　　　　贷：零余额账户用款额度　　　　　　　　　　　　　　　3 200
　2）同时，预算会计平行记账。
　借：行政支出　　　　　　　　　　　　　　　　　　　　　　3 200
　　　　贷：资金结存——零余额账户用款额度　　　　　　　　　3 200

（四）其他货币资金

其他货币资金是指行政事业单位除库存现金、银行存款和零余额账户用款额度之外的其他各种货币资金，包括外埠存款、银行本票存款、银行汇票存款、信用卡存款等。行政事业单位应设置"其他货币资金"总账科目核算单位的外埠存款、银行本票存款、银行汇票存款、信用卡存款等各种其他货币资金。本科目期末借方余额反映单位实际持有的其他货币资金。本科目应当设置"外埠存款""银行本票存款""银行汇票存款""信用卡存款"等明细科目，进行明细核算。

行政事业单位应当加强对其他货币资金的管理，及时办理结算，对于逾期尚未办理结算的银行汇票、银行本票等，应当按照规定及时转回，并按照上述规定进行相应账务处理。

二、财政应返还额度

财政应返还额度是指实行国库集中支付的行政事业单位应收财政返还的资金额度。行政事业单位应当设置"财政应返还额度"总账科目核算实行国库集中支付的行政事业单位应收财政返还的资金额度，包括可以使用的以前年度财政直接支付资金额度和财政应返还的财政授权支付资金额度。本科目期末借方余额反映行政事业单位应收财政返还的资金额度。本科目应当设置"财政直接支付""财政授权支付"两个明细科目进行明细核算。财政应返还额度的主要账务处理如下。

1. 财政直接支付

年末，行政事业单位根据本年度财政直接支付预算指标数大于当年财政直接支付实际发生数的差额，借记本科目（财政直接支付），贷记"财政拨款收入"科目。行政事业单位使用以前年度财政直接支付额度支付款项时，借记"业务活动费用""单位管理费用"等科目，贷记本科目（财政直接支付）。

2. 财政授权支付

年末，根据代理银行提供的对账单作注销额度的相关账务处理，借记本科目（财政授权支付），贷记"零余额账户用款额度"科目。行政事业单位本年度财政授权支付预算指标数大于零余额账户用款额度下达数的，根据未下达的用款额度，借记本科目（财政授权支付），贷记"财政拨款收入"科目。

下年年初，行政事业单位根据代理银行提供的上年度注销额度恢复到账通知书作恢复额度的相关账务处理，借记"零余额账户用款额度"科目，贷记本科目（财政授权支付）。行政事业单位收到财政部门批复的上年未下达零余额账户用款额度，借记"零余额账户用款额度"科目，贷记本科目（财政授权支付）。

【例9-7】 年末，某行政单位本年度财政授权支付用款额度预算数49 500 000元，本年收到财政已下达用款额度49 470 000元，本年实际使用授权支付额度49 420 000元。会计分录如下：

(1) 确认未下达的用款额度时。

借：财政应返还额度——财政授权支付　　　　30 000
　　　贷：财政拨款收入　　　　　　　　　　　　　　30 000
借：资金结存——财政应返还额度　　　　　　30 000
　　　贷：财政拨款预算收入　　　　　　　　　　　　30 000

(2) 确认已下达尚未使用的用款额度时。

借：财政应返还额度——财政授权支付　　　　50 000
　　　贷：零余额账户用款额度　　　　　　　　　　　50 000
借：资金结存——财政应返还额度　　　　　　50 000
　　　贷：资金结存——零余额账户用款额度　　　　　50 000

(3) 下年年初，恢复用款额度并收到下达额度时。

借：零余额账户用款额度　　　　　　　　　　80 000
　　　贷：财政应返还额度——财政授权支付　　　　　80 000
借：资金结存——零余额账户用款额度　　　　80 000
　　　贷：资金结存——财政应返还额度　　　　　　　80 000

三、应收及预付款项

应收及预付款项是指行政事业单位在开展业务活动中形成的各项债权，包括应收票据、应收账款、预付账款、其他应收款、坏账准备等。其中，行政单位不设置应收票据、应收账款和坏账准备等科目。

（一）应收票据

应收票据是指事业单位因开展经营活动销售产品、提供有偿服务等而收到的商业汇票，包括银行承兑汇票和商业承兑汇票。事业单位应当设置"应收票据"总账科目来核算事业单位因开展经营活动销售产品、提供有偿服务等而收到的商业汇票业务。本科目期末借方余额，反映事业单位持有的商业汇票票面金额。本科目应当按照开出、承兑商业汇票的单位等进行明细核算。应收票据的主要账务处理如下：

（1）因销售产品、提供服务等收到商业汇票，按照商业汇票的票面金额，借记本科目，按照确认的收入金额，贷记"经营收入"等科目。

（2）持未到期的商业汇票向银行贴现，按照实际收到的金额（即扣除贴现息后的净额），借记"银行存款"科目，按照贴现息金额，借记"经营费用"等科目，按照商业汇票的票面金额，贷记本科目（无追索权）或"短期借款"科目（有追索权）。附追索权的商业汇票到期未发生追索事项的，按照商业汇票的票面金额，借记"短期借款"科目，贷记本科目。

（3）将持有的商业汇票背书转让以取得所需物资时，按照取得物资的成本，借记"库存物品"等科目，按照商业汇票的票面金额，贷记本科目，如有差额，借记或贷记"银行存款"等科目。

（4）商业汇票到期时，应当分别按以下情况处理。

1）收回票款时，按照实际收到的商业汇票票面金额，借记"银行存款"科目，贷记本科目。

2）因付款人无力支付票款，收到银行退回的商业承兑汇票、委托收款凭证、未付票款通知书或拒付款证明等，按照商业汇票的票面金额，借记"应收账款"科目，贷记本科目。

事业单位应当设置应收票据备查簿，逐笔登记每一应收票据的种类、号数、出票日期、到期日、票面金额、交易合同号和付款人、承兑人、背书人姓名或单位名称、背书转让日、贴现日期、贴现率和贴现净额、收款日期、收回金额和退票情况等。应收票据到期结清票款或退票后，应当在备查簿内逐笔注销。

【例9-8】 某事业单位向A公司销售产品一批，货款共计30 000元，增值税3 900元，收到6个月期不带息的商业票据一张，面值33 900元。该事业单位应编制的会计分录如下：

(1) 收到票据时。

借：应收票据——A公司　　　　　　　　　　　　　　　33 900
　　贷：经营收入　　　　　　　　　　　　　　　　　　　　30 000
　　　　应缴增值税——应缴税金（销项税额）　　　　　　　3 900

(2) 商业汇票到期时。

借：银行存款　　　　　　　　　　　　　　　　　　　　33 900
　　贷：应收票据——A公司　　　　　　　　　　　　　　　33 900

同时，预算会计平行记账：

借：资金结存——货币资金　　　　　　　　　　　　　　30 000
　　贷：经营预算收入　　　　　　　　　　　　　　　　　30 000

(3) 若提前3个月向银行贴现（假设银行贴现年利率为8%）时。

贴现息：33900×8%×3÷12=678（元）。
贴现额为：33900-678=33222（元）。

借：银行存款　　　　　　　　　　　　　　　　　　　33 222
　　经营费用　　　　　　　　　　　　　　　　　　　　　678
　　贷：应收票据——A公司　　　　　　　　　　　　　　　　　33 900
同时，预算会计平行记账：
借：经营支出　　　　　　　　　　　　　　　　　　　　　678
　　贷：资金结存——货币资金　　　　　　　　　　　　　　　　678
借：资金结存——货币资金　　　　　　　　　　　　　30 000
　　贷：经营预算收入　　　　　　　　　　　　　　　　　　30 000

（二）应收账款

应收账款是指事业单位因提供服务、销售产品等应收取的款项，以及因出租资产、出售物资等应收取的款项。事业单位应当设置"应收账款"总账科目核算应收账款业务。本科目期末借方余额反映事业单位尚未收回的应收账款。本科目应当按照债务单位（个人）进行明细核算。应收账款的主要账务处理如下。

（1）应收账款收回后不需上缴财政。

事业单位发生应收账款时，按照应收未收金额，借记本科目，贷记"事业收入""经营收入""租金收入""其他收入"等科目。

（2）应收账款收回后需上缴财政。

事业单位出租资产发生应收未收租金或出售物资发生应收未收款项时，按照应收未收金额，借记本科目，贷记"应缴财政款"科目。

收回应收账款时，按照实际收到的金额，借记"银行存款"等科目，贷记本科目。

【例9-9】 某事业单位发生如下业务活动。

（1）经营活动销售产品一批给B公司，产品售价100 000元，增值税13 000元，货款未收。

1）如果应收账款不需上缴财政，则应编制的会计分录为：

借：应收账款——B公司　　　　　　　　　　　　　113 000
　　贷：经营收入　　　　　　　　　　　　　　　　　　100 000
　　　　应缴增值税——应缴税金（销项税额）　　　　　　13 000

2）如果应收账款需上缴财政，则应编制的会计分录为：

借：应收账款——B公司　　　　　　　　　　　　　100 000
　　贷：应缴财政款　　　　　　　　　　　　　　　　　100 000

（2）收到B公司货款113 000元。

1）如果应收账款不需上缴财政，应编制的会计分录为：

借：银行存款　　　　　　　　　　　　　　　　　　113 000

贷：应收账款——B公司　　　　　　　　　　　　　　　113 000
　同时，预算会计平行记账，应编制的会计分录为：
　借：资金结存——货币资金　　　　　　　　　　　　　　　100 000
　　　贷：经营预算收入　　　　　　　　　　　　　　　　　　100 000
　2）如果应收账款需上缴财政，不作处理，实际上缴时，应编制的会计分录为：
　借：应缴财政款　　　　　　　　　　　　　　　　　　　　113 000
　　　贷：银行存款　　　　　　　　　　　　　　　　　　　　113 000

　　事业单位应当于每年年末，对收回后不需上缴财政的应收账款进行全面检查，如发生不能收回的迹象，应当计提坏账准备。对于账龄超过规定年限、确认无法收回的应收账款，按照规定报经批准后予以核销。按照核销金额，借记"坏账准备"科目，贷记本科目。核销的应收账款应在备查簿中保留登记。已核销的应收账款在以后期间又收回的，按照实际收回金额，借记本科目，贷记"坏账准备"科目；同时，借记"银行存款"等科目，贷记本科目。

　　此外，行政事业单位应当于每年年末，对收回后应当上缴财政的应收账款进行全面检查。对于账龄超过规定年限、确认无法收回的应收账款，按照规定报经批准后予以核销。按照核销金额，借记"应缴财政款"科目，贷记本科目。核销的应收账款应当在备查簿中保留登记。已核销的应收账款在以后期间又收回的，按照实际收回金额，借记"银行存款"等科目，贷记"应缴财政款"科目。

（三）预付账款

　　预付账款是指行政事业单位按照购货、服务合同或协议规定预付给供应单位（个人）的款项，以及按照合同规定向承包工程的施工企业预付的备料款和工程款。行政事业单位应当设置"预付账款"总账科目核算行政事业单位预付款项业务。本科目期末借方余额反映行政事业单位实际预付但尚未结算的款项。本科目应当按照供应单位（个人）及具体项目进行明细核算；对于基本建设项目发生的预付账款，还应当在本科目所属基建项目明细科目下设置"预付备料款""预付工程款""其他预付款"等明细科目，进行明细核算。预付账款的主要账务处理如下。

　　（1）根据购货、服务合同或协议规定预付款项时，按照预付金额，借记本科目，贷记"财政拨款收入""零余额账户用款额度""银行存款"等科目。

　　（2）收到所购资产或服务时，按照购入资产或服务的成本，借记"库存物品""固定资产""无形资产""业务活动费用"等相关科目，按照相关预付账款的账面余额，贷记本科目，按照实际补付的金额，贷记"财政拨款收入""零余额账户用款额度""银行存款"等科目。

　　（3）根据工程进度结算工程价款及备料款时，按照结算金额，借记"在建工程"科目，按照相关预付账款的账面余额，贷记本科目，按照实际补付的金额，贷记"财政拨款收入""零余额账户用款额度""银行存款"等科目。

(4) 发生预付账款退回的,按照实际退回金额,借记"财政拨款收入——本年直接支付""财政应返还额度——以前年度直接支付""零余额账户用款额度""银行存款"等科目,贷记本科目。

行政事业单位应当于每年年末,对预付账款进行全面检查。如果有确凿证据表明预付账款不再符合预付款项性质,或者因供应单位破产、撤销等原因可能无法收到所购货物、服务的,应当先将其转入其他应收款,再按照规定进行处理。将预付账款账面余额转入其他应收款时,借记"其他应收款"科目,贷记本科目。

【例9-10】 某行政单位有关预付款项业务如下。

(1) 向C公司购买开展专项业务活动用材料一批,按合同规定预付材料款45 000元,价款通过财政直接支付,假设不考虑增值税,应编制的会计分录如下:

借:预付账款——C公司　　　　　　　　　45 000
　　贷:财政拨款收入　　　　　　　　　　　　　45 000

同时,预算会计平行记账:

借:行政支出　　　　　　　　　　　　　　45 000
　　贷:财政拨款预算收入　　　　　　　　　　　45 000

(2) 收到材料,发票金额50 000元,应编制的会计分录如下:

借:库存物品　　　　　　　　　　　　　　50 000
　　贷:预付账款——C公司　　　　　　　　　　45 000
　　　　财政拨款收入　　　　　　　　　　　　　5 000

同时,预算会计平行记账:

借:行政支出　　　　　　　　　　　　　　5 000
　　贷:财政拨款预算收入　　　　　　　　　　　5 000

(四) 其他应收款

其他应收款是指行政事业单位除财政应返还额度、应收票据、应收账款、预付账款、应收股利、应收利息以外的其他各项应收及暂付款项,如职工预借的差旅费、已经偿还银行尚未报销的本单位公务卡欠款、拨付给内部有关部门的备用金、应向职工收取的各种垫付款项、支付的可以收回的订金或押金、应收的上级补助和附属单位上缴款项等。行政事业单位应当设置"其他应收款"总账科目核算行政事业单位的其他应收及暂付款项业务。本科目期末借方余额反映单位尚未收回的其他应收款。本科目应当按照其他应收款的类别及债务单位(个人)进行明细核算。其他应收款的主要账务处理如下。

(1) 发生其他各种应收及暂付款项时,按照实际发生金额,借本科目,贷记"零余额账户用款额度""银行存款""库存现金""上级补助收入""附属单位上缴收入"等科目。

(2) 收回其他各种应收及暂付款项时,按照收回的金额,借记"库存现金""银行存款"等科目,贷记本科目。

(3) 单位内部实行备用金制度的,有关部门使用备用金以后应当及时到财务部门报销并补足备用金。财务部门核定并发放备用金时,按照实际发放金额,借记本科目,贷记"库存现金"等科目。根据报销金额用现金补足备用金定额时,借记"业务活动费用""单位管理费用"等科目,贷记"库存现金"等科目,报销数和拨补数都不再通过本科目核算。

(4) 偿还尚未报销的本单位公务卡欠款时,按照偿还的款项,借记本科目,贷记"零余额账户用款额度""银行存款"等科目;持卡人报销时,按照报销金额,借记"业务活动费用""单位管理费用"等科目,贷记本科目。

(5) 将预付账款账面余额转入其他应收款时,借记本科目,贷记"预付账款"科目。

事业单位应当于每年年末,对其他应收款进行全面检查,如发生不能收回的迹象,应当计提坏账准备。对于账龄超过规定年限、确认无法收回的其他应收款,按照规定报经批准后予以核销。按照核销金额,借记"坏账准备"科目,贷记本科目。核销的其他应收款应当在备查簿中保留登记。已核销的其他应收款在以后期间又收回的,按照实际收回金额,借记本科目,贷记"坏账准备"科目;同时,借记"银行存款"等科目,贷记本科目。

行政单位应当于每年年末,对其他应收款进行全面检查。对于超过规定年限、确认无法收回的其他应收款,应当按照有关规定报经批准后予以核销。核销的其他应收款应在备查簿中保留登记。经批准核销其他应收款时,按照核销金额,借记"资产处置费用"科目,贷记本科目。已核销的其他应收款在以后期间又收回的,按照收回金额,借记"银行存款"等科目,贷记"其他收入"科目。

【例9-11】 某行政单位有关其他应收及暂付款业务如下。

(1) 小王出差预借差旅费900元,从行政单位零余额账户支付,应编制的会计分录为:

借:其他应收款——小王　　　　　　　　　　　　　　900
　　贷:零余额账户用款额度　　　　　　　　　　　　900

(2) 核定后勤资产管理部门备用金1 000元,以现金支付,应编制的会计分录为:

借:其他应收款——后勤资产管理部门　　　　　　1 000
　　贷:库存现金　　　　　　　　　　　　　　　　1 000

(3) 小王出差回来,实际报销差旅费850元,退回现金50元,应编制的会计分录为:

借:业务活动费用　　　　　　　　　　　　　　　　850
　　库存现金　　　　　　　　　　　　　　　　　　50
　　贷:其他应收款——小王　　　　　　　　　　　　900

同时,预算会计平行记账,应编制的会计分录为:

借:行政支出　　　　　　　　　　　　　　　　　　850
　　资金结存——货币资金　　　　　　　　　　　　50
　　贷:资金结存——零余额账户用款额度　　　　　900

(五) 坏账准备

坏账准备是指事业单位对收回后不需上缴财政的应收账款和其他应收款提取的坏账准备。事业单位应当设置"坏账准备"总账科目核算事业单位的坏账准备业务。本科目期末贷方余额，反映事业单位提取的坏账准备金额。本科目应当分别按照应收账款和其他应收款进行明细核算。

事业单位应当于每年年末，对收回后不需上缴财政的应收账款和其他应收款进行全面检查，分析其可收回性，对预计可能产生的坏账损失计提坏账准备、确认坏账损失。事业单位可以采用应收款项余额百分比法、账龄分析法、个别认定法等方法计提坏账准备。坏账准备计提方法一经确定，不得随意变更，如需变更，应当按照规定报经批准，并在财务报表附注中予以说明。当期应补提或冲减的坏账准备金额的计算公式为：

当期应补提或冲减的坏账准备＝按照期末应收账款和其他应收款计算应计提的坏账准备金额－本科目期末贷方余额（＋本科目期末借方余额）

坏账准备的主要账务处理如下。

（1）提取坏账准备时，借记"其他费用"科目，贷记本科目；冲减坏账准备时，借记本科目，贷记"其他费用"科目。

（2）对于账龄超过规定年限并确认无法收回的应收账款、其他应收款，应当按照有关规定报经批准后，按照无法收回的金额，借记本科目，贷记"应收账款""其他应收款"科目。

已核销的应收账款、其他应收款在以后期间又收回的，按照实际收回金额，借记"应收账款""其他应收款"科目，贷记本科目；同时，借记"银行存款"等科目，贷记"应收账款""其他应收款"科目。

四、存货

存货是指行政事业单位在开展业务活动及其他活动中为耗用或出售而存储的资产，如材料、产品、包装物和低值易耗品等，以及未达到固定资产标准的用具、装具、动植物等。行政事业单位的存货主要包括在途物品、库存物品和加工物品等。

（一）存货的计价

1. 取得存货的计价

（1）存货在取得时应当按照成本进行初始计量。行政事业单位购入的存货，其成本包括购买价款、相关税费、运输费、装卸费、保险费以及使得存货达到目前场所和状态所发生的归属于存货成本的其他支出。

（2）自行加工的存货，其成本包括耗用的直接材料费用、发生的直接人工费用和按照一定方法分配的与存货加工有关的间接费用。

（3）委托加工的存货，其成本包括委托加工前存货成本、委托加工的成本（如委托加工费及按规定应计入委托加工存货成本的相关税费等）以及使存货达到目前场所和状态所发生的归属于存货成本的其他支出。下列各项应当在发生时确认为当期费用，不计入存货成本。

1）非正常消耗的直接材料、直接人工和间接费用。

2）仓储费用（不包括在加工过程中为达到下一个加工阶段所必需的费用）。

3）不能归属于使存货达到目前场所和状态所发生的其他支出。

（4）行政事业单位通过置换取得的存货，其成本按照换出资产的评估价值，加上支付的补价或减去收到的补价，加上为换入存货发生的其他相关支出确定。

（5）接受捐赠的存货，其成本按照有关凭据注明的金额加上相关税费、运输费等确定；没有相关凭据可供取得，但按规定经过资产评估的，其成本按照评估价值加上相关税费、运输费等确定；没有相关凭据可供取得，也未经资产评估的，其成本比照同类或类似资产的市场价格加上相关税费、运输费等确定；没有相关凭据且未经资产评估，同类或类似资产的市场价格也无法可靠取得的，按照名义金额入账，相关税费、运输费等计入当期费用。

（6）无偿调入的存货，其成本按照调出方账面价值加上相关税费、运输费等确定。

（7）盘盈的存货，按规定经过资产评估的，其成本按照评估价值确定；未经资产评估的，其成本按照重置成本确定。

2. 发出存货的计价

行政事业单位应当根据实际情况采用先进先出法、加权平均法或者个别计价法确定发出存货的实际成本。计价方法一经确定，不得随意变更。对于性质和用途相似的存货，应当采用相同的成本计价方法确定发出存货的成本；对于不能替代使用的存货、为特定项目专门购入或加工的存货，通常采用个别计价法确定发出存货的成本；对于已发出的存货，应当将其成本结转为当期费用或者计入相关资产成本；按规定报经批准对外捐赠、无偿调出的存货，应当将其账面余额予以转销，对外捐赠、无偿调出中发生的归属于捐出方、调出方的相关费用应当计入当期费用。

行政事业单位应当采用一次转销法或者五五摊销法对低值易耗品、包装物进行摊销，将其成本计入当期费用或者相关资产成本。对于发生的存货毁损，应当将存货账面余额转销计入当期费用，并将毁损存货处置收入扣除相关处置税费后的差额按规定作应缴款项处理（差额为净收益时）或计入当期费用（差额为净损失时）。存货盘亏造成的损失，按规定报经批准后应当计入当期费用。

（二）在途物品的核算

在途物品是指行政事业单位采购材料等物资时货款已付或已开出商业汇票但尚未验收入库的物品。行政事业单位应当设置"在途物品"总账科目核算行政事业单位在途物品的采购业务，本科目期末借方余额反映行政事业单位在途物品的采购成本。本科目可按照供应单位和物品种类进行明细核算。在途物品的主要账务处理如下。

（1）行政事业单位购入材料等物品，按照确定的物品采购成本的金额，借记本科目，按照实际支付的金额，贷记"财政拨款收入""零余额账户用款额度""银行存款"等科目。

（2）所购材料等物品到达验收入库，按照确定的库存物品成本金额，借记"库存物品"科目，按照物品采购成本金额，贷记本科目，按照使得入库物品达到目前场所和状态所发生的其他支出，贷记"银行存款"等科目。

【例9-12】 某事业单位通过政府采购购买D材料一批,材料价款20 000元,增值税2 600元。以上款项由财政全额直接支付,发票账单已到,材料尚未验收入库,应编制的会计分录如下。

(1) 支付款项时。

借:在途物品——D材料　　　　　　　　　　　　　　20 000
　　应缴增值税——应缴税金(进项税额)　　　　　　 2 600
　　贷:财政拨款收入　　　　　　　　　　　　　　　22 600

同时,预算会计平行记账。

借:事业支出　　　　　　　　　　　　　　　　　　22 600
　　贷:财政拨款预算收入　　　　　　　　　　　　　22 600

(2) D材料验收入库后。

借:库存物品——D材料　　　　　　　　　　　　　　20 000
　　贷:在途物品——D材料　　　　　　　　　　　　20 000

(三) 库存物品的核算

库存物品是指行政事业单位在开展业务活动及其他活动中为耗用或出售而存储的各种材料、产品、包装物、低值易耗品,以及达不到固定资产标准的用具、装具、动植物等物品。行政事业单位应当设置"库存物品"总账科目核算库存物品的成本,已完成的测绘、地质勘察、设计成果等的成本,也通过本科目核算。行政事业单位随买随用的零星办公用品,可以在购进时直接列作费用,不通过本科目核算;行政事业单位控制的政府储备物资,应当通过"政府储备物资"科目核算,不通过本科目核算;行政事业单位受托存储保管的物资和受托转赠的物资,应当通过"受托代理资产"科目核算,不通过本科目核算;行政事业单位为在建工程购买和使用的材料物资,应当通过"工程物资"科目核算,不通过本科目核算。本科目期末借方余额反映单位库存物品的实际成本。本科目应当按照库存物品的种类、规格、保管地点等进行明细核算。行政事业单位存储的低值易耗品、包装物较多的,可以在本科目(低值易耗品、包装物)下按照"在库""在用"和"摊销"等进行明细核算。库存物品的主要账务处理如下。

1. 取得的库存物品应当按照其取得时的成本入账

(1) 外购的库存物品验收入库,按照确定的成本,借记本科目,贷记"财政拨款收入""零余额账户用款额度""银行存款""应付账款""在途物品"等科目。

(2) 自制的库存物品加工完成并验收入库,按照确定的成本,借记本科目,贷记"加工物品——自制物品"科目。

(3) 委托外单位加工收回的库存物品验收入库,按照确定的成本,借记本科目,贷记"加工物品——委托加工物品"等科目。

(4) 接受捐赠的库存物品验收入库,按照确定的成本,借记本科目,按照发生的相关税费、运输费等,贷记"银行存款"等科目,按照其差额,贷记"捐赠收入"科目。接受捐赠的库存物品按照名义金额入账的，按照名义金额，借记本科目，贷记"捐赠收入"科目；同时，按照发生的相关税费、运输费等，借记"其他费用"科目，贷记"银行存款"等科目。

（5）无偿调入的库存物品验收入库，按照确定的成本，借记本科目，按照发生的相关税费、运输费等，贷记"银行存款"等科目，按照其差额，贷记"无偿调拨净资产"科目。

（6）置换换入的库存物品验收入库，按照确定的成本，借记本科目，按照换出资产的账面余额，贷记相关资产科目（换出资产为固定资产、无形资产的，还应当借记"固定资产累计折旧""无形资产累计摊销"科目），按照置换过程中发生的其他相关支出，贷记"银行存款"等科目，按照借贷方差额，借记"资产处置费用"科目或贷记"其他收入"科目。涉及补价的，分别按以下情况处理。

1）支付补价的，按照确定的成本，借记本科目，按照换出资产的账面余额，贷记相关资产科目（换出资产为固定资产、无形资产的，还应当借记"固定资产累计折旧""无形资产累计摊销"科目），按照支付的补价和置换过程中发生的其他相关支出，贷记"银行存款"等科目，按照借贷方差额，借记"资产处置费用"科目或贷记"其他收入"科目。

2）收到补价的，按照确定的成本，借记本科目，按照收到的补价，借记"银行存款"等科目，按照换出资产的账面余额，贷记相关资产科目（换出资产为固定资产、无形资产的，还应当借记"固定资产累计折旧""无形资产累计摊销"科目），按照置换过程中发生的其他相关支出，贷记"银行存款"等科目，按照补价扣减其他相关支出后的净收入，贷记"应缴财政款"科目，按照借贷方差额，借记"资产处置费用"科目或贷记"其他收入"科目。

2. *库存物品在发出时*

（1）单位开展业务活动等领用、按照规定自主出售发出或加工发出库存物品，按照领用、出售等发出物品的实际成本，借记"业务活动费用""单位管理费用""经营费用""加工物品"等科目，贷记本科目。采用一次转销法摊销低值易耗品、包装物的，在首次领用时将其账面余额一次性摊销计入有关成本费用，借记有关科目，贷记本科目。采用五五摊销法摊销低值易耗品、包装物的，首次领用时，将其账面余额的50%摊销计入有关成本费用，借记有关科目，贷记本科目；使用完时，将剩余的账面余额转销计入有关成本费用，借记有关科目，贷记本科目。

（2）经批准对外出售的库存物品（不含可自主出售的库存物品）发出时，按照库存物品的账面余额，借记"资产处置费用"科目，贷记本科目；同时，按照收到的价款，借记"银行存款"等科目，按照处置过程中发生的相关费用，贷记"银行存款"等科目，按照其差额，贷记"应缴财政款"科目。

（3）经批准对外捐赠的库存物品发出时，按照库存物品的账面余额和对外捐赠过程中发生的归属于捐出方的相关费用合计数，借记"资产处置费用"科目，按照库存物品账面余额，贷记本科目，按照对外捐赠过程中发生的归属于捐出方的相关费用，贷记"银行存款"等科目。

（4）经批准无偿调出的库存物品发出时，按照库存物品的账面余额，借记"无偿调拨净资产"科目，贷记本科目；同时，按照无偿调出过程中发生的归属于调出方的相关费用，借记"资产处置费用"科目，贷记"银行存款"等科目。

（5）经批准置换换出的库存物品，参照本科目有关置换换入库存物品的规定进行账务处理。

3. 定期清查盘点

单位应当定期对库存物品进行清查盘点，每年至少盘点一次。对于发生的库存物品盘盈、盘亏或者报废、毁损，应当先计入"待处理财产损溢"科目，按照规定报经批准后及时进行后续账务处理。

（1）盘盈的库存物品，其成本按照有关凭据注明的金额确定；没有相关凭据，但按照规定经过资产评估的，其成本按照评估价值确定；没有相关凭据，也未经过评估的，其成本按照重置成本确定。如无法采用上述方法确定盘盈的库存物品成本的，按照名义金额入账。盘盈的库存物品，按照确定的入账成本，借记本科目，贷记"待处理财产损溢"科目。

（2）盘亏或者毁损、报废的库存物品，按照待处理库存物品的账面余额，借记"待处理财产损溢"科目，贷记本科目。属于增值税一般纳税人的单位，若因非正常原因导致的库存物品盘亏或毁损，还应当将与该库存物品相关的增值税进项税额转出，按照其增值税进项税额，借记"待处理财产损溢"科目，贷记"应缴增值税——应缴税金（进项税额转出）"科目。

【例9-13】 某行政单位本年发生如下存货业务。

（1）购入维修用材料一批，价款12 000元，发生运杂费500元，均以银行存款支付，应编制的会计分录为：

| 借：库存物品 | 12 500 |
| 贷：银行存款 | 12 500 |

同时，预算会计平行记账：

| 借：行政支出 | 12 500 |
| 贷：资金结存——货币资金 | 12 500 |

（2）接受捐赠材料一批，发票上注明的价值为30 000元，另以现金支付运费800元，应编制的会计分录为：

借：库存物品	30 800
贷：捐赠收入	30 000
库存现金	800

同时，预算会计平行记账：

| 借：其他支出 | 800 |
| 贷：资金结存——货币资金 | 800 |

(3) 后勤资产管理部门领用维修用 E 材料，价值 3 400 元，应编制的会计分录为：

借：业务活动费用　　　　　　　　　　　　　　　3 400

　　贷：库存物品——E 材料　　　　　　　　　　　　　3 400

(4) 月末盘点发现短少材料 1 000 元，应编制的会计分录为：

借：待处理财产损溢　　　　　　　　　　　　　　1 000

　　贷：库存物品　　　　　　　　　　　　　　　　　　1 000

(5) 经查明，短少材料属于计量误差导致，经批准予以核销，应编制的会计分录为：

借：其他费用　　　　　　　　　　　　　　　　　1 000

　　贷：待处理财产损溢　　　　　　　　　　　　　　　1 000

（四）加工物品的核算

加工物品是指行政事业单位自制或委托外单位加工的各种物品。行政事业单位应设置"加工物品"总账科目核算行政事业单位加工物品业务。未完成的测绘、地质勘察、设计成果的实际成本，也通过本科目核算。本科目应当设置"自制物品""委托加工物品"两个一级明细科目，并按照物品类别、品种、项目等设置明细账，进行明细核算。本科目期末借方余额反映单位自制或委托外单位加工但尚未完工的各种物品的实际成本。本科目"自制物品"一级明细科目下应当设置"直接材料""直接人工""其他直接费用"等二级明细科目归集自制物品发生的直接材料、直接人工（专门从事物品制造人员的人工费）等直接费用；对于自制物品发生的间接费用，应当在本科目"自制物品"一级明细科目下单独设置"间接费用"二级明细科目予以归集，期末，再按照一定的分配标准和方法，分配计入有关物品的成本。

【例 9-14】　某事业单位发生如下加工物品业务。

(1) 发给外协加工单位加工物品用材料一批，价值 35 000 元，应编制的会计分录为：

借：加工物品　　　　　　　　　　　　　　　　　35 000

　　贷：库存物品　　　　　　　　　　　　　　　　　　35 000

(2) 支付外协加工单位加工费 7 000 元，应编制的会计分录为：

借：加工物品　　　　　　　　　　　　　　　　　7 000

　　贷：银行存款　　　　　　　　　　　　　　　　　　7 000

借：事业支出　　　　　　　　　　　　　　　　　7 000

　　贷：资金结存——货币资金　　　　　　　　　　　　7 000

(3) 收到加工物品并验收入库，价值 42 000 元，应编制的会计分录为：

借：库存物品　　　　　　　　　　　　　　　　　42 000

　　贷：加工物品　　　　　　　　　　　　　　　　　　42 000

第二节 事业单位的对外投资

一、对外投资的定义和种类

投资是指事业单位按规定以货币资金、实物资产、无形资产等形式形成的债权或股权投资，分为短期投资和长期投资。短期投资是指事业单位取得的持有时间不超过 1 年（含 1 年）的投资；长期投资是指事业单位取得的除短期投资以外的债权和股权性质的投资。

二、对外投资的计价

（一）短期投资的计价

短期投资在取得时，应当以实际成本（包括购买价款和相关税费，下同）作为初始投资成本。实际支付价款中包含的已到付息期但尚未领取的利息，应当于收到时冲减短期投资成本。短期投资持有期间的利息，应当于实际收到时确认为投资收益。期末，短期投资应当按照账面余额计量。事业单位按规定出售或到期收回短期投资时，应当将收到的价款扣除短期投资账面余额和相关税费后的差额计入投资损益。

（二）长期投资的计价

长期投资分为长期债券投资和长期股权投资。

1. 长期债券投资的计价

长期债券投资在取得时，应当以实际成本作为初始投资成本。实际支付价款中包含的已到付息期但尚未领取的债券利息，应当单独确认为应收利息，不计入长期债券投资初始投资成本。

长期债券投资持有期间，应当按期以票面金额与票面利率计算确认利息收入。对于分期付息、一次还本的长期债券投资，应当将计算确定的应收未收利息确认为应收利息，计入投资收益；对于一次还本付息的长期债券投资，应当将计算确定的应收未收利息计入投资收益，并增加长期债券投资的账面余额。

事业单位按规定出售或到期收回长期债券投资时，应当将实际收到的价款扣除长期债券投资账面余额和相关税费后的差额计入投资损益。事业单位进行除债券以外的其他债权投资，参照长期债券投资进行会计处理。

2. 长期股权投资的计价

长期股权投资在取得时，应当以实际成本作为初始投资成本。

（1）以支付现金取得的长期股权投资，以实际支付的全部价款（包括购买价款和相关税费）作为实际成本。实际支付价款中包含的已宣告但尚未发放的现金股利，应当单独确认为应收股利，不计入长期股权投资初始投资成本。

(2) 以现金以外的其他资产置换取得的长期股权投资，其成本按照换出资产的评估价值加上支付的补价或减去收到的补价，加上换入长期股权投资发生的其他相关支出确定。

(3) 接受捐赠的长期股权投资，其成本按照有关凭据注明的金额加上相关税费确定；没有相关凭据可供取得，但按规定经过资产评估的，其成本按照评估价值加上相关税费确定；没有相关凭据可供取得，也未经资产评估的，其成本按照同类或类似资产的市场价格加上相关税费确定。

(4) 无偿调入的长期股权投资，其成本按照调出方账面价值加上相关税费确定。

长期股权投资在持有期间，通常应当采用权益法进行核算。事业单位无权决定被投资单位的财务和经营政策或无权参与被投资单位的财务和经营政策决策的，应当采用成本法进行核算。成本法是指投资按照投资成本计量的方法。在成本法下，长期股权投资的账面余额通常保持不变，但追加或收回投资时，应当相应调整其账面余额。权益法是指投资最初以投资成本计量，以后根据事业单位在被投资单位所享有的所有者权益份额的变动对投资的账面余额进行调整的方法。长期股权投资持有期间，被投资单位宣告分派的现金股利或利润，事业单位应当按照宣告分派的现金股利或利润中属于事业单位应享有的份额确认为投资收益。

采用权益法的，按照如下原则进行会计处理。

第一，事业单位取得长期股权投资后，对于被投资单位所有者权益的变动，按照应享有或应分担的被投资单位实现的净损益的份额，确认为投资损益，同时调整长期股权投资的账面余额；按照被投资单位宣告分派的现金股利或利润计算应享有的份额，确认为应收股利，同时减少长期股权投资的账面余额；按照被投资单位除净损益和利润分配以外的所有者权益变动的份额，确认为净资产，同时调整长期股权投资的账面余额。

第二，事业单位确认被投资单位发生的净亏损，应当以长期股权投资的账面余额减记至零为限，事业单位负有承担额外损失义务的除外。被投资单位发生净亏损，但以后年度又实现净利润的，事业单位应当在其收益分享额弥补未确认的亏损分担额等后，恢复确认投资收益。

事业单位因处置部分长期股权投资等而无权再决定被投资单位的财务和经营政策或者参与被投资单位的财务和经营政策决策的，应当对处置后的剩余股权投资改按成本法核算，并以该剩余股权投资在权益法下的账面余额作为按照成本法核算的初始投资成本。其后，被投资单位宣告分派现金股利或利润时，属于已计入投资账面余额的部分，作为成本法下长期股权投资成本的收回，冲减长期股权投资的账面余额。

事业单位因追加投资等而对长期股权投资的核算从成本法改为权益法的，应当自有权决定被投资单位的财务和经营政策或者参与被投资单位的财务和经营政策决策时，以成本法下长期股权投资的账面余额加上追加投资的成本作为按照权益法核算的初始投资成本。

事业单位按规定报经批准处置长期股权投资的，应当冲减长期股权投资的账面余额，并按规定将处置价款扣除相关税费后的余额作应缴款项处理，或者按规定将处置价款扣除相关税费后的余额与长期股权投资账面余额的差额计入当期投资损益。

采用权益法核算的长期股权投资，因被投资单位除净损益和利润分配以外的所有者权益变动而将应享有的份额计入净资产的，处置该项投资时，还应当将原计入净资产的相应部分转入当期投资损益。

三、短期投资的核算

事业单位应当设置"短期投资"总账科目核算事业单位按照规定取得的，持有时间不超过1年（含1年）的投资。本科目期末借方余额反映事业单位持有短期投资的成本。本科目应当按照投资的种类等进行明细核算。短期投资的主要账务处理如下。

（1）取得短期投资时，按照确定的投资成本，借记本科目，贷记"银行存款"等科目。收到取得投资时实际支付价款中包含的已到付息期但尚未领取的利息，按照实际收到的金额，借记"银行存款"科目，贷记本科目。

（2）收到短期投资持有期间的利息，按照实际收到的金额，借记"银行存款"科目，贷记"投资收益"科目。

（3）出售短期投资或到期收回短期投资本息，按照实际收到的金额，借记"银行存款"科目，按照出售或收回短期投资的账面余额，贷记本科目，按照其差额，借记或贷记"投资收益"科目。

【例9-15】 某事业单位发生如下短期投资业务。

（1）4月份，用银行存款购入国库券80 000元作为短期投资，应编制的会计分录为：

借：短期投资——某国债　　　　　　　　　　　　　　　80 000
　　贷：银行存款　　　　　　　　　　　　　　　　　　　80 000

同时，预算会计平行记账：

借：投资支出　　　　　　　　　　　　　　　　　　　　80 000
　　贷：资金结存——货币资金　　　　　　　　　　　　　80 000

（2）10月份，债券到期，该事业单位收回债券本息82 000元，存入银行，应编制的会计分录为：

借：银行存款　　　　　　　　　　　　　　　　　　　　82 000
　　贷：短期投资——某国债　　　　　　　　　　　　　　80 000
　　　　投资收益　　　　　　　　　　　　　　　　　　　2 000

同时，预算会计平行记账：

借：资金结存——货币资金　　　　　　　　　　　　　　82 000
　　贷：投资支出　　　　　　　　　　　　　　　　　　　80 000
　　　　投资预算收益　　　　　　　　　　　　　　　　　2 000

四、长期股权投资的核算

事业单位应当设置"长期股权投资"总账科目核算事业单位按照规定取得的，持有时间超过 1 年（不含 1 年）的股权性质的投资。本科目期末借方余额反映事业单位持有的长期股权投资的价值。本科目应当按照被投资单位和长期股权投资取得方式等进行明细核算。长期股权投资采用权益法核算的，还应当按照"成本""损益调整""其他权益变动"设置明细科目，进行明细核算。长期股权投资的主要账务处理如下。

（一）取得长期股权投资的核算

长期股权投资在取得时，应当以其实际成本作为初始投资成本。

（1）以现金取得的长期股权投资，按照确定的投资成本，借记本科目或本科目（成本），按照支付的价款中包含的已宣告但尚未发放的现金股利，借记"应收股利"科目，按照实际支付的全部价款，贷记"银行存款"等科目。实际收到取得投资时所支付价款中包含的已宣告但尚未发放的现金股利时，借记"银行存款"科目，贷记"应收股利"科目。

（2）以现金以外的其他资产置换取得的长期股权投资，参照"库存物品"科目中置换取得库存物品的相关规定进行账务处理。

（3）以未入账的无形资产取得的长期股权投资，以评估价值加相关税费作为投资成本，借记本科目，按照发生的相关税费，贷记"银行存款""其他应缴税费"等科目，按照其差额，贷记"其他收入"科目。

（4）接受捐赠的长期股权投资，按照确定的投资成本，借记本科目或本科目（成本），按照发生的相关税费，贷记"银行存款"等科目，按照其差额，贷记"捐赠收入"科目。

（5）无偿调入的长期股权投资，按照确定的投资成本，借记本科目或本科目（成本），按照发生的相关税费，贷记"银行存款"等科目，按照其差额，贷记"无偿调拨净资产"科目。

【例9-16】 某事业单位以银行存款 500 000 元对 F 公司进行投资，该笔投资中包含着 F 公司已宣告未发放的上年度股利 25 000 元。该事业单位应编制的会计分录为：

借：长期股权投资——F公司　　　　　　　　475 000
　　应收股利　　　　　　　　　　　　　　　 25 000
　　贷：银行存款　　　　　　　　　　　　　　　　500 000
借：投资支出　　　　　　　　　　　　　　　500 000
　　贷：资金结存——货币资金　　　　　　　　　　500 000

（二）持有长期股权投资期间的核算

长期股权投资持有期间，应当按照规定采用成本法或权益法进行核算。

1. 采用成本法核算

被投资单位宣告发放现金股利或利润时，按照应收的金额，借记"应收股利"科目，贷记"投资收益"科目。收到现金股利或利润时，按照实际收到的金额，借记"银行存款"等科目，贷记"应收股利"科目。

2. 采用权益法核算

（1）被投资单位实现净利润的，按照应享有的份额，借记本科目（损益调整），贷记

"投资收益"科目。被投资单位发生净亏损的,按照应分担的份额,借记"投资收益"科目,贷记本科目(损益调整),但以本科目的账面余额减记至零为限。发生亏损的被投资单位以后年度又实现净利润的,按照收益分享额弥补未确认的亏损分担额等后的金额,借记本科目(损益调整),贷记"投资收益"科目。

(2)被投资单位宣告分派现金股利或利润的,按照应享有的份额,借记"应收股利"科目,贷记本科目(损益调整)。

(3)被投资单位发生除净损益和利润分配以外的所有者权益变动的,按照应享有或应分担的份额,借记或贷记"权益法调整"科目,贷记或借记本科目(其他权益变动)。

3. 成本法与权益法的转换

(1)单位因处置部分长期股权投资等原因而对处置后的剩余股权投资由权益法改为成本法核算的,应当以权益法下本科目账面余额作为成本法下本科目账面余额(成本)。其后,被投资单位宣告分派现金股利或利润时,属于单位已计入投资账面余额的部分,按照应分得的现金股利或利润份额,借记"应收股利"科目,贷记本科目。

(2)单位因追加投资等原因对长期股权投资的核算从成本法改为权益法的,应当按照成本法下本科目账面余额与追加投资成本的合计金额,借记本科目(成本),按照成本法下本科目账面余额,贷记本科目,按照追加投资的成本,贷记"银行存款"等科目。

(三)处置长期股权投资的核算

(1)按照规定报经批准出售(转让)长期股权投资时,应当根据长期股权投资取得方式分别进行处理。

1)处置以现金取得的长期股权投资,按照实际取得的价款,借记"银行存款"等科目,按照被处置长期股权投资的账面余额,贷记本科目,按照尚未领取的现金股利或利润,贷记"应收股利"科目,按照发生的相关税费等支出,贷记"银行存款"等科目,按照借贷方差额,借记或贷记"投资收益"科目。

2)处置以现金以外的其他资产取得的长期股权投资,按照被处置长期股权投资的账面余额,借记"资产处置费用"科目,贷记本科目;同时,按照实际取得的价款,借记"银行存款"等科目,按照尚未领取的现金股利或利润,贷记"应收股利"科目,按照发生的相关税费等支出,贷记"银行存款"等科目,按照贷方差额,贷记"应缴财政款"科目。按照规定将处置时取得的投资收益纳入本单位预算管理的,应当按照所取得的价款大于被处置长期股权投资账面余额、应收股利账面余额和相关税费支出合计的差额,贷记"投资收益"科目。

(2)因被投资单位破产清算等原因,有确凿证据表明长期股权投资发生损失,按照规定报经批准后予以核销时,按照予以核销的长期股权投资的账面余额,借记"资产处置费用"科目,贷记本科目。

(3)报经批准置换转出长期股权投资时,参照"库存物品"科目中置换换入库存物品的规定进行账务处理。

(4) 采用权益法核算的长期股权投资的处置，除进行上述账务处理外，还应结转原直接计入净资产的相关金额，借记或贷记"权益法调整"科目，贷记或借记"投资收益"科目。

五、应收股利的核算

应收股利是指事业单位持有长期股权投资应当收取的现金股利或应当分得的利润。事业单位应当设置"应收股利"总账科目核算事业单位应收股利业务。本科目期末借方余额反映事业单位应当收取但尚未收到的现金股利或利润。本科目应当按照被投资单位等进行明细核算。应收股利的主要账务处理如下。

(1) 取得长期股权投资，按照支付的价款中所包含的已宣告但尚未发放的现金股利，借记本科目，按照确定的长期股权投资成本，借记"长期股权投资"科目，按照实际支付的金额，贷记"银行存款"等科目。收到取得投资时实际支付价款中所包含的已宣告但尚未发放的现金股利时，按照收到的金额，借记"银行存款"科目，贷记本科目。

(2) 长期股权投资持有期间，被投资单位宣告发放现金股利或利润的，按照应享有的份额，借记本科目，贷记"投资收益"（成本法下）或"长期股权投资"（权益法下）科目。

(3) 实际收到现金股利或利润时，按照收到的金额，借记"银行存款"等科目，贷记本科目。

六、长期债券投资的核算

事业单位应当设置"长期债券投资"总账科目核算事业单位按照规定取得的，持有时间超过1年（不含1年）的债券投资。本科目期末借方余额反映事业单位持有的长期债券投资的价值。本科目应当设置"成本"和"应计利息"明细科目，并按照债券投资的种类进行明细核算。长期债券投资的主要账务处理如下。

(1) 长期债券投资在取得时，应当以其实际成本作为投资成本。

取得的长期债券投资，按照确定的投资成本，借记本科目（成本），按照支付的价款中包含的已到付息期但尚未领取的利息，借记"应收利息"科目，按照实际支付的金额，贷记"银行存款"等科目。实际收到取得债券时所支付价款中包含的已到付息期但尚未领取的利息时，借记"银行存款"科目，贷记"应收利息"科目。

(2) 长期债券投资持有期间，按期以债券票面金额与票面利率计算确认利息收入时，如为到期一次还本付息的债券投资，借记本科目（应计利息），贷记"投资收益"科目；如为分期付息、到期一次还本的债券投资，借记"应收利息"科目，贷记"投资收益"科目。收到分期支付的利息时，按照实收的金额，借记"银行存款"等科目，贷记"应收利息"科目。

(3) 到期收回长期债券投资，按照实际收到的金额，借记"银行存款"科目，按照长期债券投资的账面余额，贷记本科目，按照相关应收利息金额，贷记"应收利息"科目，按照其差额，贷记"投资收益"科目。

（4）对外出售长期债券投资，按照实际收到的金额，借记"银行存款"科目，按照长期债券投资的账面余额，贷记本科目，按照已记入"应收利息"科目但尚未收取的金额，贷记"应收利息"科目，按照其差额，贷记或借记"投资收益"科目。

【例9-17】 某事业单位发生如下业务。

（1）用银行存款购入3年期国债2 000张，每张债券面值100元，该债券到期一次还本付息，另用银行存款支付交易手续费400元。应编制的会计分录为：

借：长期债券投资　　　　　　　　　　　　　　　200 400
　　贷：银行存款　　　　　　　　　　　　　　　　200 400
借：投资支出　　　　　　　　　　　　　　　　　200 400
　　贷：资金结存——货币资金　　　　　　　　　　200 400

（2）债券到期，该事业单位收回债券本息236 000元，存入银行。应编制的会计分录为：

借：银行存款　　　　　　　　　　　　　　　　　236 000
　　贷：长期债券投资　　　　　　　　　　　　　　200 400
　　　　投资收益　　　　　　　　　　　　　　　　35 600
借：资金结存——货币资金　　　　　　　　　　　236 000
　　贷：其他结余　　　　　　　　　　　　　　　　200 400
　　　　投资预算收益　　　　　　　　　　　　　　35 600

七、应收利息的核算

事业单位应当设置"应收利息"总账科目核算事业单位长期债券投资应当收取的利息。事业单位购入的到期一次还本付息的长期债券投资持有期间的利息，应当通过"长期债券投资——应计利息"科目核算，不通过本科目核算。本科目期末借方余额反映事业单位应收未收的长期债券投资利息。本科目应当按照被投资单位等进行明细核算。应收利息的主要账务处理如下。

（1）取得长期债券投资，按照确定的投资成本，借记"长期债券投资"科目，按照支付的价款中包含的已到付息期但尚未领取的利息，借记本科目，按照实际支付的金额，贷记"银行存款"等科目。收到取得投资时实际支付价款中所包含的已到付息期但尚未领取的利息时，按照收到的金额，借记"银行存款"等科目，贷记本科目。

（2）按期计算确认长期债券投资利息收入时，对于分期付息、到期一次还本的长期债券投资，按照以票面金额和票面利率计算确定的应收未收利息金额，借记本科目，贷记"投资收益"科目。

（3）实际收到应收利息时，按照收到的金额，借记"银行存款"等科目，贷记本科目。

第三节 行政事业单位的固定资产

一、固定资产的定义及分类

固定资产是指行政事业单位为满足自身开展业务活动或其他活动需要而控制的，使用年限超过 1 年（不含 1 年）、单位价值在规定标准以上，并在使用过程中基本保持原有物质形态的资产，一般包括房屋及构筑物、专用设备、通用设备等。单位价值虽未达到规定标准，但是使用年限超过 1 年（不含 1 年）的大批同类物资，如图书、家具、用具、装具等，应当确认为固定资产。公共基础设施、政府储备物资、保障性住房、自然资源资产等，适用其他相关政府会计准则。

固定资产一般分为六类：房屋及构筑物；专用设备；通用设备；文物和陈列品；图书、档案；家具、用具、装具及动植物。

二、固定资产的计价

固定资产在取得时应当按照成本进行初始计量。

（1）外购的固定资产，其成本包括购买价款、相关税费以及固定资产交付使用前所发生的可归属于该项资产的运输费、装卸费、安装费和专业人员服务费等。以一笔款项购入多项没有单独标价的固定资产，应当按照各项固定资产同类或类似资产市场价格的比例对总成本进行分配，分别确定各项固定资产的成本。

（2）自行建造的固定资产，其成本包括该项资产至交付使用前所发生的全部必要支出；在原有固定资产基础上进行改建、扩建、修缮后的固定资产，其成本按照原固定资产账面价值加上改建、扩建、修缮发生的支出，再扣除固定资产被替换部分的账面价值后的金额确定。为建造固定资产借入的专门借款的利息，属于建设期间发生的，计入在建工程成本；不属于建设期间发生的，计入当期费用。已交付使用但尚未办理竣工决算手续的固定资产，应当按照估计价值入账，待办理竣工决算后再按实际成本调整原来的暂估价值。

（3）通过置换取得的固定资产，其成本按照换出资产的评估价值加上支付的补价或减去收到的补价，加上换入固定资产发生的其他相关支出确定。

（4）接受捐赠的固定资产，其成本按照有关凭据注明的金额加上相关税费、运输费等确定；没有相关凭据可供取得，但按规定经过资产评估的，其成本按照评估价值加上相关税费、运输费等确定；没有相关凭据可供取得，也未经资产评估的，其成本比照同类或类似资产的市场价格加上相关税费、运输费等确定；没有相关凭据且未经资产评估，同类或类似资产的市场价格也无法可靠取得的，按照名义金额入账，相关税费、运输费等计入当期费用，如受赠的旧的固定资产，在确定其初始入账成本时应当考虑该项资产的新旧程度。

（5）无偿调入的固定资产，其成本按照调出方账面价值加上相关税费、运输费等确定。

（6）盘盈的固定资产，按规定经过资产评估的，其成本按照评估价值确定；未经资产评估的，其成本按照重置成本确定。

（7）融资租赁取得的固定资产，其成本按照其他相关政府会计准则确定。

三、固定资产的核算

为核算从不同渠道取得的固定资产，行政事业单位应当设置"固定资产""在建工程"和"固定资产累计折旧"等总账科目。其中，"固定资产"总账科目核算单位固定资产的原值，本科目期末借方余额反映单位固定资产的原值。本科目应当按照固定资产类别和项目进行明细核算。固定资产核算时，应当考虑以下情况。

第一，购入需要安装的固定资产，应当先通过"在建工程"科目核算，安装完毕交付使用时再转入本科目核算。

第二，以借入、经营租赁租入方式取得的固定资产，不通过本科目核算，应当设置备查簿进行登记。

第三，采用融资租入方式取得的固定资产，通过本科目核算，并在本科目下设置"融资租入固定资产"明细科目。

第四，经批准在境外购买具有所有权的土地，作为固定资产，通过本科目核算，单位应当在本科目下设置"境外土地"明细科目，进行相应明细核算。

（一）固定资产取得

固定资产在取得时，应当按照成本进行初始计量。

（1）购入不需要安装的固定资产验收合格时，按照确定的固定资产成本，借记本科目，贷记"财政拨款收入""零余额账户用款额度""应付账款""银行存款"等科目。购入需要安装的固定资产，在安装完毕交付使用前通过"在建工程"科目核算，安装完毕交付使用时再转入本科目。购入固定资产扣留质量保证金的，应当在取得固定资产时，按照确定的固定资产成本，借记本科目（不需安装）或"在建工程"科目（需要安装），按照实际支付或应付的金额，贷记"财政拨款收入""零余额账户用款额度""应付账款"（不含质量保证金）"银行存款"等科目，按照扣留的质量保证金数额，贷记"其他应付款"［扣留期在1年以内（含1年）］或"长期应付款"（扣留期超过1年）科目。质保期满支付质量保证金时，借记"其他应付款""长期应付款"科目，贷记"财政拨款收入""零余额账户用款额度""银行存款"等科目。

（2）自行建造的固定资产交付使用时，按照在建工程成本，借记本科目，贷记"在建工程"科目。已交付使用但尚未办理竣工决算手续的固定资产，按照估计价值入账，待办理竣工决算后再按照实际成本调整原来的暂估价值。

（3）融资租赁取得的固定资产，其成本按照租赁协议或者合同确定的租赁价款、相关税费以及固定资产交付使用前所发生的可归属于该项资产的运输费、途中保险费、安装调试费等确定。融资租入的固定资产，按照确定的成本，借记本科目（不需安装）或"在建工程"科目（需安装），按照租赁协议或者合同确定的租赁付款额，贷记"长期应付款"科目，按照支付的运输费、途中保险费、安装调试费等金额，贷记"财政拨款收入""零余额账户用款额度""银行存款"等科目。定期支付租金时，按照实际支付金额，借记"长期应付款"科目，贷记"财政拨款收入""零余额账户用款额度""银行存款"等科目。

（4）按照规定跨年度分期付款购入固定资产的账务处理，参照融资租入固定资产。

（5）接受捐赠的固定资产，按照确定的固定资产成本，借记本科目（不需安装）或"在建工程"科目（需安装），按照发生的相关税费、运输费等，贷记"零余额账户用款额度""银行存款"等科目，按照其差额，贷记"捐赠收入"科目。接受捐赠的固定资产按照名义金额入账的，按照名义金额，借记本科目，贷记"捐赠收入"科目；按照发生的相关税费、运输费等，借记"其他费用"科目，贷记"零余额账户用款额度""银行存款"等科目。

（6）无偿调入的固定资产，按照确定的固定资产成本，借记本科目（不需安装）或"在建工程"科目（需安装），按照发生的相关税费、运输费等，贷记"零余额账户用款额度""银行存款"等科目，按照其差额，贷记"无偿调拨净资产"科目。

（7）置换取得的固定资产，参照"库存物品"科目中置换取得库存物品的相关规定进行账务处理。

【例9-18】 某行政单位采用财政直接支付方式购入一套专用设备，价值200 000元，经验收合格交付使用。应编制的会计分录为：

借：固定资产	200 000
贷：财政拨款收入	200 000
借：行政支出	200 000
贷：财政拨款预算收入	200 000

【例9-19】 某行政单位接受国际友人捐赠的固定资产两件，没有相关凭证也未经评估，其同类或类似固定资产的市场价格无法可靠获得，所取得的固定资产应当按照名义金额入账。应编制的会计分录为：

借：固定资产	1
贷：捐赠收入	1

【例9-20】 某事业单位向甲公司购置固定资产，财政部门采用财政差额直接支付方式支付政府采购资金。固定资产价值150 000元，其中50 000元为单位自筹，100 000元由财政预算支付。应编制的会计分录为：

(1) 将自筹资金划入甲公司账户时。

借：预付账款——甲公司	50 000
贷：银行存款	50 000
借：事业支出	50 000
贷：资金结存——货币资金	50 000

(2) 收到财政部门开具的拨款通知书时。

借：预付账款——甲公司　　　　　　　　　　　　　　100 000
　　贷：财政拨款收入　　　　　　　　　　　　　　　　　100 000
借：事业支出　　　　　　　　　　　　　　　　　　　100 000
　　贷：财政拨款预算收入　　　　　　　　　　　　　　　100 000

(3) 收到政府采购固定资产时。

借：固定资产——通用设备　　　　　　　　　　　　　150 000
　　贷：预付账款——甲公司　　　　　　　　　　　　　　150 000

【例9-21】 某事业单位采用融资租赁方式向某公司租入专用设备一台，协议价240 000元，每年付租金80 000元，分3年付清。租入该专用设备时，发生运杂费、安装费10 000元，以银行存款支付。应编制的会计分录为：

(1) 租入固定资产时。

借：固定资产——融资租入固定资产——专用设备　　　250 000
　　贷：长期应付款——某公司　　　　　　　　　　　　　240 000
　　　　银行存款　　　　　　　　　　　　　　　　　　　10 000
借：事业支出　　　　　　　　　　　　　　　　　　　 10 000
　　贷：资金结存——货币资金　　　　　　　　　　　　　10 000

(2) 每年支付租金时。

借：长期应付款——某公司　　　　　　　　　　　　　80 000
　　贷：银行存款　　　　　　　　　　　　　　　　　　　80 000
借：事业支出　　　　　　　　　　　　　　　　　　　 80 000
　　贷：资金结存——货币资金　　　　　　　　　　　　　80 000

（二）固定资产累计折旧

行政事业单位应当对固定资产计提折旧。折旧是指在固定资产的预计使用年限内，按照确定的方法对应计的折旧额进行系统分摊。固定资产应计的折旧额为其成本，计提固定资产折旧时不考虑预计净残值。行政事业单位应当对暂估入账的固定资产计提折旧，实际成本确定后不需调整原已计提的折旧额。文物和陈列品，动植物，图书、档案，单独计价入账的土地，以及以名义金额计量的固定资产，不计提折旧。

行政事业单位应当根据相关规定以及固定资产的性质和使用情况，合理确定固定资产的使用年限。固定资产的使用年限一经确定，不得随意变更。行政事业单位一般应当采用年限平均法或者工作量法计提固定资产折旧。在确定固定资产的折旧方法时，应当考虑与固定资产相关的服务潜力或经济利益的预期实现方式。固定资产折旧方法一经确定，不得随意变更。固定资产应当按月计提折旧，并根据用途计入当期费用或者相关资产成本。固定资产提足折旧后，无论能否继续使用，均不再计提折旧；提前报废的固定资产，也不再补提折旧。已提足折旧的固定资产，可以继续使用的，应当继续使用，规范实物管理。固定资产因改建、扩建或修缮等原因而延长使用年限的，应当按照重新确定的固定资产的成本以及重新确定的折旧年限计算折旧额。

行政事业单位应当设置"固定资产累计折旧"总账科目核算行政事业单位计提的固定资产累计折旧。公共基础设施和保障性住房计提的累计折旧，应当分别通过"公共基础设施累计折旧（摊销）"科目和"保障性住房累计折旧"科目核算，不通过本科目核算。本科目应当按照所对应固定资产的明细分类进行明细核算。本科目期末贷方余额反映单位计提的固定资产折旧累计数。

行政事业单位计提融资租入固定资产折旧时，应当采用与自有固定资产一致的折旧政策。能够合理确定租赁期届满时将会取得租入固定资产所有权的，应当在租入固定资产尚可使用年限内计提折旧；无法合理确定租赁期届满时能够取得租入固定资产所有权的，应当在租赁期与租入固定资产尚可使用年限两者中较短的期间内计提折旧。固定资产累计折旧的主要账务处理如下。

（1）按月计提固定资产折旧时，按照应计提折旧金额，借记"业务活动费用""单位管理费用""经营费用""加工物品""在建工程"等科目，贷记本科目。

（2）经批准处置或处理固定资产时，按照所处置或处理固定资产的账面价值，借记"资产处置费用""无偿调拨净资产""待处理财产损溢"等科目，按照已计提折旧，借记本科目，按照固定资产的账面余额，贷记"固定资产"科目。

【例9-22】 某行政单位按规定计提本月固定资产折旧69 000元。应编制的会计分录为：

借：业务活动费用　　　　　　　　　　　　　　　　　　69 000
　　贷：固定资产累计折旧　　　　　　　　　　　　　　　69 000

【例9-23】 某事业单位按规定计提本月固定资产折旧94 000元，其中，专业业务部门固定资产折旧56 000元，管理部门固定资产折旧38 000元。应编制的会计分录为：

借：业务活动费用　　　　　　　　　　　　　　　　　　56 000
　　单位管理费用　　　　　　　　　　　　　　　　　　38 000
　　贷：固定资产累计折旧　　　　　　　　　　　　　　　94 000

（三）与固定资产有关的后续支出

1. 符合固定资产确认条件的后续支出

通常情况下，将固定资产转入改建、扩建时，按照固定资产的账面价值，借记"在建工程"科目，按照固定资产已计提折旧，借记"固定资产累计折旧"科目，按照固定资产的账面余额，贷记本科目。为增加固定资产使用效能或延长其使用年限而发生的改建、扩建等后续支出，借记"在建工程"科目，贷记"财政拨款收入""零余额账户用款额度""银行存款"等科目。固定资产改建、扩建等完成交付使用时，按照在建工程成本，借记本科目，贷记"在建工程"科目。

2. 不符合固定资产确认条件的后续支出

为保证固定资产正常使用发生的日常维修等支出,借记"业务活动费用""单位管理费用"等科目,贷记"财政拨款收入""零余额账户用款额度""银行存款"等科目。

【例9-24】 某行政单位维修单位通勤车,共支付维修费3 700元,以银行存款支付。应编制的会计分录为:

借:业务活动费用　　　　　　　　　　　　　　　　3 700
　　贷:银行存款　　　　　　　　　　　　　　　　　　　3 700
借:行政支出　　　　　　　　　　　　　　　　　　3 700
　　贷:资金结存——货币资金　　　　　　　　　　　　　3 700

(四)固定资产处置

按照规定报经批准处置固定资产,应当根据具体情况分别处理。

(1)报经批准出售、转让固定资产,按照被出售、转让固定资产的账面价值,借记"资产处置费用"科目,按照固定资产已计提的折旧,借记"固定资产累计折旧"科目,按照固定资产账面余额,贷记本科目;同时,按照收到的价款,借记"银行存款"等科目,按照处置过程中发生的相关费用,贷记"银行存款"等科目,按照其差额,贷记"应缴财政款"科目。

(2)报经批准对外捐赠固定资产,按照固定资产已计提的折旧,借记"固定资产累计折旧"科目,按照被处置固定资产账面余额,贷记本科目,按照捐赠过程中发生的归属于捐出方的相关费用,贷记"银行存款"等科目,按照其差额,借记"资产处置费用"科目。

(3)报经批准无偿调出固定资产,按照固定资产已计提的折旧,借记"固定资产累计折旧"科目,按照被处置固定资产账面余额,贷记本科目,按照其差额,借记"无偿调拨净资产"科目;同时,按照无偿调出过程中发生的归属于调出方的相关费用,借记"资产处置费用"科目,贷记"银行存款"等科目。

(4)报经批准置换换出固定资产,参照"库存物品"中置换换入库存物品的规定进行账务处理。

【例9-25】 经上级部门批准,某行政单位将闲置不用的一辆汽车出售,取得价款30 000元存入银行。该汽车原价120 000元,已计提折旧80 000元。应编制的会计分录为:

(1)固定资产转入待处置时。

借:资产处置费用　　　　　　　　　　　　　　　40 000
　　固定资产累计折旧　　　　　　　　　　　　　　80 000
　　贷:固定资产　　　　　　　　　　　　　　　　　　120 000

(2)取得出售固定资产收入,确认出售固定资产应上缴财政时。

借:银行存款　　　　　　　　　　　　　　　　　30 000
　　贷:应缴财政款　　　　　　　　　　　　　　　　　30 000

（五）固定资产清查

行政事业单位应当定期对固定资产进行清查盘点，每年至少盘点一次。对于发生的固定资产盘盈、盘亏或毁损、报废，应当先记入"待处理财产损溢"科目，按照规定报经批准后及时进行后续账务处理。行政事业单位按照规定报经批准出售、转让固定资产或固定资产报废、毁损的，应当将固定资产账面价值转销计入当期费用，并将处置收入扣除相关处置税费后的差额按照规定作应缴款项处理（差额为净收益时）或计入当期费用（差额为净损失时）；按照规定报经批准对外捐赠、无偿调出固定资产的，应当将固定资产的账面价值予以转销，对外捐赠、无偿调出中发生的归属于捐出方、调出方的相关费用应当计入当期费用；按照规定报经批准以固定资产对外投资的，应当将该固定资产的账面价值予以转销，并将固定资产在对外投资时的评估价值与其账面价值的差额计入当期收入或费用。固定资产盘亏造成的损失，按照规定报经批准后应当计入当期费用。

盘盈的固定资产，其成本按照有关凭据注明的金额确定；没有相关凭据，但按照规定经过资产评估的，其成本按照评估价值确定；没有相关凭据，也未经过评估的，其成本按照重置成本确定。如无法采用上述方法确定盘盈固定资产成本的，按照名义金额入账。盘盈的固定资产，按照确定的入账成本，借记本科目，贷记"待处理财产损溢"科目。

盘亏、毁损或报废的固定资产，按照待处理固定资产的账面价值，借记"待处理财产损溢"科目，按照已计提折旧，借记"固定资产累计折旧"科目，按照固定资产的账面余额，贷记本科目。

【例9-26】 年末，某行政单位进行年终盘点时，盘盈办公通信设备一部，同类或类似固定资产的市场价格1 400元，六成新。原因无法查明，按照规定程序批准后予以销账。应编制的会计分录为：

借：固定资产　　　　　　　　　　　　　　　　　　　　　　1 400
　　贷：待处理财产损溢　　　　　　　　　　　　　　　　　　1 400
借：待处理财产损溢　　　　　　　　　　　　　　　　　　　　1 400
　　贷：资产处置费用　　　　　　　　　　　　　　　　　　　1 400

【例9-27】 年末，某事业单位进行年终盘点时，盘亏净水器一台，原价900元，已提折旧350元。原因无法查明，按照规定程序批准后予以销账。应编制的会计分录为：

借：待处理财产损溢　　　　　　　　　　　　　　　　　　　　550
　　固定资产累计折旧　　　　　　　　　　　　　　　　　　　350
　　贷：固定资产　　　　　　　　　　　　　　　　　　　　　900
借：资产处置费用　　　　　　　　　　　　　　　　　　　　　550
　　贷：待处理财产损溢　　　　　　　　　　　　　　　　　　550

四、工程物资与在建工程的核算

（一）工程物资

行政事业单位应当设置"工程物资"总账科目核算单位为在建工程准备的各种物资的

成本，包括工用材料、设备等。本科目可按照"库存材料""库存设备"等工程物资类别进行明细核算。本科目期末借方余额反映单位为在建工程准备的各种物资的成本。工程物资的主要账务处理如下。

（1）购入为工程准备的物资，按照确定的物资成本，借记本科目，贷记"财政拨款收入""零余额账户用款额度""银行存款""应付账款"等科目。

（2）领用工程物资，按照物资成本，借记"在建工程"科目，贷记本科目。工程完工后将领出的剩余物资退库时，做相反的会计分录。

（3）工程完工后将剩余的工程物资转作本单位存货等的，按照物资成本，借记"库存物品"等科目，贷记本科目。

（二）在建工程

行政事业单位应当设置"在建工程"总账科目核算行政事业单位在建的建设项目工程的实际成本。行政事业单位在建的信息系统项目工程、公共基础设施项目工程、保障性住房项目工程的实际成本，也通过本科目核算。本科目应当设置"建筑安装工程投资""设备投资""待摊投资""其他投资""待核销基建支出""基建转出投资"等明细科目，并按照具体项目进行明细核算。本科目期末借方余额反映单位尚未完工的建设项目工程发生的实际成本。在建工程的主要账务处理如下。

1. 建筑安装工程投资

（1）将固定资产等资产转入改建、扩建等时，按照固定资产等资产的账面价值，借记本科目（建筑安装工程投资），按照已计提的折旧或摊销，借记"固定资产累计折旧"等科目，按照固定资产等资产的原值，贷记"固定资产"等科目。固定资产等资产改建、扩建过程中涉及替换（拆除）原资产某些组成部分的，按照被替换（拆除）部分的账面价值，借记"待处理财产损溢"科目，贷记本科目（建筑安装工程投资）。

（2）行政事业单位对于发包建筑安装工程，根据建筑安装工程价款结算账单与施工企业结算工程价款时，按照应承付的工程价款，借记本科目（建筑安装工程投资），按照预付工程款余额，贷记"预付账款"科目，按照其差额，贷记"财政拨款收入""零余额账户用款额度""银行存款""应付账款"等科目。

（3）行政事业单位自行施工的小型建筑安装工程，按照发生的各项支出金额，借记本科目（建筑安装工程投资），贷记"工程物资""零余额账户用款额度""银行存款""应付职工薪酬"等科目。

（4）工程竣工，办妥竣工验收交接手续交付使用时，按照建筑安装工程成本（含应分摊的待摊投资），借记"固定资产"等科目，贷记本科目（建筑安装工程投资）。

2. 设备投资

（1）购入设备时，按照购入成本，借记本科目（设备投资），贷记"财政拨款收入""零余额账户用款额度""银行存款"等科目；采用预付款方式购入设备的，有关预付款的账务处理参照本科目有关"建筑安装工程投资"明细科目的规定处理。

(2) 设备安装完毕，办妥竣工验收交接手续交付使用时，按照设备投资成本（含设备安装工程成本和分摊的待摊投资），借记"固定资产"等科目，贷记本科目（设备投资、建筑安装工程投资——安装工程）。

将不需要安装的设备和达不到固定资产标准的工具、器具交付使用时，按照相关设备、工具、器具的实际成本，借记"固定资产""库存物品"科目，贷记本科目（设备投资）。

3. 待摊投资

建设工程发生的构成建设项目实际支出的、按照规定应当分摊计入有关工程成本和设备成本的各项间接费用和税费支出，先在本明细科目中归集；建设工程办妥竣工验收手续交付使用时，按照合理的分配方法，摊入相关工程成本、在安装设备成本等。

（1）单位发生的构成待摊投资的各类费用，按照实际发生金额，借记本科目（待摊投资），贷记"财政拨款收入""零余额账户用款额度""银行存款""应付利息""长期借款""其他应缴税费""固定资产累计折旧""无形资产累计摊销"等科目。

（2）对于建设过程中试生产、设备调试等产生的收入，按照取得的收入金额，借记"银行存款"等科目，按照依据有关规定应当冲减建设工程成本的部分，贷记本科目（待摊投资），按照其差额，贷记"应缴财政款"或"其他收入"科目。

（3）由于自然灾害、管理不善等原因造成的单项工程或单位工程报废或毁损，扣除残料价值和过失人或保险公司等赔款后的净损失，报经批准后计入继续施工的工程成本的，按照工程成本扣除残料价值和过失人或保险公司等赔款后的净损失，借记本科目（待摊投资），按照残料变价收入、过失人或保险公司赔款等，借记"银行存款""其他应收款"等科目，按照报废或毁损的工程成本，贷记本科目（建筑安装工程投资）。

（4）工程交付使用时，按照合理的分配方法分配待摊投资，借记本科目（建筑安装工程投资、设备投资），贷记本科目（待摊投资）。待摊投资的分配方法，可按照下列公式计算。

某项固定资产应分配的待摊投资=该项固定资产的建筑工程成本或该项固定资产（设备）的采购成本和安装成本合计×分配率

1）按照实际分配率分配，适用于建设工期较短、整个项目的所有单项工程一次竣工的建设项目。

实际分配率=待摊投资明细科目余额÷（建筑工程明细科目余额+安装工程明细科目余额+设备投资明细科目余额）×100%

2）按照概算分配率分配，适用于建设工期长、单项工程分期分批建成投入使用的建设项目。

概算分配率=（概算中各待摊投资项目的合计数-其中可直接分配部分）÷（概算中建筑工程、安装工程和设备投资合计）×100%

4. 其他投资

（1）行政事业单位为建设工程发生的房屋购置支出，基本畜禽、林木等的购置、饲养、培育支出，办公生活用家具、器具购置支出，软件研发和不能计入设备投资的软件购置等支出，按照实际发生金额，借记本科目（其他投资），贷记"财政拨款收入""零余额账户用款额度""银行存款"等科目。

（2）工程完成，将形成的房屋、基本畜禽、林木等各种财产以及无形资产交付使用时，按照其实际成本，借记"固定资产""无形资产"等科目，贷记本科目（其他投资）。

5. 待核销基建支出

（1）建设项目发生的江河清障、航道清淤、飞播造林、补助群众造林、水土保持、城市绿化等不能形成资产的各类待核销基建支出，按照实际发生金额，借记本科目（待核销基建支出），贷记"财政拨款收入""零余额账户用款额度""银行存款"等科目。

（2）取消的建设项目发生的可行性研究费，按照实际发生金额，借记本科目（待核销基建支出），贷记本科目（待摊投资）。

（3）由于自然灾害等原因发生的建设项目整体报废所形成的净损失，报经批准后转入待核销基建支出，按照项目整体报废所形成的净损失，借记本科目（待核销基建支出），按照报废工程回收的残料变价收入、保险公司赔款等，借记"银行存款""其他应收款"等科目，按照报废的工程成本，贷记本科目（建筑安装工程投资等）。

（4）建设项目竣工验收交付使用时，对发生的待核销基建支出进行冲销，借记"资产处置费用"科目，贷记本科目（待核销基建支出）。

6. 基建转出投资

为建设项目配套而建成的、产权不归属本单位的专用设施，在项目竣工验收交付使用时，按照转出的专用设施的成本，借记本科目（基建转出投资），贷记本科目（建筑安装工程投资）；同时，借记"无偿调拨净资产"科目，贷记本科目（基建转出投资）。

第四节　行政事业单位的无形资产

一、无形资产的定义和分类

无形资产是指行政事业单位控制的没有实物形态的可辨认非货币性资产，如专利权、商标权、著作权、土地使用权、非专利技术等。资产满足下列条件之一的，符合无形资产定义中的可辨认性标准。

（1）能够从行政事业单位中分离或者划分出来，并能单独或者与相关合同、资产或负债一起，用于出售、转移、授予许可、租赁或者交换。

（2）源自合同性权利或其他法定权利，无论这些权利是否可以从行政事业单位或其他权利和义务中转移或者分离。

二、无形资产的计价

无形资产在取得时，应当按照成本进行初始计量。

（1）外购的无形资产，实际成本包括实际支付的买价、相关税费以及可归属于该项资产达到预定用途所发生的其他支出。委托软件公司开发的软件，视同外购无形资产确定其成本。

（2）自行开发的无形资产，其成本包括自该项目进入开发阶段后至达到预定用途前所发生的支出总额。

（3）通过置换取得的无形资产，其成本按照换出资产的评估价值加上支付的补价或减去收到的补价，加上换入无形资产支付的其他相关支出（登记费等）确定。

（4）接受捐赠的无形资产，其成本按照有关凭据注明的金额加上相关税费确定；没有相关凭据可供取得，但按规定经过资产评估的，其成本按照评估价值加上相关税费确定；没有相关凭据可供取得，也未经资产评估的，其成本比照同类或类似资产的市场价格加上相关税费确定；没有相关凭据且未经资产评估，同类或类似资产的市场价格也无法可靠取得的，按照名义金额入账，相关税费计入当期费用。确定接受捐赠无形资产的初始入账成本时，应当考虑该项资产尚可为行政事业单位带来服务潜力或经济利益的能力。

三、无形资产的核算

（一）无形资产的取得

行政事业单位购入的不构成相关硬件不可缺少组成部分的软件，应当确认为无形资产。行政事业单位自行研究开发项目的支出，应当区分研究阶段支出与开发阶段支出。研究是指为获取并理解新的科学或技术知识而进行的独创性的有计划调查。开发是指在进行生产或使用前，将研究成果或其他知识应用于某项计划或设计，以生产出新的或具有实质性改进的材料、装置、产品等。

行政事业单位自行研究开发项目研究阶段的支出，应当于发生时计入当期费用。行政事业单位自行研究开发项目开发阶段的支出，先按合理方法进行归集，如果最终形成无形资产，应当确认为无形资产；如果最终未形成无形资产，应当计入当期费用。

行政事业单位自行研究开发项目尚未进入开发阶段，或者确实无法区分研究阶段支出和开发阶段支出，但按法律程序已申请取得无形资产的，应当将依法取得时发生的注册费、聘请律师费等费用确认为无形资产。行政事业单位自创商誉及内部产生的品牌、报刊名等，不应确认为无形资产。

行政事业单位应当设置"无形资产"总账科目核算行政事业单位无形资产的原值。非大批量购入、单价小于1 000元的无形资产，可以于购买的当期将其成本直接计入当期费用。本科目应当按照无形资产的类别、项目等进行明细核算。本科目期末借方余额反映行政事业单位无形资产的成本。无形资产取得的主要账务处理如下。

（1）外购的无形资产，按照确定的成本，借记本科目，贷记"财政拨款收入""零余额账户用款额度""应付账款""银行存款"等科目。

（2）委托软件公司开发软件，视同外购无形资产进行处理。合同中约定预付开发费用的，按照预付金额，借记"预付账款"科目，贷记"财政拨款收入""零余额账户用款额度""银行存款"等科目。软件开发完成交付使用并支付剩余或全部软件开发费用时，按照软件开发费用总额，借记本科目，按照相关预付账款金额，贷记"预付账款"科目，按照支付的剩余金额，贷记"财政拨款收入""零余额账户用款额度""银行存款"等科目。

(3) 自行研究开发形成的无形资产，按照研究开发项目进入开发阶段后至达到预定用途前所发生的支出总额，借记本科目，贷记"研发支出——开发支出"科目。自行研究开发项目尚未进入开发阶段，或者确实无法区分研究阶段支出和开发阶段支出，但按照法律程序已申请取得无形资产的，按照依法取得时发生的注册费、聘请律师费等费用，借记本科目，贷记"财政拨款收入""零余额账户用款额度""银行存款"等科目；按照依法取得前所发生的研究开发支出，借记"业务活动费用"等科目，贷记"研发支出"科目。

(4) 接受捐赠的无形资产，按照确定的无形资产成本，借记本科目，按照发生的相关税费等，贷记"零余额账户用款额度""银行存款"等科目，按照其差额，贷记"捐赠收入"科目。接受捐赠的无形资产，按照名义金额入账的，按照名义金额，借记本科目，贷记"捐赠收入"科目；同时，按照发生的相关税费等，借记"其他费用"科目，贷记"零余额账户用款额度""银行存款"等科目。

(5) 无偿调入的无形资产，按照确定的无形资产成本，借记本科目，按照发生的相关税费等，贷记"零余额账户用款额度""银行存款"等科目，按照其差额，贷记"无偿调拨净资产"科目。

(6) 置换取得的无形资产，参照"库存物品"科目中置换取得库存物品的相关规定进行账务处理。

【例9-28】 某事业单位委托某软件公司开发软件，该事业单位按合同约定，通过财政直接支付方式向该软件公司预付开发费用13 000元。2个月后，软件开发完成并交付使用，该事业单位向该软件公司支付剩余合同款项85 500元。该软件开发费用总额为98 500元。该事业单位应编制如下会计分录：

(1) 向软件公司预付开发费用时。

借：预付账款　　　　　　　　　　　　　　　　　　　13 000
　　贷：财政拨款收入　　　　　　　　　　　　　　　　13 000
借：事业支出　　　　　　　　　　　　　　　　　　　13 000
　　贷：财政拨款预算收入　　　　　　　　　　　　　　13 000

(2) 软件开发完成交付使用并支付剩余款项时。

借：无形资产　　　　　　　　　　　　　　　　　　　98 500
　　贷：预付账款　　　　　　　　　　　　　　　　　　13 000
　　　　财政拨款收入　　　　　　　　　　　　　　　　85 500
借：事业支出　　　　　　　　　　　　　　　　　　　85 500
　　贷：财政拨款预算收入　　　　　　　　　　　　　　85 500

(二) 研发支出的核算

行政事业单位应设置"研发支出"总账科目核算行政事业单位自行研究开发项目研究阶段和开发阶段发生的各项支出。建设项目中的软件研发支出，应当通过"在建工程"科目核算，不通过本科目核算。该科目应当按照自行研究开发项目，分别按照"研究支出""开发支出"进行明细核算。本科目期末借方余额反映行政事业单位预计能达到预定用途的研究开发项目在开发阶段发生的累计支出数。研发支出的主要账务处理如下。

(1) 自行研究开发项目研究阶段的支出，应当先在本科目归集。按照从事研究及其辅助活动人员计提的薪酬，研究活动领用的库存物品，发生的与研究活动相关的管理费、间接费和其他各项费用，借记本科目（研究支出），贷记"应付职工薪酬""库存物品""财政拨款收入""零余额账户用款额度""固定资产累计折旧""银行存款"等科目。期（月）末，应当将本科目归集的研究阶段的支出金额转入当期费用，借记"业务活动费用"等科目，贷记本科目（研究支出）。

(2) 自行研究开发项目开发阶段的支出，先通过本科目进行归集。按照从事开发及其辅助活动人员计提的薪酬，开发活动领用的库存物品，发生的与开发活动相关的管理费、间接费和其他各项费用，借记本科目（开发支出），贷记"应付职工薪酬""库存物品""财政拨款收入""零余额账户用款额度""固定资产累计折旧""银行存款"等科目。自行研究开发项目完成，达到预定用途形成无形资产的，按照本科目归集的开发阶段的支出金额，借记"无形资产"科目，贷记本科目（开发支出）。

行政事业单位应于每年年度终了评估研究开发项目是否能达到预定用途，如预计不能达到预定用途（如无法最终完成开发项目并形成无形资产），应当将已发生的开发支出金额全部转入当期费用，借记"业务活动费用"等科目，贷记本科目（开发支出）。

【例9-29】 某科学事业单位独立开展研究开发活动。在研究阶段，研究活动人员的薪酬共计46 000元。当年末，共发生研究阶段支出合计730 000元。次年年初，经论证批准，相应研发活动进入开发阶段。在开发阶段，开发活动人员的薪酬共计78 200元。半年后，开发项目完成，形成一项无形资产，开发成本合计为530 000元。该事业单位应编制如下会计分录：

(1) 计提确认研究活动人员的薪酬时。

借：研发支出——研究支出　　　　　　　　　　　　　　　　46 000
　　贷：应付职工薪酬　　　　　　　　　　　　　　　　　　　46 000

(2) 将研究阶段支出结转业务活动费用。

借：业务活动费用　　　　　　　　　　　　　　　　　　　　730 000
　　贷：研发支出——研究支出　　　　　　　　　　　　　　　730 000

(3) 计提开发活动人员的薪酬。

借：研发支出——开发支出　　　　　　　　　　　　　　　　78 200
　　贷：应付职工薪酬　　　　　　　　　　　　　　　　　　　78 200

(4) 研发项目完成,形成一项无形资产时。

借:无形资产　　　　　　　　　　　　　　　　　　　　　530 000
　　贷:研发支出——开发支出　　　　　　　　　　　　　　　　530 000

(三) 无形资产的后续支出

1. 符合无形资产确认条件的后续支出

为增加无形资产的使用效能,对其进行升级改造或扩展其功能时,如需暂停对无形资产进行摊销的,按照无形资产的账面价值,借记"在建工程"科目,按照无形资产已摊销金额,借记"无形资产累计摊销"科目,按照无形资产的账面余额,贷记本科目。无形资产后续支出符合无形资产确认条件的,按照支出的金额,借记本科目(无须暂停摊销的)或"在建工程"科目(需暂停摊销的),贷记"财政拨款收入""零余额账户用款额度""银行存款"等科目。暂停摊销的无形资产升级改造或扩展功能等完成交付使用时,按照在建工程成本,借记本科目,贷记"在建工程"科目。

2. 不符合无形资产确认条件的后续支出

为保证无形资产正常使用发生的日常维护等支出,借记"业务活动费用""单位管理费用"等科目,贷记"财政拨款收入""零余额账户用款额度""银行存款"等科目。

(四) 无形资产摊销

摊销是指在无形资产使用年限内,按照确定的方法对应摊销金额进行系统分摊。行政事业单位应当对使用年限有限的无形资产按照直线法或者工作量法进行摊销,不考虑预计残值;对使用年限不确定的无形资产不摊销。

行政事业单位应当设置"无形资产累计摊销"总账科目核算无形资产摊销业务。本科目期末贷方余额反映单位计提的无形资产摊销累计数。无形资产累计摊销的主要账务处理如下。

(1) 按月对无形资产进行摊销时,按照应摊销金额,借记"业务活动费用""单位管理费用""加工物品""在建工程"等科目,贷记本科目。

(2) 经批准处置无形资产时,按照所处置无形资产的账面价值,借记"资产处置费用""无偿调拨净资产""待处理财产损溢"等科目,按照已计提摊销,借记本科目,按照无形资产的账面余额,贷记"无形资产"科目。

【例9-30】 某行政单位对一项履职活动中使用的无形资产计提摊销,其金额为6 000元,计入单位业务活动费用。该行政单位应编制如下会计分录:

借:业务活动费用　　　　　　　　　　　　　　　　　　　　6 000
　　贷:无形资产累计摊销　　　　　　　　　　　　　　　　　　6 000

(五) 无形资产处置

行政事业单位按照规定报经批准处置无形资产,应当按照具体情况分别处理。

(1) 报经批准出售、转让无形资产,按照被出售、转让无形资产的账面价值,借记

"资产处置费用"科目，按照无形资产已计提的摊销，借记"无形资产累计摊销"科目，按照无形资产账面余额，贷记本科目；同时，按照收到的价款，借记"银行存款"等科目，按照处置过程中发生的相关费用，贷记"银行存款"等科目，按照其差额，贷记"应缴财政款"（按照规定应上缴无形资产转让净收入的）或"其他收入"（按照规定将无形资产转让收入纳入本单位预算管理的）科目。

（2）报经批准对外捐赠无形资产，按照无形资产已计提的摊销，借记"无形资产累计摊销"科目，按照被处置无形资产账面余额，贷记本科目，按照捐赠过程中发生的归属于捐出方的相关费用，贷记"银行存款"等科目，按照其差额，借记"资产处置费用"科目。

（3）报经批准无偿调出无形资产，按照无形资产已计提的摊销，借记"无形资产累计摊销"科目，按照被处置无形资产账面余额，贷记本科目，按照其差额，借记"无偿调拨净资产"科目；同时，按照无偿调出过程中发生的归属于调出方的相关费用，借记"资产处置费用"科目，贷记"银行存款"等科目。

（4）报经批准置换换出无形资产，参照"库存物品"科目中置换换入库存物品的规定进行账务处理。

（5）无形资产预期不能为行政事业单位带来服务潜力或经济利益，按照规定报经批准核销时，按照待核销无形资产的账面价值，借记"资产处置费用"科目，按照已计提摊销，借记"无形资产累计摊销"科目，按照无形资产的账面余额，贷记本科目。

行政事业单位应当定期对无形资产进行清查盘点，每年至少盘点一次。单位资产清查盘点过程中发现的无形资产盘盈、盘亏等，参照"固定资产"科目相关规定进行账务处理。

【例9-31】 某行政单位按照规定报经批准核销一项无形资产，该项无形资产的账面余额为29 300元，已计提累计摊销为25 600元，账面价值为1 600元。该行政单位应编制如下会计分录：

借：资产处置费用	3 700
无形资产累计摊销	25 600
贷：无形资产	29 300

第五节　政府资产与受托资产

一、政府资产

政府资产是指行政事业单位代行政府职责的部门存储管理的资产，主要包括公共基础设施、政府储备物资、文物文化资产和保障性住房等。

（一）公共基础设施

公共基础设施是指行政事业单位为满足社会公共需求而控制的，同时具有以下特征的有形资产：第一，是一个有形资产系统或网络的组成部分；第二，具有特定用途；第三，一般不可移动。

公共基础设施主要包括市政基础设施（如城市道路、桥梁、隧道、公交场站、路灯、广场、公园绿地、室外公共健身器材，以及环卫、排水、供水、供电、供气、供热、污水处理、垃圾处理系统等）、交通基础设施（如公路、航道、港口等）、水利基础设施（如大坝、堤防、水闸、泵站、渠道等）和其他公共基础设施。

独立于公共基础设施、不构成公共基础设施使用不可缺少组成部分的管理维护用房屋建筑物、设备、车辆等，不属于行政事业单位的公共基础设施。通常情况下，符合规定的公共基础设施，应当由按规定对其负有管理维护职责的行政事业单位予以确认。

1. 公共基础设施的取得

行政事业单位应当设置"公共基础设施"总账科目核算行政事业单位控制的公共基础设施的原值。该科目应当按照公共基础设施的类别、项目等进行明细核算。行政事业单位应当根据行业主管部门对公共基础设施的分类规定，制定适合于本单位管理的公共基础设施目录、分类方法，作为进行公共基础设施核算的依据。本科目期末借方余额反映公共基础设施的原值。公共基础设施在取得时，应当按照其成本入账。公共基础设施的主要账务处理如下。

（1）自行建造的公共基础设施完工交付使用时，按照在建工程的成本，借记本科目，贷记"在建工程"科目。已交付使用但尚未办理竣工决算手续的公共基础设施，按照估计价值入账，待办理竣工决算后再按照实际成本调整原来的暂估价值。

（2）接受其他单位无偿调入的公共基础设施，按照确定的成本，借记本科目，按照发生的归属于调入方的相关费用，贷记"财政拨款收入""零余额账户用款额度""银行存款"等科目，按照其差额，贷记"无偿调拨净资产"科目。

无偿调入的公共基础设施，成本无法可靠取得的，按照发生的相关税费、运输费等金额，借记"其他费用"科目，贷记"财政拨款收入""零余额账户用款额度""银行存款"等科目。

（3）接受捐赠的公共基础设施，按照确定的成本，借记本科目，按照发生的相关费用，贷记"财政拨款收入""零余额账户用款额度""银行存款"等科目，按照其差额，贷记"捐赠收入"科目。

接受捐赠的公共基础设施，成本无法可靠取得的，按照发生的相关税费等金额，借记"其他费用"科目，贷记"财政拨款收入""零余额账户用款额度""银行存款"等科目。

（4）外购的公共基础设施，按照确定的成本，借记本科目，贷记"财政拨款收入""零余额账户用款额度""银行存款"等科目。

（5）对于成本无法可靠取得的公共基础设施，单位应当设置备查簿进行登记，待成本能够可靠确定后按照规定及时入账。

【例9-32】 某行政单位自行建造一处社区公园，现已完工并交付使用，在建工程的成本为485 000元。该行政单位应编制如下会计分录：

借：公共基础设施	485 000	
贷：在建工程		485 000

【例9-33】 某行政单位接受其他单位无偿调入一项账面价值为930 000元的公共基础设施，调入过程中，该行政单位发生相关费用5 000元，款项通过银行存款支付。该行政单位应编制如下会计分录：

借：公共基础设施	935 000	
贷：银行存款		5 000
无偿调拨净资产		930 000
借：行政支出	5 000	
贷：资金结存——货币资金		5 000

2. 公共基础设施的后续支出

公共基础设施的后续支出是指公共基础设施在使用过程中发生的改建扩建支出、日常维修支出等。通常情况下，为增加公共基础设施使用效能或延长其使用年限而发生的改建、扩建等后续支出，应当计入公共基础设施成本；为维护公共基础设施的正常使用而发生的日常维修、养护等后续支出，应当计入当期费用。

将公共基础设施转入改建、扩建时，按照公共基础设施的账面价值，借记"在建工程"科目，按照公共基础设施已计提折旧，借记"公共基础设施累计折旧（摊销）"科目，按照公共基础设施的账面余额，贷记本科目。为增加公共基础设施使用效能或延长其使用年限而发生的改建、扩建等后续支出，借记"在建工程"科目，贷记"财政拨款收入""零余额账户用款额度""银行存款"等科目。公共基础设施改建、扩建完成，竣工验收交付使用时，按照在建工程成本，借记本科目，贷记"在建工程"科目。

为保证公共基础设施正常使用发生的日常维修等支出，借记"业务活动费用""单位管理费用"等科目，贷记"财政拨款收入""零余额账户用款额度""银行存款"等科目。

【例9-34】 某行政单位对一项公共基础设施进行改建扩建，该项公共基础设施的账面余额75 100元，已计提折旧43 200元，账面价值为31 900元。改建扩建过程中发生支出19 000元，款项通过财政直接支付方式支付。改建扩建半年后，工程完工并交付使用，该行政单位应编制如下会计分录：

(1) 将公共基础设施转入改建扩建时。

借：在建工程	31 900	
公共基础设施累计折旧（摊销）	43 200	
贷：公共基础设施		75 100

(2) 支付改建扩建工程款项时。

借：在建工程	19 000	
贷：财政拨款收入		19 000

(3) 工程完工并交付使用。

借：公共基础设施	50 900
贷：在建工程	50 900

【例9-35】 某行政单位对一项公共基础设施进行日常维修，发生相应的维修支出2 500元，款项通过财政授权支付方式支付。该行政单位应编制如下会计分录：

借：业务活动费用	2 500
贷：零余额账户用款额度	2 500
借：行政支出	2 500
贷：资金结存——零余额账户用款额度	2 500

3. 公共基础设施累计折旧（摊销）

行政事业单位应当对公共基础设施计提折旧，持续进行良好的维护使其性能得到永久维持的公共基础设施和确认为公共基础设施的单独计价入账的土地使用权除外。公共基础设施应计提的折旧总额为其成本，计提公共基础设施折旧时不考虑预计净残值。行政事业单位应当对暂估入账的公共基础设施计提折旧，实际成本确定后不需调整原已计提的折旧额。

行政事业单位一般应当采用年限平均法或者工作量法计提公共基础设施折旧。公共基础设施应当按月计提折旧，并计入当期费用。行政事业单位应设置"公共基础设施累计折旧（摊销）"总账科目，核算行政事业单位计提的公共基础设施累计折旧和累计摊销。该科目应当按照所对应公共基础设施的明细分类进行明细核算。本科目期末贷方余额反映行政事业单位提取的公共基础设施折旧和摊销的累计数。公共基础设施累计折旧（摊销）的主要账务处理如下。

(1) 按月计提公共基础设施折旧时，按照应计提的折旧额，借记"业务活动费用"科目，贷记本科目。

(2) 按月对确认为公共基础设施的单独计价入账的土地使用权进行摊销时，按照应计提的摊销额，借记"业务活动费用"科目，贷记本科目。

(3) 处置公共基础设施时，按照所处置公共基础设施的账面价值，借记"资产处置费用""无偿调拨净资产""待处理财产损溢"等科目，按照已提取的折旧和摊销，借记本科目，按照公共基础设施账面余额，贷记"公共基础设施"科目。

【例9-36】 某行政单位对一项公共基础设施计提折旧2 500元。该行政单位应编制如下会计分录：

借：业务活动费用	2 500
贷：公共基础设施累计折旧（摊销）	2 500

4. 公共基础设施处置

行政事业单位按照规定报经批准无偿调出、对外捐赠公共基础设施的，应当将公共基础设施的账面价值予以转销，无偿调出、对外捐赠中发生的归属于调出方、捐出方的相关费用应当计入当期费用。公共基础设施报废或遭受重大毁损的，行政事业单位应当在报经批准后将公共基础设施账面价值予以转销，并将报废、毁损过程中取得的残值变价收入扣除相关费用后的差额按照规定做应缴款项处理（差额为净收益时）或计入当期费用（差额为净损失时）。行政事业单位按照规定报经批准处置公共基础设施，分别按照以下情况处理。

（1）报经批准对外捐赠公共基础设施，按照公共基础设施已计提的折旧或摊销，借记"公共基础设施累计折旧（摊销）"科目，按照被处置公共基础设施账面余额，贷记本科目，按照捐赠过程中发生的归属于捐出方的相关费用，贷记"银行存款"等科目，按照其差额，借记"资产处置费用"科目。

（2）报经批准无偿调出公共基础设施，按照公共基础设施已计提的折旧或摊销，借记"公共基础设施累计折旧（摊销）"科目，按照被处置公共基础设施账面余额，贷记本科目，按照其差额，借记"无偿调拨净资产"科目；同时，按照无偿调出过程中发生的归属于调出方的相关费用，借记"资产处置费用"科目，贷记"银行存款"等科目。

行政事业单位应当定期对公共基础设施进行清查盘点。对于发生的公共基础设施盘盈、盘亏、毁损或报废，应当先记入"待处理财产损溢"科目，按照规定报经批准后及时进行后续账务处理。

盘盈的公共基础设施，其成本按照有关凭据注明的金额确定；没有相关凭据，但按照规定经过资产评估的，其成本按照评估价值确定；没有相关凭据，也未经过评估的，其成本按照重置成本确定。盘盈的公共基础设施成本无法可靠取得的，行政事业单位应当设置备查簿进行登记，待成本确定后按照规定及时入账。盘盈的公共基础设施，按照确定的入账成本，借记本科目，贷记"待处理财产损溢"科目。

盘亏、毁损或报废的公共基础设施，按照待处置公共基础设施的账面价值，借记"待处理财产损溢"科目，按照已计提折旧或摊销，借记"公共基础设施累计折旧（摊销）"科目，按照公共基础设施的账面余额，贷记本科目。

（二）政府储备物资

政府储备物资是指行政事业单位为满足实施国家安全与发展战略、进行抗灾救灾、应对公共突发事件等特定公共需求而控制的，同时具有下列特征的有形资产：第一，在应对可能发生的特定事件或情形时动用；第二，其购入、存储保管、更新（轮换）、动用等由政府及相关部门发布的专门管理制度规范。

行政事业单位应当设置"政府储备物资"总账科目，核算行政事业单位控制的政府储备物资的成本。对政府储备物资不负有行政管理职责但接受委托具体负责执行其存储保管等工作的单位，其受托代储的政府储备物资应当通过"受托代理资产"科目核算，不通过本科目核算。本科目应当按照政府储备物资的种类、品种、存放地点等进行明细核算。行政事业单位根据需要，可在本科目下设置"在库""发出"等明细科目进行明细核算。本科目期末借方余额反映政府储备物资的成本。政府储备物资的主要账务处理如下。

（1）政府储备物资取得时，应当按照其成本入账。

1）购入的政府储备物资验收入库，按照确定的成本，借记本科目，贷记"财政拨款收入""零余额账户用款额度""银行存款"等科目。

2) 涉及委托加工政府储备物资业务的，相关账务处理参照"加工物品"科目。

3) 接受捐赠的政府储备物资验收入库，按照确定的成本，借记本科目，按照单位承担的相关税费、运输费等，贷记"零余额账户用款额度""银行存款"等科目，按照其差额，贷记"捐赠收入"科目。

4) 接受无偿调入的政府储备物资验收入库，按照确定的成本，借记本科目，按照单位承担的相关税费、运输费等，贷记"零余额账户用款额度""银行存款"等科目，按照其差额，贷记"无偿调拨净资产"科目。

【例9-37】某行政单位购入一批政府储备物资，购买价款300 000元，运输费和保险费等可归入政府储备物资成本的相关费用合计3 000元，相应款项均通过财政直接支付方式支付。该行政单位应编制如下会计分录：

借：政府储备物资　　　　　　　　　　　　　　　303 000
　　贷：财政拨款收入　　　　　　　　　　　　　　303 000

(2) 政府储备物资发出时，分别按照以下情况处理。

1) 因动用而发出无须收回的政府储备物资的，按照发出物资的账面余额，借记"业务活动费用"科目，贷记本科目。

2) 因动用而发出需要收回或者预期可能收回的政府储备物资的，在发出物资时，按照发出物资的账面余额，借记本科目（发出），贷记本科目（在库）；按照规定的质量验收标准收回物资时，按照收回物资原账面余额，借记本科目（在库），按照未收回物资的原账面余额，借记"业务活动费用"科目，按照物资发出时登记在本科目所属"发出"明细科目中的余额，贷记本科目（发出）。

3) 因行政管理主体变动等原因而将政府储备物资调拨给其他主体的，按照无偿调出政府储备物资的账面余额，借记"无偿调拨净资产"科目，贷记本科目。

4) 对外销售政府储备物资并将销售收入纳入单位预算统一管理的，发出物资时，按照发出物资的账面余额，借记"业务活动费用"科目，贷记本科目；实现销售收入时，按照确认的收入金额，借记"银行存款""应收账款"等科目，贷记"事业收入"等科目。

对外销售政府储备物资并按照规定将销售净收入上缴财政的，发出物资时，按照发出物资的账面余额，借记"资产处置费用"科目，贷记本科目；取得销售价款时，按照实际收到的款项金额，借记"银行存款"等科目，按照发生的相关税费，贷记"银行存款"等科目，按照销售价款大于所承担的相关税费后的差额，贷记"应缴财政款"科目。

【例9-38】某行政单位发出一批无须收回的政府储备物资，其成本为55 600元。该行政单位应编制如下会计分录：

借：业务活动费用　　　　　　　　　　　　　　　55 600
　　贷：政府储备物资　　　　　　　　　　　　　　55 600

(3) 单位应当定期对政府储备物资进行清查盘点，每年至少盘点一次。对于发生的政府储备物资盘盈、盘亏或者报废、毁损，应当先记入"待处理财产损溢"科目，按照规定报经批准后及时进行后续账务处理。

1) 盘盈的政府储备物资，按照确定的入账成本，借记本科目，贷记"待处理财产损溢"科目。

2) 盘亏或者毁损、报废的政府储备物资，按照待处理政府储备物资的账面余额，借记"待处理财产损溢"科目，贷记本科目。

（三）文物文化资产

文物文化资产是指行政事业单位为满足社会公共需求而控制的历史文物、艺术品以及其他具有历史或文化价值并作长期或永久保存的典藏等。行政事业单位应当设置"文物文化资产"总账科目核算行政事业单位为满足社会公共需求而控制的文物文化资产的成本。行政事业单位为满足自身开展业务活动或其他活动需要而控制的文物和陈列品，应当通过"固定资产"科目核算，不通过本科目核算。本科目应当按照文物文化资产的类别、项目等进行明细核算。本科目期末借方余额反映文物文化资产的成本。文物文化资产的主要账务处理如下。

(1) 文物文化资产在取得时，应当按照其成本入账。

1) 外购的文物文化资产，其成本包括购买价款、相关税费以及可归属于该项资产达到预定用途前所发生的其他支出（如运输费、安装费、装卸费等）。外购的文物文化资产，按照确定的成本，借记本科目，贷记"财政拨款收入""零余额账户用款额度""银行存款"等科目。

2) 接受其他单位无偿调入的文物文化资产，其成本按照该项资产在调出方的账面价值加上归属于调入方的相关费用确定。调入的文物文化资产，按照确定的成本，借记本科目，按照发生的归属于调入方的相关费用，贷记"零余额账户用款额度""银行存款"等科目，按照其差额，贷记"无偿调拨净资产"科目。无偿调入的文物文化资产，成本无法可靠取得的，按照发生的归属于调入方的相关费用，借记"其他费用"科目，贷记"零余额账户用款额度""银行存款"等科目。

3) 接受捐赠的文物文化资产，其成本按照有关凭据注明的金额加上相关费用确定；没有相关凭据可供取得，但按照规定经过资产评估的，其成本按照评估价值加上相关费用确定；没有相关凭据可供取得，也未经评估的，其成本比照同类或类似资产的市场价格加上相关费用确定。接受捐赠的文物文化资产，按照确定的成本，借记本科目，按照发生的相关税费、运输费等金额，贷记"零余额账户用款额度""银行存款"等科目，按照其差额，贷记"捐赠收入"科目。接受捐赠的文物文化资产成本无法可靠取得的，按照发生的相关税费、运输费等金额，借记"其他费用"科目，贷记"零余额账户用款额度""银行存款"等科目。

4) 对于成本无法可靠取得的文物文化资产，单位应当设置备查簿进行财务登记，待成本能够可靠确定后按照规定及时入账。

(2) 与文物文化资产有关的后续支出，参照"公共基础设施"科目相关规定进行账务处理。

(3) 按照规定报经批准处置文物文化资产，应当根据具体情况处理。

1) 报经批准对外捐赠文物文化资产，按照被处置文物文化资产账面余额和捐赠过程中发生的归属于捐出方的相关费用合计数，借记"资产处置费用"科目，按照被处置文物文化资产账面余额，贷记本科目，按照捐赠过程中发生的归属于捐出方的相关费用，贷记"银行存款"等科目。

2) 报经批准无偿调出文物文化资产，按照被处置文物文化资产账面余额，借记"无偿调拨净资产"科目，贷记本科目；同时，按照无偿调出过程中发生的归属于调出方的相关费用，借记"资产处置费用"科目，贷记"银行存款"等科目。

(4) 单位应当定期对文物文化资产进行清查盘点，每年至少盘点一次。对于发生的文物文化资产盘盈、盘亏、毁损或报废等，参照"公共基础设施"科目相关规定进行账务处理。

【例9-39】 某事业单位接受一项文物文化资产捐赠，其评估价值为65 000元。接受捐赠过程中发生相关费用600元，款项通过单位零余额账户用款额度支付。该事业单位应编制如下会计分录：

借：文物文化资产　　　　　　　　　　　　　　　　　65 600
　　贷：捐赠收入　　　　　　　　　　　　　　　　　　65 000
　　　　零余额账户用款额度　　　　　　　　　　　　　　 600
借：行政支出　　　　　　　　　　　　　　　　　　　　 600
　　贷：资金结存——零余额账户用款额度　　　　　　　　 600

（四）保障性住房

保障性住房是指行政事业单位为满足社会公共需求而控制的用于居住保障目的的住房，如用于向低收入居民出租的廉租住房、用于向符合特定条件的居民出租的公共租赁住房、人才公寓等。行政事业单位应当设置"保障性住房"总账科目核算行政事业单位为满足社会公共需求而控制的保障性住房的原值。本科目应当按照保障性住房的类别、项目等进行明细核算。本科目期末借方余额反映保障性住房的原值。保障性住房的主要账务处理如下。

保障性住房在取得时，应当按其成本入账。

(1) 外购的保障性住房，其成本包括购买价款、相关税费以及可归属于该项资产达到预定用途前所发生的其他支出。外购的保障性住房，按照确定的成本，借记本科目，贷记"财政拨款收入""零余额账户用款额度""银行存款"等科目。

(2) 自行建造的保障性住房交付使用时，按照在建工程成本，借记本科目，贷记"在建工程"科目。已交付使用但尚未办理竣工决算手续的保障性住房，按照估计价值入账，待办理竣工决算后再按照实际成本调整原来的暂估价值。

(3) 接受其他单位无偿调入的保障性住房，其成本按照该项资产在调出方的账面价值加上归属于调入方的相关费用确定。无偿调入的保障性住房，按照确定的成本，借记本科目，按照发生的归属于调入方的相关费用，贷记"零余额账户用款额度""银行存款"等科目,按照其差额,贷记"无偿调拨净资产"科目。

(4) 接受捐赠、融资租赁取得的保障性住房,参照"固定资产"科目相关规定进行财务处理。

【例9-40】 某行政单位自行建造一幢保障性住房完工并交付使用,在建工程成本为8 600 000元。该行政单位应编制如下会计分录:

借:保障性住房　　　　　　　　　　　　　　　　8 600 000
　　贷:在建工程　　　　　　　　　　　　　　　　　　8 600 000

与保障性住房有关的后续支出,参照"固定资产"科目相关规定进行财务处理。按照规定出租保障性住房并将出租收入上缴同级财政,按照收取的租金金额,借记"银行存款"等科目,贷记"应缴财政款"科目。

【例9-41】 某行政单位出租一幢保障性住房,租金收入为12 000元,属于应当上缴财政款,租金收入已存入开户银行。该行政单位应编制如下会计分录:

借:银行存款　　　　　　　　　　　　　　　　　12 000
　　贷:应缴财政款　　　　　　　　　　　　　　　　 12 000

1. 保障性住房累计折旧

行政事业单位应当参照《政府会计准则第3号——固定资产》及其应用指南的相关规定,按月对其控制的保障性住房计提折旧。行政事业单位应当设置"保障性住房累计折旧"总账科目核算行政事业单位计提的保障性住房的累计折旧。本科目应当按照所对应保障性住房的类别进行明细核算。本科目期末贷方余额反映行政事业单位计提的保障性住房折旧累计数。保障性住房累计折旧的主要账务处理如下。

(1) 按月计提保障性住房折旧时,按照应计提的折旧额,借记"业务活动费用"科目,贷记本科目。

(2) 报经批准处置保障性住房时,按照所处置保障性住房的账面价值,借记"资产处置费用""无偿调拨净资产""待处理财产损溢"等科目,按照已计提折旧,借记本科目,按照保障性住房的账面余额,贷记"保障性住房"科目。

【例9-42】 某行政单位计提保障性住房折旧155 000元。该行政单位应编制如下会计分录:

借:业务活动费用　　　　　　　　　　　　　　　155 000
　　贷:保障性住房累计折旧　　　　　　　　　　　　155 000

2. 保障性住房的处置

按照规定报经批准处置保障性住房,应当根据具体情况处理。

(1) 报经批准无偿调出保障性住房,按照保障性住房已计提的折旧,借记"保障性住房累计折旧"科目,按照被处置保障性住房账面余额,贷记本科目,按照其差额,借记"无偿调拨净资产"科目;同时,按照无偿调出过程中发生的归属于调出方的相关费用,借记"资产处置费用"科目,贷记"银行存款"等科目。

(2) 报经批准出售保障性住房，按照被出售保障性住房的账面价值，借记"资产处置费用"科目，按照保障性住房已计提的折旧，借记"保障性住房累计折旧"科目，按照保障性住房账面余额，贷记本科目；同时，按照收到的价款，借记"银行存款"等科目，按照出售过程中发生的相关费用，贷记"银行存款"等科目，按照其差额，贷记"应缴财政款"科目。

行政事业单位应当定期对保障性住房进行清查盘点。对于发生的保障性住房盘盈、盘亏、毁损或报废等，参照"固定资产"科目相关规定进行账务处理。

【例9-43】 某行政单位报经批准无偿调出一幢账面余额为3 098 500元、已累计折旧2 206 500元的保障性住房，该行政单位应编制如下会计分录：

借：保障性住房累计折旧　　　　　　　　　　　　　　　2 206 500
　　无偿调拨净资产　　　　　　　　　　　　　　　　　　892 000
　　贷：保障性住房　　　　　　　　　　　　　　　　　　　　3 098 500

二、受托代理资产

受托代理资产是指行政事业单位接受委托方委托管理的各项资产，包括受托指定转赠的物资、受托存储保管的物资等。行政事业单位应当设置"受托代理资产"总账科目核算行政事业单位接受委托方委托管理的各项资产，包括受托指定转赠的物资、受托存储保管的物资等的成本。行政事业单位管理的罚没物资也应当通过本科目核算。行政事业单位收到的受托代理资产为现金和银行存款的，不通过本科目核算，应当通过"库存现金""银行存款"科目进行核算。本科目应当按照资产的种类和委托人进行明细核算；属于转赠资产的，还应当按照受赠人进行明细核算。本科目期末借方余额反映行政事业单位受托代理实物资产的成本。受托代理资产的主要账务处理如下。

(一) 受托转赠物资

(1) 接受委托人委托需要转赠给受赠人的物资，其成本按照有关凭据注明的金额确定。接受委托转赠的物资验收入库，按照确定的成本，借记本科目，贷记"受托代理负债"科目。受托协议约定由受托方承担相关税费、运输费等的，还应当按照实际支付的相关税费、运输费等金额，借记"其他费用"科目，贷记"银行存款"等科目。

(2) 将受托转赠物资交付受赠人时，按照转赠物资的成本，借记"受托代理负债"科目，贷记本科目。

(3) 转赠物资的委托人取消了对转赠物资的转赠要求，且不再收回转赠物资的，应当将转赠物资转为单位的存货、固定资产等。按照转赠物资的成本，借记"受托代理负债"科目，贷记本科目；同时，借记"库存物品""固定资产"等科目，贷记"其他收入"科目。

【例9-44】 某行政单位接受一批成本为18 800元的委托转赠物资。数日后,该行政单位按照委托人的要求,将该批物资转赠给了相关的受赠人。该行政单位应编制如下会计分录:

(1) 收到受托转赠物资时。

借:受托代理资产　　　　　　　　　　　　　　　　　　　　　　　18 800
　　贷:受托代理负债　　　　　　　　　　　　　　　　　　　　　　18 800

(2) 受托转赠物资交付受赠人时。

借:受托代理负债　　　　　　　　　　　　　　　　　　　　　　　18 800
　　贷:受托代理资产　　　　　　　　　　　　　　　　　　　　　　18 800

(二) 受托存储保管物资

(1) 接受委托人委托存储保管的物资,其成本按照有关凭据注明的金额确定。接受委托存储的物资验收入库,按照确定的成本,借记本科目,贷记"受托代理负债"科目。

(2) 发生由受托单位承担的与受托存储保管的物资相关的运输费、保管费等费用时,按照实际发生的费用金额,借记"其他费用"等科目,贷记"银行存款"等科目。

(3) 根据委托人要求交付或发出受托存储保管的物资时,按照发出物资的成本,借记"受托代理负债"科目,贷记本科目。

【例9-45】 某事业单位接受委托人委托存储保管一批金额为15 500元的物资。数月后,该事业单位根据委托人要求,交付一部分受托存储保管的成本金额为5 000元的物资。该事业单位应编制如下会计分录:

(1) 收到受托存储保管物资时。

借:受托代理资产　　　　　　　　　　　　　　　　　　　　　　　15 500
　　贷:受托代理负债　　　　　　　　　　　　　　　　　　　　　　15 500

(2) 交付一部分受托存储保管物资时。

借:受托代理负债　　　　　　　　　　　　　　　　　　　　　　　5 000
　　贷:受托代理资产　　　　　　　　　　　　　　　　　　　　　　5 000

(三) 罚没物资

(1) 取得罚没物资时,其成本按照有关凭据注明的金额确定。罚没物资验收(入库),按照确定的成本,借记本科目,贷记"受托代理负债"科目。罚没物资成本无法可靠确定的,单位应当设置备查簿进行登记。

(2) 按照规定处置或移交罚没物资时,按照罚没物资的成本,借记"受托代理负债"科目,贷记本科目。处置时取得款项的,按照实际取得的款项金额,借记"银行存款"等科目,贷记"应缴财政款"等科目。

行政事业单位受托代理的其他实物资产,参照本科目有关受托转赠物资、受托存储保管物资的规定进行账务处理。

第六节　待摊费用与待处置资产

一、待摊费用

行政事业单位应当设置"待摊费用"科目核算行政事业单位已经支付，但应当由本期和以后各期分别负担的分摊期在1年以内（含1年）的各项费用，如预付航空保险费、预付租金等。摊销期限在1年以上的租入固定资产改良支出和其他费用，应当通过"长期待摊费用"科目核算，不通过本科目核算。待摊费用应当在其受益期限内分期平均摊销，如预付航空保险费应在保险期的有效期内、预付租金应在租赁期内分期平均摊销，计入当期费用。本科目应当按照待摊费用种类进行明细核算。本科目期末借方余额反映单位各种已支付但尚未摊销的分摊期在1年以内（含1年）的费用。待摊费用的主要账务处理如下。

（1）发生待摊费用时，按照实际预付的金额，借记本科目，贷记"财政拨款收入""零余额账户用款额度""银行存款"等科目。

（2）按照受益期限分期平均摊销时，按照摊销金额，借记"业务活动费用""单位管理费用""经营费用"等科目，贷记本科目。

（3）如果某项待摊费用已经不能使单位受益，应当将其摊余金额一次全部转入当期费用。按照摊销金额，借记"业务活动费用""单位管理费用""经营费用"等科目，贷记本科目。

二、长期待摊费用

长期待摊费用是指行政事业单位已经支出，但应由本期和以后各期负担的分摊期限在1年以上（不含1年）的各项费用。行政事业单位应当设置"长期待摊费用"总账科目核算行政事业单位已经支出，但应由本期和以后各期负担的分摊期限在1年以上（不含1年）的各项费用，如以经营租赁方式租入的固定资产发生的改良支出等。本科目应当按照费用项目进行明细核算。本科目期末借方余额反映单位尚未摊销完毕的长期待摊费用。长期待摊费用的主要账务处理如下。

（1）发生长期待摊费用时，按照支出金额，借记本科目，贷记"财政拨款收入""零余额账户用款额度""银行存款"等科目。

（2）按照受益期间摊销长期待摊费用时，按照摊销金额，借记"业务活动费用""单位管理费用""经营费用"等科目，贷记本科目。

（3）如果某项长期待摊费用已经不能使单位受益，应当将其摊余金额一次全部转入当期费用。按照摊销金额，借记"业务活动费用""单位管理费用""经营费用"等科目，贷记本科目。

【例9-46】 某行政单位以经营租赁方式租入期限为5年的办公用房。该行政单位对租入的办公用房进行装修改良以适合办公需要,并通过财政直接支付的方式支付相应的装修改良支出100 000元,该行政单位应编制如下会计分录:

(1) 发生装修改良支出时。

借:长期待摊费用　　　　　　　　　　　　　　　100 000
　　贷:财政拨款收入　　　　　　　　　　　　　　　100 000

(2) 每年摊销长期待摊费用时。

借:业务活动费用　　　　　　　　　　　　　　　　20 000
　　贷:长期待摊费用　　　　　　　　　　　　　　　20 000

三、待处理财产损溢

待处理财产损溢是指行政事业单位在资产清查过程中查明的各种资产盘盈、盘亏和报废、毁损的价值。行政事业单位应当设置"待处理财产损溢"总账科目核算行政事业单位在资产清查过程中查明的各种资产盘盈、盘亏和报废、毁损的价值。该科目应当按照待处理的资产项目进行明细核算;对于在资产处理过程中取得收入或发生相关费用的项目,还应当设置"待处理财产价值""处理净收入"明细科目,进行明细核算。行政事业单位资产清查中查明的资产盘盈、盘亏、报废和毁损,一般应当先记入本科目,按照规定报经批准后及时进行账务处理,年末结账前一般应处理完毕。本科目期末如为借方余额,反映尚未处理完毕的各种资产的净损失;如为贷方余额,反映尚未处理完毕的各种资产的净溢余。年末,经批准处理后,本科目一般应无余额。待处理财产损溢的主要账务处理如下。

(一) 账款核对时发现的库存现金短缺或溢余

(1) 每日账款核对中发现现金短缺或溢余,属于现金短缺的,按照实际短缺的金额,借记本科目,贷记"库存现金"科目;属于现金溢余的,按照实际溢余的金额,借记"库存现金"科目,贷记本科目。

(2) 如为现金短缺,属于应由责任人赔偿或向有关人员追回的,借记"其他应收款"科目,贷记本科目;属于无法查明原因的,报经批准核销时,借记"资产处置费用"科目,贷记本科目。

(3) 如为现金溢余,属于应支付给有关人员或单位的,借记本科目,贷记"其他应付款"科目;属于无法查明原因的,报经批准后,借记本科目,贷记"其他收入"科目。

(二) 资产清查过程中发现的存货、固定资产、无形资产、公共基础设施、政府储备物资、文物文化资产、保障性住房等各种资产盘盈、盘亏或报废、毁损

1. 盘盈的各类资产

(1) 转入待处理资产时,按照确定的成本,借记"库存物品""固定资产""无形资产""公共基础设施""政府储备物资""文物文化资产""保障性住房"等科目,贷记本科目。

(2) 按照规定报经批准后处理时，对于盘盈的流动资产，借记本科目，贷记"单位管理费用"（事业单位）或"业务活动费用"（行政单位）科目。对于盘盈的非流动资产，如属于本年度取得的，按照当年新取得的相关资产进行账务处理；如属于以前年度取得的，按照前期差错处理，借记本科目，贷记"以前年度盈余调整"科目。

2. 盘亏或者毁损、报废的各类资产

(1) 转入待处理资产时，借记本科目（待处理财产价值）[盘亏、毁损、报废固定资产、无形资产、公共基础设施、保障性住房的，还应借记"固定资产累计折旧""无形资产累计摊销""公共基础设施累计折旧（摊销）""保障性住房累计折旧"科目]，贷记"库存物品""固定资产""无形资产""公共基础设施""政府储备物资""文物文化资产""保障性住房""在建工程"等科目。报经批准处理时，借记"资产处置费用"科目，贷记本科目（待处理财产价值）。

(2) 处理毁损、报废实物资产过程中取得的残值或残值变价收入、保险理赔和过失人赔偿等，借记"库存现金""银行存款""库存物品""其他应收款"等科目，贷记本科目（处理净收入）；处理毁损、报废实物资产过程中发生的相关费用，借记本科目（处理净收入），贷记"库存现金""银行存款"等科目。

处理收支结清，如果处理收入大于相关费用，按照处理收入减去相关费用后的净收入，借记本科目（处理净收入），贷记"应缴财政款"等科目；如果处理收入小于相关费用，按照相关费用减去处理收入后的净支出，借记"资产处置费用"科目，贷记本科目（处理净收入）。

【例9-47】 某事业单位在资产清查过程中发现一批已毁损的账面余额为3 300元的库存物品，取得变价收入2 000元，发生清理费200元，款项均已通过银行存款收付，该事业单位将其转入待处理财产。报经批准后，该事业单位将相应的待处理财产价值转入资产处置费用。按照规定，该批库存物品的处理净收入应当上缴财政。该事业单位按规定结清该处理净收入。暂不考虑增值税业务，该事业单位应编制如下会计分录：

(1) 将毁损的库存物品转入待处理财产时。

借：待处理财产损溢——待处理财产价值　　　　　　　　　3 300
　　贷：库存物品　　　　　　　　　　　　　　　　　　　　3 300

(2) 将待处理财产价值转入资产处置费用时。

借：资产处置费用　　　　　　　　　　　　　　　　　　　3 300
　　贷：待处理财产损溢——待处理财产价值　　　　　　　　3 300

(3) 取得变价收入等处理收入时。

借：银行存款　　　　　　　　　　　　　　　　　　　　　2 000
　　贷：待处理财产损溢——处理净收入　　　　　　　　　　2 000

(4) 发生清理费用等相关费用时。

借：待处理财产损溢——处理净收入　　　　　　　　　　　200

　　　　贷：银行存款　　　　　　　　　　　　　　　　　　　200
（5）结清处理净收入时。
借：待处理财产损溢——处理净收入　　　　　　　　　1 800
　　　　贷：应缴财政款　　　　　　　　　　　　　　　　　1 800

复习思考题

1. 行政事业单位的资产主要包括哪些内容？
2. 什么是零余额账户用款额度？它与银行存款有何异同？
3. 事业单位的长期股权投资与企业的长期股权投资在会计核算上有什么差异？

第十章

行政事业单位的负债

> **学习目的**
>
> 熟悉行政事业单位的负债核算范围,能够正确地进行短期借款、应付及预收款项、应付职工薪酬、应缴款项、长期应付款、应付政府债券等的核算,提供行政事业单位负债核算信息。

行政事业单位的负债是指行政事业单位过去的经济业务或者事项形成的,预期会导致经济资源流出单位的现时义务。行政事业单位核算的负债按照流动性分为流动负债和非流动负债。流动负债是指预计在1年内(含1年)偿还的负债,包括短期借款,应缴款项、应付及预收款项、其他流动负债等。非流动负债是指流动负债以外的负债,包括长期借款、长期应付款、预计负债和受托代理负债等。

第一节 流动负债

一、短期借款

短期借款是指事业单位经批准向银行或其他金融机构等借入的期限在1年内(含1年)的各种借款。事业单位应当设置"短期借款"总账科目核算事业单位的各种短期借款业务。本科目应当按照债权人和借款种类进行明细核算。本科目期末贷方余额反映事业单位尚未偿还的短期借款本金。短期借款的主要账务处理如下。

(1) 借入各种短期借款时,按照实际借入的金额,借记"银行存款"科目,贷记本科目。

(2) 银行承兑汇票到期,本单位无力支付票款的,按照应付票据的账面余额,借记

"应付票据"科目，贷记本科目。

（3）归还短期借款时，借记本科目，贷记"银行存款"科目。

【例10-1】 某事业单位发生如下业务。

（1）因事业活动需要经批准向银行借入款项100 000元，借款期限3个月，年利率6.3%，到期归还本息。应编制的会计分录为：

借：银行存款　　　　　　　　　　　　　　　　　100 000
　　贷：短期借款　　　　　　　　　　　　　　　　　100 000
借：资金结存——货币资金　　　　　　　　　　　　100 000
　　贷：债务预算收入　　　　　　　　　　　　　　　100 000

（2）到期归还向银行借入款项本息101 575元。应编制的会计分录为：

借：短期借款　　　　　　　　　　　　　　　　　100 000
　　其他费用　　　　　　　　　　　　　　　　　　1 575
　　贷：银行存款　　　　　　　　　　　　　　　　　101 575
借：债务还本支出　　　　　　　　　　　　　　　100 000
　　其他支出　　　　　　　　　　　　　　　　　　1 575
　　贷：资金结存——货币资金　　　　　　　　　　　101 575

二、应缴款项

应缴款项是指行政事业单位按照税法规定计算的应缴未缴的各种款项，包括应缴增值税、其他应缴税费、应缴财政款等。

（一）应缴增值税

行政事业单位应当设置"应缴增值税"总账科目核算行政事业单位按照税法规定计算应缴的增值税。属于增值税一般纳税人的单位，应当在本科目下设置"应缴税金""未缴税金""预缴税金""待抵扣进项税额""待认证进项税额""待转销项税额""简易计税""转让金融商品应缴增值税""代扣代缴增值税"等明细科目。本科目期末如为贷方余额，反映单位应缴未缴的增值税；如为借方余额，反映单位尚未抵扣或多缴的增值税。应缴增值税的主要账务处理如下。

1. 增值税一般纳税人取得资产或接受劳务等业务

（1）采购等业务进项税额允许抵扣。

增值税一般纳税人购买用于增值税应税项目的资产或服务等时，按照应计入相关成本费用或资产的金额，借记"业务活动费用""在途物品""库存物品""工程物资""在建工程""固定资产""无形资产"等科目，按照当月已认证的可抵扣增值税额，借记本科目（应缴税金——进项税额），按照当月未认证的可抵扣增值税额，借记本科目（待认证进项税额），按照应付或实际支付的金额，贷记"应付账款""应付票据""银行存款""零余额账户用款额度"等科目。发生退货的，如原增值税专用发票已做认证，应根据税务机关开具的红字增值税专用发票做相反的会计分录；如原增值税专用发票未做认证，应将发票退回并做相反的会计分录。

小规模纳税人购买资产或服务等时不能抵扣增值税，发生的增值税计入资产成本或相关成本费用。

（2）采购等业务进项税额不得抵扣。

增值税一般纳税人购进资产或服务等，用于简易计税方法计税项目、免征增值税项目、集体福利或个人消费等，其进项税额按照现行增值税制度规定不得从销项税额中抵扣的，取得增值税专用发票时，应按照增值税发票注明的金额，借记相关成本费用或资产科目，按照待认证的增值税进项税额，借记本科目（待认证进项税额），按照实际支付或应付的金额，贷记"银行存款""应付账款""零余额账户用款额度"等科目。经税务机关认证为不可抵扣进项税时，借记本科目（应缴税金——进项税额）科目，贷记本科目（待认证进项税额），同时，将进项税额转出，借记相关成本费用科目，贷记本科目（应缴税金——进项税额转出）。

（3）购进不动产或不动产在建工程按照规定进项税额分年抵扣。

增值税一般纳税人取得应税项目为不动产或者不动产在建工程，其进项税额按照现行增值税制度规定自取得之日起分 2 年从销项税额中抵扣的，应当按照取得成本，借记"固定资产""在建工程"等科目，按照当期可抵扣的增值税额，借记本科目（应缴税金——进项税额），按照以后期间可抵扣的增值税额，借记本科目（待抵扣进项税额），按照应付或实际支付的金额，贷记"应付账款""应付票据""银行存款""零余额账户用款额度"等科目。尚未抵扣的进项税额待以后期间允许抵扣时，按照允许抵扣的金额，借记本科目（应缴税金——进项税额），贷记本科目（待抵扣进项税额）。

（4）进项税额抵扣情况发生改变。

增值税一般纳税人因发生非正常损失或改变用途等，原已计入进项税额、待抵扣进项税额或待认证进项税额，但按照现行增值税制度规定不得从销项税额中抵扣的，借记"待处理财产损溢""固定资产""无形资产"等科目，贷记本科目（应缴税金——进项税额转出）、本科目（待抵扣进项税额）或本科目（待认证进项税额）；原不得抵扣且未抵扣进项税额的固定资产、无形资产等，因改变用途等用于允许抵扣进项税额的应税项目的，应按照允许抵扣的进项税额，借记本科目（应缴税金——进项税额），贷记"固定资产""无形资产"等科目。固定资产、无形资产等经上述调整后，应按照调整后的账面价值在剩余尚可使用年限内计提折旧或摊销。增值税一般纳税人购进时已全额计入进项税额的货物或服务等转用于不动产在建工程的，对于结转以后期间的进项税额，应借记本科目（待抵扣进项税额），贷记本科目（应缴税金——进项税额转出）。

（5）购买方作为扣缴义务人。

按照现行增值税制度规定，境外单位或个人在境内发生应税行为，在境内未设有经营机构的，以购买方为增值税扣缴义务人。境内一般纳税人购进服务或资产时，按照应计入相关成本费用或资产的金额，借记"业务活动费用""在途物品""库存物品""工程物资""在建工程""固定资产""无形资产"等科目，按照可抵扣的增值税额，借记本科目（应缴税金——进项税额）（小规模纳税人应借记相关成本费用或资产科目），按照应付或实际支付的金额，贷记"银行存款""应付账款"等科目，按照应代扣代缴的增值税额，贷记本科目（代扣代缴增值税）。实际缴纳代扣代缴增值税时，按照代扣代缴的增值税额，借记本科目（代扣代缴增值税），贷记"银行存款""零余额账户用款额度"等科目。

2. 单位销售资产或提供服务等业务

（1）销售资产或提供服务业务的单位销售货物或提供服务，应当按照应收或已收的金额，借记"应收账款""应收票据""银行存款"等科目，按照确认的收入金额，贷记"经营收入""事业收入"等科目，按照现行增值税制度规定计算的销项税额或采用简易计税方法计算的应纳增值税额，贷记本科目（应缴税金——销项税额）或本科目（简易计税），小规模纳税人应贷记本科目。发生销售退回的，应根据按照规定开具的红字增值税专用发票做相反的会计分录。按照本制度及相关政府会计准则确认收入的时点早于按照增值税制度确认增值税纳税义务发生时点的，应将相关销项税额计入本科目（待转销项税额），待实际发生纳税义务时再转入本科目（应缴税金——销项税额）或本科目（简易计税）。按照增值税制度确认增值税纳税义务发生时点早于按照本制度及相关政府会计准则确认收入时点的，应按照应纳增值税额，借记"应收账款"科目，贷记本科目（应缴税金——销项税额）或本科目（简易计税）。

（2）金融商品转让按照规定以盈亏相抵后的余额作为销售额。金融商品实际转让月末，如产生转让收益，则按照应纳税额，借记"投资收益"科目，贷记本科目（转让金融商品应缴增值税）；如产生转让损失，则按照可结转下月抵扣税额，借记本科目（转让金融商品应缴增值税），贷记"投资收益"科目。缴纳增值税时，应借记本科目（转让金融商品应缴增值税），贷记"银行存款"等科目。年末，本科目（转让金融商品应缴增值税）如有借方余额，则借记"投资收益"科目，贷记本科目（转让金融商品应缴增值税）。

3. 月末转出多缴增值税和未缴增值税

月度终了，增值税一般纳税人应当将当月应缴未缴或多缴的增值税自"应缴税金"明细科目转入"未缴税金"明细科目。对于当月应缴未缴的增值税，借记本科目（应缴税金——转出未缴增值税），贷记本科目（未缴税金）；对于当月多缴的增值税，借记本科目（未缴税金），贷记本科目（应缴税金——转出多缴增值税）。

4. 缴纳增值税

（1）缴纳当月应缴增值税。

增值税一般纳税人缴纳当月应缴的增值税，借记本科目（应缴税金——已缴税金）（小规模纳税人借记本科目），贷记"银行存款"等科目。

（2）缴纳以前期间未缴增值税。

增值税一般纳税人缴纳以前期间未缴的增值税，借记本科目（未缴税金）（小规模纳税人借记本科目），贷记"银行存款"等科目。

（3）预缴增值税。

增值税一般纳税人预缴增值税时，借记本科目（预缴税金），贷记"银行存款"等科目。月末，单位应将"预缴税金"明细科目余额转入"未缴税金"明细科目，借记本科目（未缴税金），贷记本科目（预缴税金）。

（4）减免增值税。

对于当期直接减免的增值税，借记本科目（应缴税金——减免税款），贷记"业务活动费用""经营费用"等科目。

按照现行增值税制度规定，增值税一般纳税人初次购买增值税税控系统专用设备支付的费用以及缴纳的技术维护费允许在增值税应纳税额中全额抵减的，按照规定抵减的增值税应纳税额，借记本科目（应缴税金——减免税款）（小规模纳税人借记本科目），贷记"业务活动费用""经营费用"等科目。

（二）其他应缴税费

行政事业单位应当设置"其他应缴税费"总账科目核算行政事业单位按照税法等规定计算应缴纳的除增值税以外的各种税费，包括城市维护建设税、教育费附加、地方教育费附加、车船税、房产税、城镇土地使用税等。行政事业单位代扣代缴的个人所得税，也通过本科目核算。行政事业单位应缴纳的印花税不需要预提应缴税费，直接通过"业务活动费用""单位管理费用""经营费用"等科目核算，不通过本科目核算。本科目应当按照应缴纳的税费种类进行明细核算。本科目期末如为贷方余额，反映行政事业单位应缴未缴的除增值税以外的税费金额；如为借方余额，反映单位多缴纳的除增值税以外的税费金额。其他应缴税费的主要账务处理如下。

（1）发生城市维护建设税、教育费附加、地方教育费附加、车船税、房产税、城镇土地使用税等纳税义务的，按照税法规定计算的应缴税费金额，借记"业务活动费用""单位管理费用""经营费用"等科目，贷记本科目（应缴城市维护建设税、应缴教育费附加、应缴地方教育费附加、应缴车船税、应缴房产税、应缴城镇土地使用税等）。

（2）按照税法规定计算应代扣代缴职工（含长期聘用人员）的个人所得税，借记"应付职工薪酬"科目，贷记本科目（应缴个人所得税）。按照税法规定计算应代扣代缴支付给职工（含长期聘用人员）以外人员劳务费的个人所得税，借记"业务活动费用""单位管理费用"等科目，贷记本科目（应缴个人所得税）。

（3）发生企业所得税纳税义务的，按照税法规定计算的应缴所得税额，借记"所得税费用"科目，贷记本科目（单位应缴所得税）。

（4）单位实际缴纳上述各种税费时，借记本科目（应缴城市维护建设税、应缴教育费附加、应缴地方教育费附加、应缴车船税、应缴房产税、应缴城镇土地使用税、应缴个人所得税、单位应缴所得税等），贷记"财政拨款收入""零余额账户用款额度""银行存款"等科目。

【例10-2】 某事业单位是增值税一般纳税人,发生应税劳务取得收入200 000元存入银行,增值税税率为6%,城市维护建设税税率为7%,教育费附加税率为3%。该单位应编制的会计分录为:

(1) 取得收入时。

借:银行存款　　　　　　　　　　　　　　　　　　　212 000
　　贷:经营收入　　　　　　　　　　　　　　　　　　200 000
　　　　应缴增值税——简易计税　　　　　　　　　　　 12 000
借:资金结存——货币资金　　　　　　　　　　　　　　212 000
　　贷:经营预算收入　　　　　　　　　　　　　　　　212 000

(2) 月末计算应缴城市维护建设税和教育费附加时。

　　　　应缴城市维护建设税=12 000×7%=840(元)
　　　　应缴教育费附加=12 000×3%=360(元)

借:经营费用　　　　　　　　　　　　　　　　　　　　1 200
　　贷:其他应缴税费——应缴城市维护建设税　　　　　　840
　　　　　　　　　　——应缴教育费附加　　　　　　　　360

(3) 缴纳其他应缴税金时。

借:其他应缴税费——应缴城市维护建设税　　　　　　　1 540
　　　　　　　　——应缴教育费附加　　　　　　　　　　660
　　贷:银行存款　　　　　　　　　　　　　　　　　　2 200
借:经营支出　　　　　　　　　　　　　　　　　　　　2 200
　　贷:资金结存——货币资金　　　　　　　　　　　　2 200

(三) 应缴财政款

行政事业单位应当设置"应缴财政款"总账科目核算行政事业单位取得或应收的按照规定应当上缴财政的款项,包括应缴国库的款项和应缴财政专户的款项。行政事业单位按照国家税法等有关规定应当缴纳的各种税费,通过"应缴增值税""其他应缴税费"科目核算,不通过本科目核算。本科目应当按照应缴财政款项的类别进行明细核算。本科目期末贷方余额反映单位应当上缴财政但尚未缴纳的款项。年终清缴后,本科目一般应无余额。应缴财政款的主要账务处理如下。

(1) 行政事业单位取得或应收按照规定应缴财政的款项时,借记"银行存款""应收账款"等科目,贷记本科目。

(2) 行政事业单位处置资产取得的应上缴财政的处置净收入的账务处理,参见"待处理财产损溢"等科目。

(3) 行政事业单位上缴应缴财政的款项时,按照实际上缴的金额,借记本科目,贷记"银行存款"科目。

【例10-3】 某行政单位收到行政性收费3 500元，暂存银行，应编制的会计分录为。

(1) 收到行政性收费时。

借：银行存款　　　　　　　　　　　　　　　　　3 500
　　贷：应缴财政款　　　　　　　　　　　　　　　　3 500

(2) 将上述款项上缴财政时。

借：应缴财政款　　　　　　　　　　　　　　　　3 500
　　贷：银行存款　　　　　　　　　　　　　　　　　3 500

三、应付及预收款项

行政事业单位的应付及预收款项有应付职工薪酬、应付票据、应付账款、预收账款、其他应付款等。

（一）应付职工薪酬

行政事业单位应当设置"应付职工薪酬"总账科目核算行政事业单位按照有关规定应付给职工（含长期聘用人员）及为职工支付的各种薪酬，包括基本工资、国家统一规定的津贴补贴、规范津贴补贴（绩效工资）、改革性补贴、社会保险费（如职工基本养老保险费、职业年金、基本医疗保险费等）、住房公积金等。本科目应当根据国家有关规定按照"基本工资"（含离退休费）、"国家统一规定的津贴补贴"、"规范津贴补贴（绩效工资）"、"改革性补贴"、"社会保险费"、"住房公积金"、"其他个人收入"等进行明细核算。其中，"社会保险费""住房公积金"明细科目核算内容包括行政事业单位从职工工资中代扣代缴的社会保险费、住房公积金，以及行政事业单位为职工计算缴纳的社会保险费、住房公积金。本科目期末贷方余额反映行政事业单位应付未付的职工薪酬。应付职工薪酬的主要账务处理如下。

(1) 计算确认当期应付职工薪酬（含单位为职工计算缴纳的社会保险费、住房公积金）。

1) 计提从事专业及其辅助活动人员的职工薪酬，借记"业务活动费用""单位管理费用"科目，贷记本科目。

2) 计提应由在建工程、加工物品、自行研发无形资产负担的职工薪酬，借记"在建工程""加工物品""研发支出"等科目，贷记本科目。

3) 计提从事专业及其辅助活动之外的经营活动人员的职工薪酬，借记"经营费用"科目，贷记本科目。

4) 因解除与职工的劳动关系而给予的补偿，借记"单位管理费用"等科目，贷记本科目。

(2) 向职工支付工资、津贴补贴等薪酬时，按照实际支付的金额，借记本科目，贷记"财政拨款收入""零余额账户用款额度""银行存款"等科目。

(3) 按照税法规定代扣职工个人所得税时，借记本科目（基本工资），贷记"其他应缴税费——应缴个人所得税"科目。从应付职工薪酬中代扣为职工垫付的水电费、房租等费用时，按照实际扣除的金额，借记本科目（基本工资），贷记"其他应收款"等科目。从应付职工薪酬中代扣社会保险费和住房公积金时，按照代扣的金额，借记本科目（基本工资），贷记本科目（社会保险费、住房公积金）。

（4）按照国家有关规定缴纳职工社会保险费和住房公积金时，按照实际支付的金额，借记本科目（社会保险费、住房公积金），贷记"财政拨款收入""零余额账户用款额度""银行存款"等科目。

（5）从应付职工薪酬中支付的其他款项，借记本科目，贷记"零余额账户用款额度""银行存款"等科目。

【例10-4】某行政单位已经纳入财政国库单一账户制度改革。本月发生如下职工薪酬业务。

（1）计算出本月应付职工薪酬350 000元，其中在职人员280 000元，向退休人员发放退休费70 000元。应编制的会计分录为：

借：业务活动费用	350 000
贷：应付职工薪酬	350 000

（2）本月实发薪酬350 000元，代扣住房公积金20 000元，代扣个人所得税10 000元。应编制的会计分录为：

借：应付职工薪酬	380 000
贷：财政拨款预算收入	350 000
应付职工薪酬——住房公积金	20 000
其他应缴税费——应缴个人所得税	10 000
借：行政支出	350 000
贷：财政拨款预算收入	350 000

（3）缴纳行政单位为职工承担的住房公积金20 000元，代扣住房公积金20 000元，缴纳代扣个人所得税10 000元。应编制的会计分录为：

借：业务活动费用	20 000
应付职工薪酬——住房公积金	20 000
其他应缴税费——应缴个人所得税	10 000
贷：零余额账户用款额度	50 000
借：行政支出	20 000
贷：资金结存——零余额账户用款额度	20 000

（二）应付票据

事业单位应当设置"应付票据"总账科目核算事业单位因购买材料、物资等而开出、承兑的商业汇票，包括银行承兑汇票和商业承兑汇票。本科目应当按照债权人进行明细核算。本科目期末贷方余额反映事业单位开出、承兑的尚未到期的应付票据金额。应付票据的主要账务处理如下。

(1) 开出、承兑商业汇票时,借记"库存物品""固定资产"等科目,贷记本科目。以商业汇票抵付应付账款时,借记"应付账款"科目,贷记本科目。

(2) 支付银行承兑汇票的手续费时,借记"业务活动费用""经营费用"等科目,贷记"银行存款""零余额账户用款额度"等科目。

(3) 商业汇票到期时,应当分别按以下情况处理。

1) 收到银行支付到期票据的付款通知时,借记本科目,贷记"银行存款"科目。

2) 银行承兑汇票到期,事业单位无力支付票款的,按照应付票据账面余额,借记本科目,贷记"短期借款"科目。

3) 商业承兑汇票到期,事业单位无力支付票款的,按照应付票据账面余额,借记本科目,贷记"应付账款"科目。

事业单位应当设置应付票据备查簿,详细登记每一应付票据的种类、号数、出票日期、到期日、票面金额、交易合同号、收款人姓名或单位名称,以及付款日期和金额等。应付票据到期结清票款后,应当在备查簿内逐笔注销。

【例 10-5】 某事业单位发生如下业务。

(1) 为开展经营活动需要购买材料一批,开出 4 个月不带息银行承兑汇票一张,面值 30 000 元,同时支付银行承兑手续费 80 元。应编制的会计分录为:

借:库存物品——材料　　　　　　　　　　　　　　30 080
　　贷:应付票据　　　　　　　　　　　　　　　　　　30 000
　　　　银行存款　　　　　　　　　　　　　　　　　　　　80
借:经营支出　　　　　　　　　　　　　　　　　　　　80
　　贷:资金结存——货币资金　　　　　　　　　　　　　　80

(2) 银行承兑汇票到期,事业单位收到银行转来的付款通知书。应编制的会计分录为:

借:应付票据　　　　　　　　　　　　　　　　　　30 000
　　贷:银行存款　　　　　　　　　　　　　　　　　　30 000
借:经营支出　　　　　　　　　　　　　　　　　　30 000
　　贷:资金结存——货币资金　　　　　　　　　　　　30 000

(三) 应付账款

行政事业单位应当设置"应付账款"总账科目核算行政事业单位因购买物资、接受服务、开展工程建设等而应付的偿还期限在 1 年以内（含 1 年）的款项。本科目应当按照债权人进行明细核算。对于建设项目,还应当设置"应付器材款""应付工程款"等明细科目,并按照具体项目进行明细核算。本科目期末贷方余额反映行政事业单位尚未支付的应付账款金额。应付账款的主要账务处理如下。

(1) 收到所购材料、物资、设备或服务以及确认完成工程进度但尚未付款时,根据发票及账单等有关凭证,按照应付未付款项的金额,借记"库存物品""固定资产""在建工程"等科目，贷记本科目。

（2）偿付应付账款时，按照实际支付的金额，借记本科目，贷记"财政拨款收入""零余额账户用款额度""银行存款"等科目。

（3）开出、承兑商业汇票抵付应付账款时，借记本科目，贷记"应付票据"科目。

（4）无法偿付或债权人豁免偿还的应付账款，应当按照规定报经批准后进行账务处理。经批准核销时，借记本科目，贷记"其他收入"科目。核销的应付账款应在备查簿中保留登记。

【例10-6】 某行政单位发生如下业务。

（1）购入工程材料一批，价款 200 000 元，材料入库，货款未付。应编制的会计分录为：

借：在建工程　　　　　　　　　　　　　　　　　　　200 000
　　贷：应付账款　　　　　　　　　　　　　　　　　　200 000

（2）偿付工程款 200 000 元。应编制的会计分录为：

借：应付账款　　　　　　　　　　　　　　　　　　　200 000
　　贷：财政拨款收入　　　　　　　　　　　　　　　　200 000
借：行政支出　　　　　　　　　　　　　　　　　　　200 000
　　贷：财政拨款预算收入　　　　　　　　　　　　　　200 000

（四）预收账款

事业单位应当设置"预收账款"总账科目核算事业单位预先收取但尚未结算的款项。本科目应当按照债权人进行明细核算。本科目期末贷方余额反映事业单位预收但尚未结算的款项金额。预收账款的主要账务处理如下。

（1）从付款方预收款项时，按照实际预收的金额，借记"银行存款"等科目，贷记本科目。

（2）确认有关收入时，按照预收账款账面余额，借记本科目，按照应确认的收入金额，贷记"事业收入""经营收入"等科目，按照付款方补付或退回付款方的金额，借记或贷记"银行存款"等科目。

（3）无法偿付或债权人豁免偿还的预收账款，应当按照规定报经批准后进行账务处理。经批准核销时，借记本科目，贷记"其他收入"科目。核销的预收账款应在备查簿中保留登记。

【例10-7】 某事业单位发生如下业务。

（1）5月10日，对外提供劳务，预收某单位款项 30 000 元，存入银行。应编制的会计分录为：

借：银行存款　　　　　　　　　　　　　　　　　　　30 000
　　贷：预收账款——某单位　　　　　　　　　　　　　30 000
借：资金结存——货币资金　　　　　　　　　　　　　30 000
　　贷：经营预算收入　　　　　　　　　　　　　　　　30 000

(2) 5月20日，事业单位已向该单位提供劳务，金额为50 000元。应编制的会计分录为：

　　借：预收账款——某单位　　　　　　　　　　　　　　　50 000
　　　　贷：经营收入　　　　　　　　　　　　　　　　　　　　　50 000

(3) 5月24日，收到余款20 000元，存入银行。应编制的会计分录为：

　　借：银行存款　　　　　　　　　　　　　　　　　　　　20 000
　　　　贷：预收账款——某单位　　　　　　　　　　　　　　　20 000
　　借：资金结存——货币资金　　　　　　　　　　　　　　20 000
　　　　贷：经营预算收入　　　　　　　　　　　　　　　　　　20 000

（五）其他应付款

行政事业单位应当设置"其他应付款"总账科目核算单位除应缴增值税、其他应缴税费、应缴财政款、应付职工薪酬、应付票据、应付账款、应付政府补贴款、应付利息、预收账款以外，其他各项偿还期限在1年以内（含1年）的应付及暂收款项，如收取的押金、存入保证金、已经报销但尚未偿还银行的本单位公务卡欠款等。同级政府财政部门预拨的下期预算款和没有纳入预算的暂付款项，以及采用实拨资金方式通过本单位转拨给下属单位的财政拨款，也通过本科目核算。本科目应当按照其他应付款的类别以及债权人等进行明细核算。本科目期末贷方余额反映行政事业单位尚未支付的其他应付款金额。其他应付款的主要账务处理如下。

(1) 发生其他应付及暂收款项时，借记"银行存款"等科目，贷记本科目。支付（或退回）其他应付及暂收款项时，借记本科目，贷记"银行存款"等科目。将暂收款项转为收入时，借记本科目，贷记"事业收入"等科目。

(2) 收到同级政府财政部门预拨的下期预算款和没有纳入预算的暂付款项，按照实际收到的金额，借记"银行存款"等科目，贷记本科目；待到下一预算期或批准纳入预算时，借记本科目，贷记"财政拨款收入"科目。采用实拨资金方式通过本单位转拨给下属单位的财政拨款，按照实际收到的金额，借记"银行存款"科目，贷记本科目；向下属单位转拨财政拨款时，按照转拨的金额，借记本科目，贷记"银行存款"科目。

(3) 本单位公务卡持卡人报销时，按照审核报销的金额，借记"业务活动费用""单位管理费用"等科目，贷记本科目；偿还公务卡欠款时，借记本科目，贷记"零余额账户用款额度"等科目。

(4) 涉及质保金形成其他应付款的，相关账务处理参见"固定资产"科目。

(5) 无法偿付或债权人豁免偿还的其他应付款项，应当按照规定报经批准后进行账务处理。经批准核销时，借记本科目，贷记"其他收入"科目。核销的其他应付款应在备查簿中保留登记。

【例10-8】 某行政单位公务卡持卡人审核报销金额为18 000元。数日后，该行政单位通过财政授权支付方式向银行偿还了该项公务卡欠款18 000元。该行政单位应编制如下会计分录：

(1) 公务卡持卡人报销时。

借：业务活动费用　　　　　　　　　　　　　　　　　　18 000
　　贷：其他应付款　　　　　　　　　　　　　　　　　　　18 000

(2) 向银行偿还公务卡欠款时。

借：其他应付款　　　　　　　　　　　　　　　　　　　18 000
　　贷：零余额账户用款额度　　　　　　　　　　　　　　18 000

四、其他流动负债

行政事业单位其他流动负债包括应付政府补贴款、应付利息和预提费用等。

(一) 应付政府补贴款

行政单位应当设置"应付政府补贴款"总账科目核算负责发放政府补贴的行政单位按照规定应当支付给政府补贴接受者的各种政府补贴款。本科目应当按照应支付的政府补贴种类进行明细核算。行政单位还应当根据需要，按照补贴接受者进行明细核算，或者建立备查簿对补贴接受者进行登记。本科目期末贷方余额反映行政单位应付未付的政府补贴金额。应付政府补贴款的主要账务处理如下。

(1) 发生应付政府补贴时，按照依规定计算确定的应付政府补贴金额，借记"业务活动费用"科目，贷记本科目。

(2) 支付应付政府补贴款时，按照支付金额，借记本科目，贷记"零余额账户用款额度""银行存款"等科目。

【例10-9】 某行政单位发生如下业务。

(1) 按照规定计算出应付政府补贴金额40 000元。应编制的会计分录为：

借：业务活动费用　　　　　　　　　　　　　　　　　　40 000
　　贷：应付政府补助款　　　　　　　　　　　　　　　　40 000

(2) 用零余额账户支付政府补助共200 000元。应编制的会计分录为：

借：应付政府补助款　　　　　　　　　　　　　　　　　200 000
　　贷：零余额账户用款额度　　　　　　　　　　　　　　200 000
借：行政支出　　　　　　　　　　　　　　　　　　　　200 000
　　贷：资金结存——零余额账户用款额度　　　　　　　　200 000

(二) 应付利息

事业单位应当设置"应付利息"总账科目核算事业单位按照合同约定应支付的借款利息，包括短期借款、分期付息到期还本的长期借款等应支付的利息。本科目应当按照债权人等进行明细核算。本科目期末贷方余额反映事业单位应付未付的利息金额。应付利息的主要账务处理如下。

(1) 为建造固定资产、公共基础设施等借入的专门借款的利息，属于建设期间发生的，按期计提利息费用时，按照计算确定的金额，借记"在建工程"科目，贷记本科目；不属于建设期间发生的，按期计提利息费用时，按照计算确定的金额，借记"其他费用"科目，贷记本科目。

(2) 对于其他借款，按期计提利息费用时，按照计算确定的金额，借记"其他费用"科目，贷记本科目。

(3) 实际支付应付利息时，按照支付的金额，借记本科目，贷记"银行存款"等科目。

【例10-10】 某事业单位经批准向银行借入一笔短期借款，年末计提借款利息费用500元。该事业单位应编制如下会计分录：

借：其他费用　　　　　　　　　　　　　　　　　　　　　500
　　贷：应付利息　　　　　　　　　　　　　　　　　　　　500

（三）预提费用

事业单位应当设置"预提费用"总账科目核算事业单位预先提取的已经发生但尚未支付的费用，如预提租金费用等。事业单位按规定从科研项目收入中提取的项目间接费用或管理费，也通过本科目核算。事业单位计提的借款利息费用，通过"应付利息""长期借款"科目核算，不通过本科目核算。本科目应当按照预提费用的种类进行明细核算。对于提取的项目间接费用或管理费，应当在本科目下设置"项目间接费用或管理费"明细科目，并按项目进行明细核算。本科目期末贷方余额反映事业单位已预提但尚未支付的各项费用。预提费用的主要账务处理如下。

(1) 按规定从科研项目收入中提取项目间接费用或管理费时，按照提取的金额，借记"单位管理费用"科目，贷记本科目（项目间接费用或管理费）。实际使用计提的项目间接费用或管理费时，按照实际支付的金额，借记本科目（项目间接费用或管理费），贷记"银行存款""库存现金"等科目。

(2) 按期预提租金等费用时，按照预提的金额，借记"业务活动费用""单位管理费用""经营费用"等科目，贷记本科目。实际支付款项时，按照支付金额，借记本科目，贷记"零余额账户用款额度""银行存款"等科目。

【例10-11】 某事业单位按规定从某项科研项目收入中提取项目管理费4 000元。在项目日常管理中，该事业单位实际使用计提的该项目管理费1 000元，款项以银行存款支付。该事业单位应编制如下会计分录：

(1) 从科研项目收入中提取项目管理费时。

借：单位管理费用　　　　　　　　　　　　　　　　　　4 000
　　贷：预提费用——项目间接费用或管理费　　　　　　　4 000

(2) 实际使用计提的项目管理费时。

借：预提费用——项目间接费用或管理费　　　　　　　　1 000
　　贷：银行存款　　　　　　　　　　　　　　　　　　　1 000

第二节 非流动负债

一、长期借款

长期借款是指事业单位经批准向银行或其他金融机构等借入的期限超过1年（不含1年）的各种借款本息。事业单位应当设置"长期借款"总账科目核算事业单位的长期借款业务。本科目应当设置"本金"和"应计利息"明细科目，并按照贷款单位和贷款种类进行明细核算。对于建设项目借款，还应按照具体项目进行明细核算。本科目期末贷方余额反映事业单位尚未偿还的长期借款本息金额。长期借款的主要账务处理如下。

(1) 借入各项长期借款时，按照实际借入的金额，借记"银行存款"科目，贷记本科目（本金）。

(2) 为建造固定资产、公共基础设施等应支付的专门借款利息，按期计提利息时，分别按以下情况处理。

1) 属于工程项目建设期间发生的利息，计入工程成本，按照计算确定的应支付的利息金额，借记"在建工程"科目，贷记"应付利息"科目。

2) 属于工程项目完工交付使用后发生的利息，计入当期费用，按照计算确定的应支付的利息金额，借记"其他费用"科目，贷记"应付利息"科目。

(3) 按期计提其他长期借款的利息时，按照计算确定的应支付的利息金额，借记"其他费用"科目，贷记"应付利息"科目（分期付息、到期还本借款的利息）或本科目（应计利息）（到期一次还本付息借款的利息）。

(4) 到期归还长期借款本金、利息时，借记本科目（本金、应计利息），贷记"银行存款"科目。

【例10-12】 某事业单位发生如下长期借款业务。

(1) 为建造教学楼，经批准于2017年1月1日向银行借入8 000 000元，期限2年，利率6%。借款合同约定利息每年支付一次，该教学楼2018年12月31日达到预定可使用状态。应编制的会计分录为：

借：银行存款　　　　　　　　　　　　　　　　　　　　8 000 000
　　贷：长期借款——本金　　　　　　　　　　　　　　　　8 000 000
借：资金结存——货币资金　　　　　　　　　　　　　　　8 000 000
　　贷：债务预算收入　　　　　　　　　　　　　　　　　　8 000 000

(2) 2017年年末计提银行借款利息时，应编制的会计分录为：

借：在建工程　　　　　　　　　　　　　　　　　　　　　480 000
　　贷：应付利息　　　　　　　　　　　　　　　　　　　　480 000

支付银行借款利息时，应编制的会计分录为：

借：应付利息	480 000	
贷：银行存款		480 000
借：其他支出	480 000	
贷：资金结存——货币资金		480 000

（3）2018年年末支付银行借款本金及利息时，应编制的会计分录为：

借：长期借款	6 000 000	
在建工程	480 000	
贷：银行存款		6 480 000
借：债务还本支出	6 000 000	
其他支出	480 000	
贷：资金结存——货币资金		6 480 000

二、长期应付款

长期应付款是指行政事业单位发生的偿还期限超过1年（不含1年）的应付款项，如以融资租赁方式取得固定资产应付的租赁费等。行政事业单位应当设置"长期应付款"总账科目，核算行政事业单位的长期应付款业务。本科目应当按照长期应付款的类别以及债权人进行明细核算。本科目期末贷方余额反映行政事业单位尚未支付的长期应付款金额。长期应付款的主要账务处理如下。

（1）发生长期应付款时，借记"固定资产""在建工程"等科目，贷记本科目。

（2）支付长期应付款时，按照实际支付的金额，借记本科目，贷记"财政拨款收入""零余额账户用款额度""银行存款"等科目。

（3）无法偿付或债权人豁免偿还的长期应付款，应当按照规定报经批准后进行账务处理。经批准核销时，借记本科目，贷记"其他收入"科目。核销的长期应付款应在备查簿中保留登记。

（4）涉及质保金形成长期应付款的，相关账务处理参见"固定资产"科目。

【例10-13】 某事业单位融资租入一项固定资产，租赁合同约定，该事业单位每年年末向出租方支付租金10 000元，连续支付3年。租入该项固定资产时，该事业单位发生运输费300元，款项以银行存款支付。暂不考虑增值税业务。该事业单位应编制如下会计分录：

（1）融资租入固定资产时。

借：固定资产	30 300	
贷：长期应付款		30 000
银行存款		300

（2）每年年末支付租金时。

借：长期应付款	10 000	
贷：零余额账户用款额度		10 000

三、预计负债

预计负债是指行政事业单位对因或有事项所产生的现时义务而确认的负债,如对未决诉讼等确认的负债。行政事业单位应当设置"预计负债"总账科目,核算行政事业单位的预计负债业务,本科目应当按照预计负债的项目进行明细核算。本科目期末贷方余额反映行政事业单位已确认但尚未支付的预计负债金额。预计负债的主要账务处理如下。

(1) 确认预计负债时,按照预计的金额,借记"业务活动费用""经营费用""其他费用"等科目,贷记本科目。

(2) 实际偿付预计负债时,按照偿付的金额,借记本科目,贷记"银行存款""零余额账户用款额度"等科目。

(3) 根据确凿证据需要对已确认的预计负债账面余额进行调整时,按照调整增加的金额,借记有关科目,贷记本科目;按照调整减少的金额,借记本科目,贷记有关科目。

【例10-14】 某事业单位在开展某专项业务活动中被其他利益相关方提起诉讼。年末,法院尚未判决。该事业单位在咨询了法律顾问后确认,本单位在该案件中很可能需要赔款26 000元。次年,经法院判决,该事业单位需要向其他利益相关方赔款25 500元,该事业单位以银行存款支付了该项赔款。该事业单位应编制如下会计分录:

(1) 年末,确认预计负债时。

借:业务活动费用　　　　　　　　　　　　　　　　　　　26 000
　　贷:预计负债　　　　　　　　　　　　　　　　　　　　　26 000

(2) 次年,法院判决时。

借:预计负债　　　　　　　　　　　　　　　　　　　　　　26 000
　　贷:银行存款　　　　　　　　　　　　　　　　　　　　　25 500
　　　　其他结余　　　　　　　　　　　　　　　　　　　　　　500
借:事业支出　　　　　　　　　　　　　　　　　　　　　　25 500
　　贷:资金结存——货币资金　　　　　　　　　　　　　　　25 500

四、受托代理负债

受托代理负债是指行政事业单位接受委托取得受托代理资产时形成的负债。行政事业单位应当设置"受托代理负债"总账科目核算行政事业单位接受委托取得受托代理资产时形成的负债。本科目期末贷方余额反映行政事业单位尚未交付或发出受托代理资产形成的受托代理负债金额。本科目的账务处理参见"受托代理资产""库存现金""银行存款"等科目。

复习思考题

1. 什么是行政事业单位的负债?行政事业单位的负债包括哪些?
2. 什么是受托代理负债?如何核算受托代理负债?
3. 简述应付职工薪酬的主要账务处理。
3. 如何核算应付利息?

第十一章

行政事业单位的收入和预算收入

> **学习目的**
>
> 熟悉行政事业单位收入的来源和性质，能够正确地进行财政拨款收入、事业收入、上级补助收入、附属单位上缴收入、经营收入、非同级财政拨款收入、投资收益、捐赠收入、利息收入、租金收入、其他收入和预算收入的核算，提供行政事业单位收入核算信息。

行政事业单位的收入是指报告期内导致行政事业单位净资产增加的、含有服务潜力或者经济利益的经济资源的流入，包括财政拨款收入、事业收入、上级补助收入、附属单位上缴收入、经营收入、租金收入、非同级财政拨款收入、投资收益、利息收入、捐赠收入和其他收入等。

行政事业单位的预算收入是指行政事业单位在履行职责或开展业务活动中依法取得的纳入部门预算管理的资金。根据不同的来源渠道和资金性质，行政事业单位的预算收入划分为财政拨款预算收入、事业预算收入、附属单位上缴预算收入、上级补助预算收入、债务预算收入、经营预算收入、投资预算收益、非同级财政拨款预算收入、其他预算收入等。预算会计中核算的收入科目应当按照行政事业单位预算管理的要求进行明细核算，而财务会计中核算的收入科目不需要按照预算管理的要求设置明细科目。

第一节 行政事业单位的收入

在行政事业单位中，收入和预算收入虽然存在一定的联系，但是二者的区别也非常明显，收入属于财务会计要素，预算收入属于预算会计要素。行政事业单位的收入主要包括以下内容。

一、财政拨款收入

财政拨款收入是指行政事业单位从同级政府财政部门取得的各类财政拨款。行政事业单位应当设置"财政拨款收入"总账科目,核算行政事业单位从同级政府财政部门取得的各类财政拨款业务。同级政府财政部门预拨的下期预算款和没有纳入预算的暂付款项,以及采用实拨资金方式通过本单位转拨给下属单位的财政拨款,通过"其他应付款"科目核算,不通过本科目核算。本科目可按照一般公共预算财政拨款、政府性基金预算财政拨款等拨款种类进行明细核算。期末结账转入本期盈余后,本科目应无余额。财政拨款收入的主要账务处理如下。

1. 财政直接支付方式下取得的财政拨款收入

在财政直接支付方式下,根据收到的财政直接支付入账通知书及相关原始凭证,按照通知书中的直接支付入账金额,借记"库存物品""固定资产""业务活动费用""单位管理费用""应付职工薪酬"等科目,贷记本科目。年末,根据本年度财政直接支付预算指标数与当年财政直接支付实际支付数的差额,借记"财政应返还额度——财政直接支付"科目,贷记本科目。

【例11-1】 某行政单位收到财政直接支付入账通知书及相关原始凭证,本月购入6 000元的材料已经验收入库。应编制的会计分录为:

借:库存物品		6 000
贷:财政拨款收入		6 000
借:行政支出		6 000
贷:财政拨款预算收入		6 000

【例11-2】 某事业单位收到财政部门委托代理银行转来的财政直接支付入账通知书及相关原始凭证,财政部门为事业单位支付了在职人员工资1 300 000元,其中专业业务人员工资1 000 000元,管理人员工资300 000元。应编制的会计分录为:

借:业务活动费用		1 000 000
单位管理费用		300 000
贷:应付职工薪酬		1 300 000
借:应付职工薪酬		1 300 000
贷:财政拨款收入		1 300 000
借:事业支出		1 300 000
贷:财政拨款预算收入		1 300 000

2. 财政授权支付方式下取得的财政拨款收入

在财政授权支付方式下,根据收到的财政授权支付额度到账通知书,按照通知书中的授权支付额度,借记"零余额账户用款额度"科目,贷记本科目。年末,本年度财政授权支付预算指标数大于零余额账户用款额度下达数的,根据未下达的用款额度,借记"财政应返还额度——财政授权支付"科目,贷记本科目。

【例11-3】 某省级行政单位已纳入财政国库单一账户体系。该行政单位收到财政部门委托代理银行转来的财政授权支付到账通知书,收到当月财政授权支付额度390 000元。应编制的会计分录为:

借:零余额账户用款额度　　　　　　　　　　　　　　390 000
　　贷:财政拨款收入　　　　　　　　　　　　　　　　　　390 000
借:资金结存——零余额账户用款额度　　　　　　　　390 000
　　贷:财政拨款预算收入　　　　　　　　　　　　　　　　390 000

3. 通过财政实拨款资金方式取得的财政拨款收入

按照实际收到的金额,借记"银行存款"等科目,贷记本科目。

【例11-4】 某事业单位尚未纳入财政国库单一账户制度改革。本月接银行通知,收到同级财政机关通过银行拨来的本月基本预算经费80 000元。应编制的会计分录为:

借:银行存款　　　　　　　　　　　　　　　　　　　80 000
　　贷:财政拨款收入　　　　　　　　　　　　　　　　　　80 000
借:资金结存——货币资金　　　　　　　　　　　　　80 000
　　贷:财政拨款预算收入　　　　　　　　　　　　　　　　80 000

因差错更正或购货退回等发生国库直接支付款项退回的,属于以前年度支付的款项,按照退回金额,借记"财政应返还额度——财政直接支付"科目,贷记"以前年度盈余调整""库存物品"等科目;属于本年度支付的款项,按照退回金额,借记本科目,贷记"业务活动费用""库存物品"等科目。期末,将本科目本期发生额转入本期盈余,借记本科目,贷记"本期盈余"科目。

【例11-5】 年终,某事业单位将"财政拨款收入"科目贷方余额1 400 000元全数结转。该事业单位应编制如下会计分录:

借:财政拨款收入　　　　　　　　　　　　　　　　　1 400 000
　　贷:本期盈余　　　　　　　　　　　　　　　　　　　　1 400 000

二、事业收入

事业收入是指事业单位开展专业业务活动及其辅助活动实现的收入,不包括从同级政府财政部门取得的各类财政拨款。事业单位应当设置"事业收入"总账科目核算事业单位开展专业业务活动及其辅助活动实现的收入业务,由于不同行业的事业单位开展的专业业务活动及其辅助活动存在差异,所以,不同行业事业单位事业收入的种类也存在差异。本科目应当按照事业收入的类别、来源等进行明细核算。对于因开展科研及其辅助活动从非同级政府财政部门取得的经费拨款,应当在本科目下单设"非同级财政拨款"明细科目进行核算。期末结账转入本期盈余后,本科目无余额。事业收入的主要账务处理如下。

1. 采用财政专户返还方式管理的事业收入

(1) 实现应上缴财政专户的事业收入时,按照实际收到或应收的金额,借记"银行存款""应收账款"等科目,贷记"应缴财政款"科目。

(2) 向财政专户上缴款项时,按照实际上缴的款项金额,借记"应缴财政款"科目,贷记"银行存款"等科目。

(3) 收到从财政专户返还的事业收入时,按照实际收到的返还金额,借记"银行存款"等科目,贷记本科目。

2. 采用预收款方式确认的事业收入

(1) 实际收到预收款项时,按照收到的款项金额,借记"银行存款"等科目,贷记"预收账款"科目。

(2) 以合同完成进度确认事业收入时,按照基于合同完成进度计算的金额,借记"预收账款"科目,贷记本科目。

3. 采用应收款方式确认的事业收入

(1) 根据合同完成进度计算本期应收的款项,借记"应收账款"科目,贷记本科目。

(2) 实际收到款项时,借记"银行存款"等科目,贷记"应收账款"科目。

4. 其他方式下确认的事业收入

按照实际收到的金额,借记"银行存款""库存现金"等科目,贷记本科目。

【例11-6】 某城市规划设计院完成一项设计项目,取得收入22 000元,款项存入银行。该事业单位应编制如下会计分录:

借:银行存款　　　　　　　　　　　　　　　　　　　　　　22 000
　　贷:事业收入　　　　　　　　　　　　　　　　　　　　　　　22 000
借:资金结存——货币资金　　　　　　　　　　　　　　　　　22 000
　　贷:事业预算收入　　　　　　　　　　　　　　　　　　　　　22 000

三、上级补助收入与附属单位上缴收入

(一) 上级补助收入

上级补助收入是指事业单位从主管部门和上级单位取得的非财政拨款收入。事业单位应当设置"上级补助收入"总账科目用于核算事业单位从主管部门和上级单位取得的非财政拨款收入业务。确认上级补助收入时,按照应收或实际收到的金额,借记"其他应收款""银行存款"等科目,贷记本科目。实际收到应收的上级补助款时,按照实际收到的金额,借记"银行存款"等科目,贷记"其他应收款"科目。该科目期末结转本期盈余后无余额。

(二) 附属单位上缴收入

附属单位上缴收入是指事业单位取得的附属独立核算的企、事业单位按照有关规定上缴的收入。事业单位与其附属独立核算的事业单位通常存在行政隶属关系和预算管理关系;与其附属独立核算的企业通常存在投资上的资金联系,任免其管理人员职务、有权支持或否决其经营决策等。事业单位应当设置"附属单位上缴收入"总账科目,核算附属单位上缴收入业务。本科目应当按照附属单位、缴款项目等进行明细核算。确认附属单位上缴收入时,

按照应收或收到的金额,借记"其他应收款""银行存款"等科目,贷记本科目。实际收到应收附属单位上缴款时,按照实际收到的金额,借记"银行存款"等科目,贷记"其他应收款"科目。期末,将本科目本期发生额转入本期盈余,借记本科目,贷记"本期盈余"科目。期末结转后,本科目应无余额。

【例11-7】 某事业单位按相关规定确认一笔附属单位上缴收入16 500元,款项尚未收到。次月,该事业单位实际收到该笔附属单位上缴收入16 500元,款项已存入开户银行。该事业单位应编制如下会计分录:

(1) 按相关规定确认附属单位上缴收入时。

借:其他应收款 16 500
　　贷:附属单位上缴收入 16 500

(2) 实际收到附属单位上缴收入时。

借:银行存款 16 500
　　贷:其他应收款 16 500
借:资金结存——货币资金 16 500
　　贷:附属单位上缴预算收入 16 500

四、经营收入与租金收入

(一) 经营收入

经营收入是指事业单位在专业业务活动及其辅助活动之外开展非独立核算经营活动取得的收入,主要包括销售商品的收入、经营服务收入、其他经营收入。事业单位应当设置"经营收入"总账科目核算事业单位经营收入业务。本科目应当按照经营活动类别、项目和收入来源等进行明细核算。经营收入应当在提供服务或发出存货,同时收讫价款或者取得索取价款的凭据时,按照实际收到或应收的金额予以确认。实现经营收入时,按照确定的收入金额,借记"银行存款""应收账款""应收票据"等科目,贷记本科目。期末,将本科目本期发生额转入本期盈余,借记本科目,贷记"本期盈余"科目。期末结转后,本科目应无余额。

【例11-8】 某事业单位开展一项非独立核算的经营活动取得收入16 000元,款项已存入开户银行。暂不考虑增值税业务。该事业单位应编制如下会计分录:

借:银行存款 16 000
　　贷:经营收入 16 000
借:资金结存——货币资金 16 000
　　贷:经营预算收入 16 000

(二) 租金收入

租金收入是指行政事业单位经批准利用国有资产出租取得并按照规定纳入本单位预算管理的租金收入。行政事业单位应当设置"租金收入"总账科目核算行政事业单位租金收入业务。本科目应当按照出租国有资产类别和收入来源等进行明细核算。期末结转后,本科目应无余额。

国有资产出租收入,应当在租赁期内各个期间按照直线法进行确认。租金收入的主要账务处理如下。

(1)采用预收租金方式的,预收租金时,按照收到的金额,借记"银行存款"等科目,贷记"预收账款"科目;分期确认租金收入时,按照各期租金金额,借记"预收账款"科目,贷记本科目。

(2)采用后付租金方式的,每期确认租金收入时,按照各期租金金额,借记"应收账款"科目,贷记本科目;收到租金时,按照实际收到的金额,借记"银行存款"等科目,贷记"应收账款"科目。

(3)采用分期收取租金方式的,每期收取租金时,按照租金金额,借记"银行存款"等科目,贷记本科目。

【例11-9】 某事业单位经批准采用预收租金方式出租一处门面房,预收半年的租金60 000元,款项已存入开户银行,暂不考虑增值税业务。该事业单位应编制如下会计分录:

(1)预收半年的租金时。

借:银行存款　　　　　　　　　　　　　　　　　　　60 000
　　贷:预收账款　　　　　　　　　　　　　　　　　　60 000
借:资金结存——货币资金　　　　　　　　　　　　　60 000
　　贷:其他预算收入　　　　　　　　　　　　　　　　60 000

(2)每月确认租金收入时。

借:预收账款　　　　　　　　　　　　　　　　　　　10 000
　　贷:租金收入　　　　　　　　　　　　　　　　　　10 000

五、非同级财政拨款收入

非同级财政拨款收入是指行政事业单位从非同级政府财政部门取得的经费拨款,包括从同级政府其他部门取得的横向转拨财政款、从上级或下级政府财政部门取得的经费拨款等。

行政事业单位应当设置"非同级财政拨款收入"总账科目核算非同级财政拨款业务。事业单位因开展科研及其辅助活动从非同级政府财政部门取得的经费拨款,应当通过"事业收入——非同级财政拨款"科目核算,不通过本科目核算。本科目应当按照本级横向转拨财政款和非本级财政拨款进行明细核算,并按照收入来源进行明细核算。确认非同级财政拨款收入时,按照应收或实际收到的金额,借记"其他应收款""银行存款"等科目,贷记本科目。期末结转本期盈余后,该科目应无余额。

【例11-10】 某纳入省级政府财政部门预算范围的事业单位从当地市级政府财政部门获得一笔财政资金53 000元,该笔财政资金属于当地市政府支持该事业单位发展的专项资金,款项已存入该事业单位的银行存款账户。该事业单位应编制如下会计分录:

借:银行存款　　　　　　　　　　　　　　　　　　　53 000
　　贷:非同级财政拨款收入　　　　　　　　　　　　　53 000

借：资金结存——货币资金　　　　　　　　　　　　　　53 000
　　　贷：非同级财政拨款预算收入　　　　　　　　　　　53 000

六、投资收益与利息收入

（一）投资收益

投资收益是指事业单位股权投资和债券投资所实现的收益或发生的损失。事业单位应当设置"投资收益"总账科目核算事业单位投资收益业务。本科目应当按照投资的种类等进行明细核算。期末结转后，本科目应无余额。投资收益的主要账务处理如下。

（1）收到短期投资持有期间的利息，按照实际收到的金额，借记"银行存款"科目，贷记"投资收益"科目。

（2）出售或到期收回短期债券本息，按照实际收到的金额，借记"银行存款"科目，按照出售或收回短期投资的成本，贷记"短期投资"科目，按照其差额，贷记或借记本科目。

（3）持有的分期付息、一次还本的长期债券投资，按期确认利息收入时，按照计算确定的应收未收利息，借记"应收利息"科目，贷记本科目；持有的到期一次还本付息的债券投资，按期确认利息收入时，按照计算确定的应收未收利息，借记"长期债券投资——应计利息"科目，贷记本科目。

（4）出售长期债券投资或到期收回长期债券投资本息时，按照实际收到的金额，借记"银行存款"等科目，按照债券初始投资成本和已计未收利息金额，贷记"长期债券投资——成本、应计利息"科目（到期一次还本付息债券）或"长期债券投资""应收利息"科目（分期付息债券），按照其差额，贷记或借记本科目。

（5）采用成本法核算的长期股权投资持有期间，被投资单位宣告分派现金股利或利润时，按照宣告分派的现金股利或利润中属于单位应享有的份额，借记"应收股利"科目，贷记本科目。采用权益法核算的长期股权投资持有期间，按照应享有或应分担的被投资单位实现的净损益的份额，借记或贷记"长期股权投资——损益调整"科目，贷记或借记本科目；被投资单位发生净亏损，但以后年度又实现净利润的，单位在其收益分享额弥补未确认的亏损分担额等后，恢复确认投资收益，借记"长期股权投资——损益调整"科目，贷记本科目。

（6）按照规定处置长期股权投资时，有关投资收益的账务处理参见"长期股权投资"科目。

（7）期末，将本科目本期发生额转入本期盈余，借记或贷记本科目，贷记或借记"本期盈余"科目。

【例11-11】　某事业单位收到短期投资持有期间的利息1 500元，款项已存入开户银行。该事业单位应编制如下会计分录：

借：银行存款　　　　　　　　　　　　　　　　　　　　 1 500

贷：投资收益	1 500
借：资金结存——货币资金	1 500
贷：投资预算收益	1 500

（二）利息收入

利息收入是指行政事业单位取得的银行存款利息收入。行政事业单位应当设置"利息收入"总账科目核算行政事业单位利息收入业务。取得银行存款利息时，按照实际收到的金额，借记"银行存款"科目，贷记本科目。期末，将本科目本期发生额转入本期盈余，借记本科目，贷记"本期盈余"科目。期末结转后，本科目应无余额。

七、捐赠收入与其他收入

（一）捐赠收入

捐赠收入是指行政事业单位接受其他单位或者个人捐赠取得的收入。行政事业单位应当设置"捐赠收入"科目核算行政事业单位接受其他单位或者个人捐赠取得的收入业务。期末结转后，本科目应无余额。捐赠收入的主要账务处理如下。

（1）接受捐赠的货币资金，按照实际收到的金额，借记"银行存款""库存现金"等科目，贷记本科目。

（2）接受捐赠的存货、固定资产等非现金资产，按照确定的成本，借记"库存物品""固定资产"等科目，按照发生的相关税费、运输费等，贷记"银行存款"等科目，按照其差额，贷记本科目。

（3）接受捐赠的资产按照名义金额入账的，按照名义金额，借记"库存物品""固定资产"等科目，贷记本科目；同时，按照发生的相关税费、运输费等，借记"其他费用"科目，贷记"银行存款"等科目。

（4）期末，将本科目本期发生额转入本期盈余，借记本科目，贷记"本期盈余"科目。

【例11-12】 某事业单位接受一笔货币资金80 000元的捐赠，按捐赠约定规定用于专项业务活动，款项已存入开户银行。该事业单位应编制如下会计分录：

借：银行存款	80 000
贷：捐赠收入	80 000
借：资金结存——货币资金	80 000
贷：其他预算收入	80 000

（二）其他收入

其他收入是指行政事业单位取得的除财政拨款收入、事业收入、上级补助收入、附属单位上缴收入、经营收入、非同级财政拨款收入、投资收益、捐赠收入、利息收入、租金收入以外的各项收入。行政事业单位应当设置"其他收入"总账科目核算行政事业单位取得的其他收入业务。本科目应当按照其他收入的类别、来源等进行明细核算。期末结转后，本科目应无余额。其他收入的主要账务处理如下。

(1) 现金盘盈收入。每日现金账款核对中发现的现金溢余，属于无法查明原因的部分，报经批准后，借记"待处理财产损溢"科目，贷记本科目。

(2) 科技成果转化收入。单位科技成果转化所取得的收入，按照规定留归本单位的，按照所取得的收入扣除相关费用之后的净收益，借记"银行存款"等科目，贷记本科目。

(3) 收回已核销的其他应收款。行政单位已核销的其他应收款在以后期间收回的，按照实际收回的金额，借记"银行存款"等科目，贷记本科目。

(4) 无法偿付的应付及预收款项。无法偿付或债权人豁免偿还的应付账款、预收账款、其他应付款及长期应付款，借记"应付账款""预收账款""其他应付款""长期应付款"等科目，贷记本科目。

(5) 置换换出资产评估增值。资产置换过程中，换出资产评估增值的，按照评估价值高于资产账面价值或账面余额的金额，借记有关科目，贷记本科目，具体账务处理参见"库存物品"等科目。以未入账的无形资产取得的长期股权投资，按照评估价值加相关税费作为投资成本，借记"长期股权投资"科目，按照发生的相关税费，贷记"银行存款""其他应缴税费"等科目，按其差额，贷记本科目。

(6) 确认上述的 (1) 至 (5) 条以外的其他收入时，按照应收或实际收到的金额，借记"其他应收款""银行存款""库存现金"等科目，贷记本科目。

(7) 期末，将本科目本期发生额转入本期盈余，借记本科目，贷记"本期盈余"科目。

【例11-13】 某行政单位月末盘点发现现金溢余37元，无法查明原因。该行政单位应编制如下会计分录：

(1) 发现溢余现金时。

借：库存现金　　　　　　　　　　　　　　　　　37
　　贷：待处理财产损溢　　　　　　　　　　　　　　　37

(2) 无法查明原因，列入其他收入时。

借：待处理财产损溢　　　　　　　　　　　　　　37
　　贷：其他收入　　　　　　　　　　　　　　　　　　37
借：资金结存——货币资金　　　　　　　　　　　37
　　贷：其他预算收入　　　　　　　　　　　　　　　　37

第二节　行政事业单位的预算收入

一、财政拨款预算收入

财政拨款预算收入是指行政事业单位从同级政府财政部门取得的各类财政拨款。行政事业单位应当设置"财政拨款预算收入"总账科目核算行政事业单位财政拨款预算收入业务。本科目应当设置"基本支出"和"项目支出"两个明细科目，并按照《政府收支分类科目》中支出功能分类科目的项级科目进行明细核算；同时，在"基本支出"明细科目下按照"人员经费"和"日常公用经费"进行明细核算，在"项目支出"明细科目下按照具体项目进行明细核算。有一般公共预算财政拨款、政府性基金预算财政拨款两种或两种以上财政拨款的单位，还应当按照财政拨款的种类进行明细核算。年末，将本科目本年发生额转入财政拨款结转，结转后，本科目应无余额。财政拨款预算收入的主要账务处理如下。

（一）通过财政直接支付方式取得的财政拨款预算收入

在财政直接支付方式下，行政事业单位根据收到的财政直接支付入账通知书及相关原始凭证中的直接支付金额，借记"行政支出""事业支出"等科目，贷记"财政拨款预算收入"科目。年末，根据本年度财政直接支付预算数与实际支出数的差额，借记"资金结存——财政应返还额度"科目，贷记"财政拨款预算收入"科目。

【例11-14】 某行政单位通过财政直接支付方式向某社会组织支付一笔政府购买服务的费用，金额为34 800元。该行政单位应编制如下会计分录：

借：业务活动费用　　　　　　　　　　　　　　34 800
　　贷：财政拨款收入　　　　　　　　　　　　　　34 800
借：行政支出　　　　　　　　　　　　　　　　34 800
　　贷：财政拨款预算收入　　　　　　　　　　　　34 800

（二）通过财政授权支付方式取得的财政拨款预算收入

在财政授权支付方式下，行政事业单位按照收到的财政授权支付额度到账通知书中的授权支付额度，借记"资金结存——零余额账户用款额度"科目，贷记"财政拨款预算收入"科目。年末，按照行政事业单位本年度财政授权支付预算数大于零余额账户用款额度下达数的差额，借记"资金结存——财政应返还额度"科目，贷记"财政拨款预算收入"科目。

【例11-15】 某行政单位收到财政授权支付额度到账通知书，注明财政授权支付额度为18 500元。该行政单位应编制如下会计分录：

借：零余额账户用款额度　　　　　　　　　　　18 500
　　贷：财政拨款收入　　　　　　　　　　　　　　18 500
借：资金结存——零余额账户用款额度　　　　　　18 500
　　贷：财政拨款预算收入　　　　　　　　　　　　18 500

（三）通过财政实拨资金方式取得的财政拨款预算收入

在财政实拨资金方式下，行政事业单位按照本期预算收到财政拨款预算收入时，按照实收金额，借记"资金结存——货币资金"科目，贷记"财政拨款预算收入"科目。行政事业单位收到下期预算的财政预拨款，预算会计本期不做账务处理，在下一预算年度按照预收金额，借记"资金结存——货币资金"科目，贷记本科目；在财务会计中，收到下期预算的财政拨款时，借记"银行存款"等科目，贷记"其他应付款"科目，到下一预算年度时，借记"其他应付款"科目，贷记本科目。

【例11-16】 尚未纳入财政国库单一账户制度改革的某事业单位,收到开户银行转来的收款通知,收到本期财政部门拨入的预算经费16 800元。该事业单位应编制如下会计分录:

借:银行存款 16 800
  贷:财政拨款收入 16 800
借:资金结存——货币资金 16 800
  贷:财政拨款预算收入 16 800

二、事业预算收入

事业预算收入是指事业单位开展专业业务活动及其辅助活动取得的现金流入。事业单位应当设置"事业预算收入"总账科目核算事业单位的事业预算收入业务。事业单位因开展科研及其辅助活动从非同级政府财政部门取得的经费拨款,也通过本科目核算。本科目应当按照事业预算收入类别、项目、来源、《政府收支分类科目》中支出功能分类科目项级科目等进行明细核算。对于因开展科研及其辅助活动从非同级政府财政部门取得的经费拨款,应当在本科目下单设"非同级财政拨款"明细科目进行明细核算;事业预算收入中如有专项资金收入,还应按照具体项目进行明细核算。年末结转后,本科目应无余额。事业预算收入的主要账务处理如下。

(1) 采用财政专户返还方式管理的事业预算收入。

采用财政专户返还方式管理的事业预算收入,收到从财政专户返还的事业预算收入时,按照实际收到的返还金额,借记"资金结存——货币资金"等科目,贷记"事业预算收入"科目。

【例11-17】 某事业单位收到财政专户返还的事业预算收入78 000元,款项已存入开户银行。该事业单位应编制如下会计分录:

借:银行存款 78 000
  贷:事业收入 78 000
借:资金结存——货币资金 78 000
  贷:事业预算收入 78 000

(2) 收到的其他事业预算收入。

按照实际收到的金额,借记"资金结存——货币资金"科目,贷记"事业预算收入"科目。事业单位按照合同的完工进度计算确认当年实现的事业收入时,不做预算会计核算,只做财务会计核算。

【例11-18】 某事业单位按合同约定从付款方预收一笔事业活动费43 000元,款项已存入银行。该事业单位应编制如下会计分录:

借:银行存款 43 000
  贷:预收账款 43 000

```
借：资金结存——货币资金                    43 000
    贷：事业预算收入                             43 000
```

（3）年末，将事业预算收入本年发生额中的专项资金收入转入非财政拨款结转，借记本科目下各专项资金收入明细科目，贷记"非财政拨款结转——本年收支结转"科目；将本科目本年发生额中的非专项资金收入转入其他结余，借记本科目下各非专项资金收入明细科目，贷记"其他结余"科目。

三、附属单位上缴预算收入

附属单位上缴预算收入是指事业单位取得附属独立核算单位根据有关规定上缴的现金流入。事业单位应当设置"附属单位上缴预算收入"总账科目核算事业单位的附属单位上缴预算收入业务。本科目按照附属单位、缴款项目、《政府收支分类科目》中支出功能分类科目的项级科目等进行明细核算。附属单位上缴预算收入中如有专项资金收入，还应按照具体项目进行明细核算。年末结转后，本科目应无余额。收到附属单位缴来款项时，按照实际收到的金额，借记"资金结存——货币资金"科目，贷记本科目。年末，将本科目本年发生额中的专项资金收入转入非财政拨款结转，借记本科目下各专项资金收入明细科目，贷记"非财政拨款结转——本年收支结转"科目；将本科目本年发生额中的非专项资金收入转入其他结余，借记本科目下各非专项资金收入明细科目，贷记"其他结余"科目。

【例11-19】 某事业单位收到一笔上月确认的附属单位上缴收入15 600元，款项已存入开户银行。该事业单位应编制如下会计分录：

```
借：银行存款                                15 600
    贷：其他应收款                               15 600
借：资金结存——货币资金                    15 600
    贷：附属单位上缴预算收入                     15 600
```

四、上级补助预算收入

上级补助预算收入是指事业单位从主管部门和上级单位取得的非财政补助现金流入，财政拨款预算收入则是事业单位直接从同级财政部门取得的和通过主管部门从同级财政部门取得的补助经费。从二者的含义可以看出二者存在明显的差异。首先，二者的资金来源不同，上级补助预算收入的资金主要来源于主管部门或者上级单位，而财政拨款预算收入的资金主要来源于同级财政部门；其次，二者的资金性质不同，财政拨款预算收入的资金性质为财政资金，而上级补助预算收入的资金性质为非同级财政资金；最后，财政拨款预算收入属于事业单位的常规性收入，是事业单位开展业务活动的基本保证，而上级补助预算收入属于事业单位的非常规性收入，主管部门或上级单位一般根据自身资金情况和事业单位的需要，向事业单位拨付上级补助资金。

事业单位应当设置"上级补助预算收入"总账科目核算上级补助预算收入业务。本科目应当按照发放补助单位、补助项目、《政府收支分类科目》中支出功能分类科目的项级科目等进行明细核算。上级补助预算收入中如有专项资金收入,还应按照具体项目进行明细核算。收到上级补助预算收入时,预算会计按照实际收到的金额,借记"资金结存——货币资金"科目,贷记"上级补助预算收入"科目。年末,将本科目本年发生额中的专项资金收入转入非财政拨款结转,借记本科目下各专项资金收入明细科目,贷记"非财政拨款结转——本年收支结转"科目;将本科目本年发生额中的非专项资金收入转入其他结余,借记本科目下各非专项资金收入明细科目,贷记"其他结余"科目。年末结转后,本科目应无余额。

【例11-20】 某事业单位收到一笔上级主管部门拨入的补助资金,用于支持该事业单位的某专项业务活动,金额为21 800元,款项已存入银行。该事业单位应编制如下会计分录:

借:银行存款　　　　　　　　　　　　　　　　21 800
　　贷:上级补助收入　　　　　　　　　　　　　　21 800
借:资金结存——货币资金　　　　　　　　　　　21 800
　　贷:上级补助预算收入　　　　　　　　　　　　21 800

五、债务预算收入

债务预算收入是指事业单位按照规定从银行和其他金融机构等借入的、纳入部门预算管理的、不以财政资金作为偿还来源的债务本金。事业单位应当设置"债务预算收入"总账科目核算事业单位的债务预算收入业务。本科目应当按照贷款单位、贷款种类、《政府收支分类科目》中支出功能分类科目的项级科目等进行明细核算。债务预算收入中如有专项资金收入,还应按照具体项目进行明细核算。借入各项短期或长期借款时,按照实际借入的金额,借记"资金结存——货币资金"科目,贷记本科目。年末,将本科目本年发生额中的专项资金收入转入非财政拨款结转,借记本科目下各专项资金收入明细科目,贷记"非财政拨款结转——本年收支结转"科目;将本科目本年发生额中的非专项资金收入转入其他结余,借记本科目下各非专项资金收入明细科目,贷记"其他结余"科目。年末结转后,本科目应无余额。

【例11-21】 某事业单位经批准向银行借入一笔金额为300 000元的短期借款。该事业单位应编制如下会计分录:

借:银行存款　　　　　　　　　　　　　　　　300 000
　　贷:短期借款　　　　　　　　　　　　　　　　300 000
借:资金结存——货币资金　　　　　　　　　　　300 000
　　贷:债务预算收入　　　　　　　　　　　　　　300 000

六、经营预算收入

经营预算收入是指事业单位在专业业务活动及其辅助活动之外开展非独立核算经营活动

取得的现金流入。事业单位应设置"经营预算收入"总账科目，核算事业单位的经营预算收入业务，本科目应当按照经营活动类别、项目、《政府收支分类科目》中"支出功能分类科目"的项级科目等进行明细核算。收到经营预算收入时，按照实际收到的金额，借记"资金结存——货币资金"科目，贷记本科目。年末，将本科目本年发生额转入经营结余，借记本科目，贷记"经营结余"科目。年末结转后，本科目应无余额。

【例11-22】 某事业单位开展一项非独立核算的活动，取得经营收入5 600元，款项已存入开户银行。暂不考虑增值税业务。该事业单位应编制如下会计分录：

借：银行存款　　　　　　　　　　　　　　　　　　　　　5 600
　　贷：经营收入　　　　　　　　　　　　　　　　　　　5 600
借：资金结存——货币资金　　　　　　　　　　　　　　　5 600
　　贷：经营预算收入　　　　　　　　　　　　　　　　　5 600

七、投资预算收益

投资预算收益是指事业单位取得的按照规定纳入部门预算管理的属于投资收益性质的现金流入，包括股权投资收益、出售或收回债券投资所取得的收益和债券投资利息收入。事业单位应当设置"投资预算收益"总账科目核算事业单位投资预算收益业务。本科目应当按照《政府收支分类科目》中支出功能分类科目的项级科目等进行明细核算。期末结转后，本科目应无余额。投资预算收益的主要账务处理如下。

(1) 事业单位出售或到期收回本年度取得的短期、长期债券时，按照实际取得的价款或实收本息金额，借记"资金结存——货币资金"科目，按照取得债券时"投资支出"科目的发生额，贷记"投资支出"科目，按照其差额，贷记或借记本科目；出售或到期收回以前年度取得的短期、长期债券时，按照实际取得的价款或实际收到的本息金额，借记"资金结存——货币资金"科目，按照取得债券时"投资支出"科目的发生额，贷记"其他结余"科目，按照其差额，贷记或借记本科目。

(2) 持有的短期投资以及分期付息、一次还本的长期债券投资收到利息时，按照实际收到的金额，借记"资金结存——货币资金"科目，贷记本科目。

(3) 持有长期股权投资取得被投资单位分派的现金股利或利润时，按照实际收到的金额，借记"资金结存——货币资金"科目，贷记本科目。

(4) 出售、转让以非货币性资产取得的长期股权投资时，按照规定纳入单位预算管理的，按照实际取得的价款扣减支付的相关费用和应缴财政款后的余额，借记"资金结存——货币资金"科目，贷记本科目。

(5) 年末，将本科目本年发生额转入其他结余，借记或贷记本科目，贷记或借记"其他结余"科目。

【例11-23】 某事业单位出售一项本年度取得的短期投资,实收价款12 600元,款项已存入银行。该项短期投资的账面余额为12 200元,取得时"投资支出"科目的发生额也为12 200元。该事业单位应编制如下会计分录:

借:银行存款　　　　　　　　　　　　　　　　　　　　　12 600
　　贷:短期投资　　　　　　　　　　　　　　　　　　　　12 200
　　　　投资收益　　　　　　　　　　　　　　　　　　　　　　400
借:资金结存——货币资金　　　　　　　　　　　　　　　　12 600
　　贷:投资支出　　　　　　　　　　　　　　　　　　　　12 200
　　　　投资预算收益　　　　　　　　　　　　　　　　　　　　400

八、非同级财政拨款预算收入

非同级财政拨款预算收入是指行政事业单位从非同级政府财政部门取得的财政拨款,包括本级横向转拨财政款和非本级财政拨款。行政事业单位应当设置"非同级财政拨款预算收入"总账科目核算行政事业单位非同级财政拨款预算收入业务。需要注意的是,对于因开展科研及其辅助活动从非同级政府财政部门取得的经费拨款,应当通过"事业预算收入——非同级财政拨款"科目进行核算,不通过本科目核算。本科目应当按照非同级财政拨款预算收入的类别、来源、《政府收支分类科目》中支出功能分类科目的项级科目等进行明细核算。非同级财政拨款预算收入中如有专项资金收入,还应按照具体项目进行明细核算。

行政事业单位取得非同级财政拨款预算收入时,按照实际收到的金额,借记"资金结存——货币资金"科目,贷记本科目。年末,将本科目本年发生额中的专项资金收入转入非财政拨款结转,借记本科目下各专项资金收入明细科目,贷记"非财政拨款结转——本年收支结转"科目;将本科目本年发生额中的非专项资金收入转入其他结余,借记本科目下各非专项资金收入明细科目,贷记"其他结余"科目。年末结转后,本科目应无余额。

【例11-24】 某市民政局收到省人社部门转来的公益岗财政补助200 000元,款项已存入银行。该行政单位应编制如下会计分录:

借:银行存款　　　　　　　　　　　　　　　　　　　　　200 000
　　贷:非同级财政拨款收入　　　　　　　　　　　　　　　200 000
借:资金结存——货币资金　　　　　　　　　　　　　　　　200 000
　　贷:非同级财政拨款预算收入　　　　　　　　　　　　　200 000

九、其他预算收入

其他预算收入是指行政事业单位收到的除上述各项预算收入、投资预算收益之外的纳入部门预算管理的现金流入,包括捐赠预算收入、利息预算收入、租金预算收入、现金盘盈收入等。行政事业单位应当设置"其他预算收入"总账科目核算行政事业单位其他预算收入业务。本科目应当按照其他收入类别、《政府收支分类科目》中支出功能分类科目的项级科目等进行明细核算。其他预算收入中如有专项资金收入，还应按照具体项目进行明细核算。年末结转后，本科目应无余额。其他预算收入的主要账务处理如下。

（1）行政事业单位接受捐赠现金资产、收到银行存款利息、收到资产承租人支付的租金时，按照实际收到的金额，借记"资金结存——货币资金"科目，贷记"其他预算收入"科目。

（2）每日现金账款核对中如发现现金溢余，按照溢余的现金金额，借记"资金结存——货币资金"科目，贷记本科目；经核实，属于应支付给有关个人和单位的部分，按照实际支付的金额，借记本科目，贷记"资金结存——货币资金"科目。

（3）收到其他预算收入时，按照收到的金额，借记"资金结存——货币资金"科目，贷记本科目。

（4）年末，将本科目本年发生额中的专项资金收入转入非财政拨款结转，借记本科目下各专项资金收入明细科目，贷记"非财政拨款结转——本年收支结转"科目；将本科目本年发生额中的非专项资金收入转入其他结余，借记本科目下各非专项资金收入明细科目，贷记"其他结余"科目。

【例11-25】 某事业单位接受一笔具有专门用途的资金捐赠，金额为80 000元，款项已存入银行。该事业单位应编制如下会计分录：

借：银行存款　　　　　　　　　　　　　　　　80 000
　　贷：捐赠收入　　　　　　　　　　　　　　　　80 000
借：资金结存——货币资金　　　　　　　　　　80 000
　　贷：其他预算收入　　　　　　　　　　　　　　80 000

复习思考题

1. 行政事业单位的收入包括哪些？
2. 什么是行政事业单位的预算收入？预算收入包括哪些？

第十二章

行政事业单位的费用和预算支出

> **学习目的**
>
> 熟悉行政事业单位的费用分类和预算支出分类，能够正确地进行业务活动费用、单位管理费用、经营费用、资产处置费用、上缴上级费用、对附属单位补助费用、所得税费用和其他费用等费用类要素的核算，以及行政支出、事业支出、经营支出、对附属单位补助支出、投资支出、上缴上级支出、债务还本支出和其他支出等预算支出类要素的核算，提供行政事业单位费用和预算支出的核算信息。

行政事业单位的费用是指报告期内导致行政事业单位净资产减少的、含有服务潜力或者经济利益的经济资源的流出。行政事业单位核算的费用包括业务活动费用、单位管理费用、经营费用、资产处置费用、上缴上级费用、对附属单位补助费用、所得税费用和其他费用等。

行政事业单位的预算支出是指行政事业单位在履行职责或开展业务活动中实际发生的纳入部门预算管理的现金流出。行政事业单位的预算支出按照资金用途的不同划分为行政支出、事业支出、经营支出、对附属单位补助支出、投资支出、上缴上级支出、债务还本支出和其他支出等。

第一节 行政事业单位的费用

一、业务活动费用

业务活动费用是指行政事业单位为实现其职能目标，依法履职或开展专业业务活动及其辅助活动所发生的各项费用。行政单位根据其职能定位依法履行相应的职能，事业单位根据其业务目标依法开展相应的专业业务活动及其辅助活动。事业单位开展的专业业务活动及其辅助活动属于社会公益活动。

行政事业单位应当设置"业务活动费用"总账科目核算行政事业单位为实现其职能目标，依法履职或开展专业业务活动及其辅助活动所发生的各项费用。本科目应当按照项目、服务或者业务类别、支付对象等进行明细核算。为了满足成本核算需要，本科目下还可按照"工资福利费用""商品和服务费用""对个人和家庭的补助费用""对企业补助费用""固定资产折旧费""无形资产摊销费""公共基础设施折旧（摊销）费""保障性住房折旧费""计提专用基金"等成本项目设置明细科目，归集能够直接计入业务活动或采用一定方法计算后计入业务活动的费用。业务活动费用的主要账务处理如下。

（1）为履职或开展业务活动人员计提的薪酬，按照计算确定的金额，借记"业务活动费用"科目，贷记"应付职工薪酬"科目。

【例12-1】 某事业单位为开展专业业务活动人员计提当月职工薪酬，共计1 325 000元。该事业单位应编制如下会计分录：

借：业务活动费用　　　　　　　　　　　　　　　　　1 325 000
　　贷：应付职工薪酬　　　　　　　　　　　　　　　　　1 325 000

（2）为履职或开展业务活动发生的外部人员劳务费，按照计算确定的金额，借记"业务活动费用"科目，按照代扣代缴个人所得税的金额，贷记"其他应缴税费——应缴个人所得税"科目，按照扣税后应付或实际支付的金额，贷记"其他应付款""财政拨款收入""零余额账户用款额度""银行存款"等科目。

【例12-2】 某事业单位为开展业务活动发生外部人员劳务费共计33 000元，其中，应代扣代缴个人所得税2 000元。该事业单位应编制如下会计分录：

借：业务活动费用　　　　　　　　　　　　　　　　　33 000
　　贷：其他应缴税费——应缴个人所得税　　　　　　　2 000
　　　　其他应付款　　　　　　　　　　　　　　　　　31 000

（3）为履职或开展业务活动领用库存物品，以及动用发出相关政府储备物资，按照领用库存物品或发出相关政府储备物资的账面余额，借记"业务活动费用"科目，贷记"库存物品""政府储备物资"科目。

【例12-3】 某行政单位为开展业务领用一批账面余额为6 500元的库存物品。该行政单位应编制如下会计分录：

借：业务活动费用　　　　　　　　　　　　　　　　　6 500
　　贷：库存物品　　　　　　　　　　　　　　　　　　6 500

（4）为履职或开展业务活动所使用的固定资产、无形资产以及为所控制的公共基础设施、保障性住房计提的折旧、摊销，按照计提金额，借记"业务活动费用"科目，贷记"固定资产累计折旧""无形资产累计摊销""公共基础设施累计折旧（摊销）""保障性住房累计折旧"科目。

【例12-4】 某事业单位为开展业务活动所使用的固定资产计提折旧45 000元。该事业单位应编制如下会计分录：

借：业务活动费用　　　　　　　　　　　　　　　　45 000
　　贷：固定资产累计折旧　　　　　　　　　　　　　　45 000

（5）为履职或开展业务活动发生的城市维护建设税、教育费附加、地方教育费附加、车船税、房产税、城镇土地使用税等，按照计算确定应缴纳的金额，借记"业务活动费用"科目，贷记"其他应缴税费"等科目。

【例12-5】 某事业单位为开展业务活动发生城市维护建设税2 800元，教育费附加600元，该事业单位应编制如下会计分录：

借：业务活动费用　　　　　　　　　　　　　　　　3 400
　　贷：其他应缴税费——城市维护建设税　　　　　　　2 800
　　　　其他应缴税费——教育费附加　　　　　　　　　　600

（6）为履职或开展业务活动发生其他各项费用时，按照费用确认金额，借记"业务活动费用"科目，贷记"财政拨款收入""零余额账户用款额度""银行存款""应付账款""其他应付款""其他应收款"等科目。

【例12-6】 某行政单位为履职发生水电费1 550元，款项通过财政直接支付方式支付。该行政单位应编制如下会计分录：

借：业务活动费用　　　　　　　　　　　　　　　　1 550
　　贷：财政拨款收入　　　　　　　　　　　　　　　　1 550
借：行政支出　　　　　　　　　　　　　　　　　　　1 550
　　贷：财政拨款预算收入　　　　　　　　　　　　　　1 550

（7）按照规定从收入中提取专用基金并计入费用的，一般按照预算会计下基于预算收入计算提取的金额，借记"业务活动费用"科目，贷记"专用基金"科目。国家另有规定的，从其规定。

【例12-7】 某事业单位按照规定从事业收入中提取科技成果转换专项基金100 000元。该事业单位应编制如下会计分录：

借：业务活动费用　　　　　　　　　　　　　　　　100 000
　　贷：专用基金——科技成果转换基金　　　　　　　　100 000

（8）发生当年购货退回等业务，对于已计入本年业务活动费用的，按照收回或应收的金额，借记"财政拨款收入""零余额账户用款额度""银行存款""其他应收款"等科目，贷记"业务活动费用"科目。

【例12-8】 某事业单位因货品质量问题退回一批当年购入的货品550元，该批货品在购入时已计入本年业务活动费用，退货款项已收到并存入开户银行。该事业单位应编制如下会计分录：

借：银行存款　　　　　　　　　　　　　　　　　　　550

贷：业务活动费用	550
借：资金结存——货币资金	550
贷：事业支出	550

（9）期末，根据"业务活动费用"科目的发生额，借记"本期盈余"科目，贷记"业务活动费用"科目。结转后，本科目无余额。

二、单位管理费用

单位管理费用是指事业单位本级行政及后勤管理部门开展管理活动发生的各项费用。事业单位应当设置"单位管理费用"总账科目核算事业单位本级行政及后勤管理部门开展管理活动发生的各项费用，包括单位行政及后勤管理部门发生的人员经费、公用经费、资产折旧（摊销）等费用，以及由事业单位统一负担的离退休人员经费、工会经费、诉讼费、中介费等。本科目应当按照项目、费用类别、支付对象等进行明细核算。为了满足成本核算需要，本科目下还可按照"工资福利费用""商品和服务费用""对个人和家庭的补助费用""固定资产折旧费""无形资产摊销费"等成本项目设置明细科目，归集能够直接计入单位管理活动或采用一定方法计算后计入单位管理活动的费用。期末结转后，本科目应无余额。单位管理费用的主要账务处理如下。

（1）为管理活动人员计提的薪酬，按照计算确定的金额，借记"单位管理费用"科目，贷记"应付职工薪酬"科目。

（2）为开展管理活动发生的外部人员劳务费，按照计算确定的费用金额，借记"单位管理费用"科目，按照代扣代缴个人所得税的金额，贷记"其他应缴税费——应缴个人所得税"科目，按照扣税后应付或实际支付的金额，贷记"其他应付款""财政拨款收入""零余额账户用款额度""银行存款"等科目。

（3）开展管理活动内部领用库存物品，按照领用物品实际成本，借记"单位管理费用"科目，贷记"库存物品"科目。

（4）为管理活动所使用固定资产、无形资产计提的折旧、摊销，按照应提折旧、摊销额，借记"单位管理费用"科目，贷记"固定资产累计折旧""无形资产累计摊销"科目。

（5）为开展管理活动发生城市维护建设税、教育费附加、地方教育费附加、车船税、房产税、城镇土地使用税等，按照计算确定应缴纳的金额，借记"单位管理费用"科目，贷记"其他应缴税费"等科目。

（6）为开展管理活动发生的其他各项费用，按照费用确认金额，借记"单位管理费用"科目，贷记"财政拨款收入""零余额账户用款额度""银行存款""其他应付款""其他应收款"等科目。

（7）发生当年购货退回等业务，对于已计入本年单位管理费用的，按照收回或应收的金额，借记"财政拨款收入""零余额账户用款额度""银行存款""其他应收款"等科目，贷记"单位管理费用"科目。

（8）期末，将"单位管理费用"科目本期发生额转入本期盈余，借记"本期盈余"科目，贷记本科目。

单位管理费用的业务内容及核算方法与业务活动费用类似，此处不再举例说明。

三、经营费用

经营费用是指事业单位在专业业务活动及其辅助活动之外开展非独立核算经营活动发生的各项费用。事业单位应当设置"经营费用"总账科目核算事业单位在专业业务活动及其辅助活动之外开展非独立核算经营活动发生的各项费用。本科目应当按照经营活动类别、项目、支付对象等进行明细核算。为了满足成本核算需要，本科目下还可按照"工资福利费用""商品和服务费用""对个人和家庭的补助费用""固定资产折旧费""无形资产摊销费"等成本项目设置明细科目，归集能够直接计入单位经营活动或采用一定方法计算后计入单位经营活动的费用。期末结转后，本科目应无余额。经营费用的主要账务处理如下。

（1）为经营活动人员计提的薪酬，按照计算确定的金额，借记"经营费用"科目，贷记"应付职工薪酬"科目。

（2）开展经营活动领用或发出库存物品，按照物品实际成本，借记"经营费用"科目，贷记"库存物品"科目。

（3）为经营活动所使用固定资产、无形资产计提的折旧、摊销，按照应提折旧、摊销额，借记"经营费用"科目，贷记"固定资产累计折旧""无形资产累计摊销"科目。

（4）开展经营活动发生城市维护建设税、教育费附加、地方教育费附加、车船税、房产税、城镇土地使用税等，按照计算确定应缴纳的金额，借记"经营费用"科目，贷记"其他应缴税费"等科目。

（5）发生与经营活动相关的其他各项费用时，按照费用确认金额，借记"经营费用"科目，贷记"银行存款""其他应付款""其他应收款"等科目。

（6）发生当年购货退回等业务，对于已计入本年经营费用的，按照收回或应收的金额，借记"银行存款""其他应收款"等科目，贷记"经营费用"科目。

（7）期末，将本科目本期发生额转入本期盈余，借记"本期盈余"科目，贷记"经营费用"科目。

经营费用涉及的业务内容和业务活动费用及单位管理费用相同，其核算方法也类似，此处不再举例说明。

四、资产处置费用

资产处置费用是指行政事业单位经批准处置资产时发生的费用，包括转销的被处置资产价值，以及在处置过程中发生的相关费用或者处置收入小于相关费用形成的净支出。资产处置的形式按照规定包括无偿调拨、出售、出让、转让、置换、对外捐赠、报废、毁损以及货币性资产损失核销等。行政事业单位应当设置"资产处置费用"总账科目核算行政事业单位经批准处置资产时发生的费用。行政事业单位在资产清查中查明的资产盘亏、毁损以及资产报废等，应当先通过"待处理财产损溢"科目进行核算，再将处理资产价值和处理净支出计入本科目。本科目应当按照资产处置的类别、资产处置的形式等进行明细核算。期末结转后，本科目应无余额。资产处置费用的主要账务处理如下。

（1）不通过"待处理财产损溢"科目核算的资产处置，分以下三种情况确认资产处置费用。

1）按照规定报经批准处置资产时，按照处置资产的账面价值，借记本科目［处置固定资产、无形资产、公共基础设施、保障性住房的，还应借记"固定资产累计折旧""无形资产累计摊销""公共基础设施累计折旧（摊销）""保障性住房累计折旧"科目］，按照处置资产的账面余额，贷记"库存物品""固定资产""无形资产""公共基础设施""政府储备物资""文物文化资产""保障性住房""其他应收款""在建工程"等科目。

2）处置资产过程中仅发生相关费用的，按照实际发生金额，借记本科目，贷记"银行存款""库存现金"等科目。

3）处置资产过程中取得收入的，按照取得的价款，借记"库存现金""银行存款"等科目，按照处置资产过程中发生的相关费用，贷记"银行存款""库存现金"等科目，按照其差额，借记本科目或贷记"应缴财政款"等科目。

【例12-9】 某事业单位按照规定报经批准报废一项固定资产。该项固定资产的账面余额为57 000元，已计提折旧53 000元，处理该报废固定资产时发生相关费用320元，款项以银行存款支付。该事业单位应编制如下会计分录：

（1）报废固定资产时。

借：资产处置费用　　　　　　　　　　　　　　　　4 000
　　固定资产累计折旧　　　　　　　　　　　　　　53 000
　　贷：固定资产　　　　　　　　　　　　　　　　　　　57 000

（2）支付相关费用时。

借：资产处置费用　　　　　　　　　　　　　　　　　320
　　贷：银行存款　　　　　　　　　　　　　　　　　　　　320

（2）通过"待处理财产损溢"科目核算的资产处置。

1）单位账款核对中发现的现金短缺，属于无法查明原因的，报经批准核销时，借记本科目，贷记"待处理财产损溢"科目。

2）单位资产清查过程中盘亏或者毁损、报废的存货、固定资产、无形资产、公共基础设施、政府储备物资、文物文化资产、保障性住房等，报经批准处理时，按照处理资产价值，借记本科目，贷记"待处理财产损溢——待处理财产价值"科目。处理收支结清时，处理过程中所取得的收入小于所发生相关费用的，按照相关费用减去处理收入后的净支出，借记本科目，贷记"待处理财产损溢——处理净收入"科目。

【例12-10】 某行政单位在资产清查过程中发现一项已毁损的账面价值为52 000元的公共基础设施。报经批准后,该行政单位将该已毁损的公共基础设施转入资产处置费用,发生处置支出1 500元,该行政单位按规定结清该处置支出。该行政单位应编制如下会计分录:

(1) 将待处理财产价值转入资产处置费用时。

借:资产处置费用　　　　　　　　　　　　　　　　　52 000
　　贷:待处理财产损溢——待处理财产价值　　　　　　52 000

(2) 结清处置支出时。

借:资产处置费用　　　　　　　　　　　　　　　　　1 500
　　贷:待处理财产损溢——处理净收入　　　　　　　　1 500

(3) 期末,将本科目本期发生额转入本期盈余,借记"本期盈余"科目,贷记本科目。

五、上缴上级费用

上缴上级费用是指事业单位按照财政部门和主管部门的规定上缴上级单位款项发生的费用。事业单位向上级单位上缴的款项属于非财政资金,相应资金通常是事业单位自身取得的事业收入、经营收入和其他收入等。事业单位应当设置"上缴上级费用"总账科目核算其按规定上缴上级单位款项发生的费用业务。本科目应当按照收缴款项单位、缴款项目等进行明细核算。事业单位发生上缴上级支出的,按照实际上缴的金额或者按照规定计算出应当上缴上级单位的金额,借记本科目,贷记"银行存款""其他应付款"等科目。期末,将本科目本期发生额转入本期盈余,借记"本期盈余"科目,贷记本科目。期末结转后,本科目应无余额。

【例12-11】 某事业单位按规定的标准上缴上级单位款项16 000元,款项以银行存款支付。该事业单位应编制以下分录:

借:上缴上级费用　　　　　　　　　　　　　　　　　16 000
　　贷:银行存款　　　　　　　　　　　　　　　　　　16 000
借:上缴上级支出　　　　　　　　　　　　　　　　　16 000
　　贷:资金结存——货币资金　　　　　　　　　　　　16 000

六、对附属单位补助费用

对附属单位补助费用是指事业单位用财政拨款收入之外的收入对附属单位补助发生的费用。事业单位对附属单位的补助款项属于非财政资金。事业单位应当设置"对附属单位补助费用"总账科目核算事业单位用财政拨款收入之外的收入对附属单位补助发生的费用。本科目应当按照接受补助单位、补助项目等进行明细核算。事业单位发生对附属单位补助支出的,按照实际补助的金额或者按照规定计算出应当对附属单位补助的金额,借记本科目,贷记"银行存款""其他应付款"等科目。期末,将本科目本期发生额转入本期盈余,借记

"本期盈余"科目,贷记本科目。期末结转后,本科目应无余额。

【例12-12】 某事业单位用自有资金拨给其附属单位一次性补助20 000元,款项通过银行存款支付,该事业单位应编制如下会计分录:

借:对附属单位补助费用　　　　　　　　　　　　　　20 000
　　贷:银行存款　　　　　　　　　　　　　　　　　　　　　20 000
借:对附属单位补助支出　　　　　　　　　　　　　　20 000
　　贷:资金结存——货币资金　　　　　　　　　　　　　　20 000

七、所得税费用

所得税费用是指有企业所得税缴纳义务的事业单位按规定缴纳企业所得税所形成的费用。事业单位应当设置"所得税费用"总账科目核算事业单位的所得税费用业务。事业单位发生企业所得税纳税义务的,按照税法规定计算的应缴税金数额,借记"所得税费用"科目,贷记"其他应缴税费——单位应缴所得税"科目。实际缴纳时,按照缴纳金额,借记"其他应缴税费——单位应缴所得税"科目,贷记"银行存款"科目。年末,将本科目本年发生额转入本期盈余,借记"本期盈余"科目,贷记本科目。年末结转后,本科目应无余额。

【例12-13】 某事业单位按照税法规定计算的应缴所得税金额为1 320元。该事业单位应编制如下会计分录:

(1) 计算应缴企业所得税时。

借:所得税费用　　　　　　　　　　　　　　　　　　1 320
　　贷:其他应缴税费——单位应缴所得税　　　　　　　　　1 320

(2) 实际缴纳企业所得税时。

借:其他应缴税费——单位应缴所得税　　　　　　　1 320
　　贷:银行存款　　　　　　　　　　　　　　　　　　　　　1 320
借:经营支出　　　　　　　　　　　　　　　　　　　1 320
　　贷:资金结存——货币资金　　　　　　　　　　　　　　1 320

八、其他费用

其他费用是指行政事业单位发生的除业务活动费用、单位管理费用、经营费用、资产处置费用、上缴上级费用、附属单位补助费用、所得税费用以外的各项费用,包括利息费用、坏账损失、罚没支出、现金资产捐赠支出以及相关税费、运输费等。行政事业单位应设置"其他费用"总账科目核算行政事业单位发生的其他费用业务。本科目应当按照其他费用的类别等进行明细核算,单位发生的利息费用较多的,可以单独设置"利息费用"科目。期末结转后,本科目应无余额。其他费用的主要账务处理如下。

(1) 利息费用。按期计算确认借款利息费用时,按照计算确定的金额,借记"在建工程"科目或本科目,贷记"应付利息""长期借款——应计利息"科目。

(2) 坏账损失。年末,事业单位按照规定对收回后不需上缴财政的应收账款和其他应收款计提坏账准备时,按照计提金额,借记本科目,贷记"坏账准备"科目;冲减多提的坏账准备时,按照冲减金额,借记"坏账准备"科目,贷记本科目。

(3) 罚没支出。行政事业单位发生罚没支出的,按照实际缴纳或应当缴纳的金额,借记本科目,贷记"银行存款""库存现金""其他应付款"等科目。

(4) 现金资产捐赠。行政事业单位对外捐赠现金资产的,按照实际捐赠的金额,借记本科目,贷记"银行存款""库存现金"等科目。

(5) 其他相关费用。行政事业单位接受捐赠(或无偿调入)以名义金额计量的存货、固定资产、无形资产,以及成本无法可靠取得的公共基础设施、文物文化资产等发生的相关税费、运输费等,按照实际支付的金额,借记本科目,贷记"财政拨款收入""零余额账户用款额度""银行存款""库存现金"等科目。行政事业单位发生的与受托代理资产相关的税费、运输费、保管费等,按照实际支付或应付的金额,借记本科目,贷记"零余额账户用款额度""银行存款""库存现金""其他应付款"等科目。

(6) 期末,将本科目本期发生额转入本期盈余,借记"本期盈余"科目,贷记本科目。

【例12-14】 某事业单位接受无偿调入一项成本无法可靠取得的文物文化资产,本单位承担的运输费等相关费用为860元,款项通过零余额账户用款额度支付。该事业单位应编制如下会计分录:

借:其他费用　　　　　　　　　　　　　　　　　　　　860
　　贷:零余额账户用款额度　　　　　　　　　　　　　　860
借:其他支出　　　　　　　　　　　　　　　　　　　　860
　　贷:资金结存——零余额账户用款额度　　　　　　　　860

第二节　行政事业单位的预算支出

一、行政支出

行政支出是指行政单位为实现国家管理职能、完成行政任务等所必须发生的各项现金流出,是行政单位实现国家管理职能、完成行政任务的资金保证。为了有针对性地加强和改善对行政单位资金支出的管理,有必要对行政单位的支出按照一定的要求进行恰当的分类。行政支出按照资金性质分为财政拨款支出、非财政专项资金支出和其他资金支出等种类;按照部门预算管理的要求分为基本支出和项目支出两大类;按照政府支出功能分类科目进行的分类等。

行政单位应当设置"行政支出"总账科目核算行政支出业务。本科目应当分别按照"财政拨款支出""非财政专项资金支出"和"其他资金支出","基本支出"和"项目支出"等进行明细核算,并按照《政府收支分类科目》中支出功能分类科目的项级科目进行明细核算。"基本支出"和"项目支出"明细科目下应当按照《政府收支分类科目》中部门预算支出经济分类科目的款级科目进行明细核算,同时在"项目支出"明细科目下按照具体项目进行明细核算。有一般公共预算财政拨款、政府性基金预算财政拨款两种或两种以上财政拨款的行政单位,还应当在"财政拨款支出"明细科目下按照财政拨款的种类进行明细核算。对于预付款项,可通过在本科目下设置"待处理"明细科目进行核算,待确认具体支出项目后再转入本科目下相关明细科目。年末结账前,应将本科目"待处理"明细科目余额全部转入本科目下相关明细科目。行政支出的主要账务处理如下。

(1) 支付单位职工薪酬。鉴于财务会计与预算会计的记账基础不同,行政单位在为职工计提薪酬时,在财务会计中应当确认费用和负债,即借记"业务活动费用"科目,贷记"应付职工薪酬"科目,预算会计不需要做计提职工薪酬的账务处理。向职工个人实际支付薪酬时,按照实际支付的金额,借记"行政支出"科目,贷记"财政拨款预算收入""资金结存"科目。

按照规定代扣代缴个人所得税以及代扣代缴或为职工缴纳职工社会保险费、住房公积金等时,按照实际缴纳的金额,借记"行政支出"科目,贷记"财政拨款预算收入""资金结存"科目。

【例12-15】 某行政单位以财政直接支付的方式向单位职工个人支付薪酬,共计1 850 000元。该行政单位应编制如下会计分录:

借:应付职工薪酬　　　　　　　　　　　　　　　　　　　1 850 000
　　贷:财政拨款收入　　　　　　　　　　　　　　　　　　1 850 000
借:行政支出　　　　　　　　　　　　　　　　　　　　　1 850 000
　　贷:财政拨款预算收入　　　　　　　　　　　　　　　　1 850 000

(2) 支付外部人员劳务费。行政单位支付外部人员劳务费时,按照实际支付金额,借记"行政支出"科目,贷记"财政拨款预算收入""资金结存"科目。按照规定代扣代缴个人所得税时,按照实际缴纳的金额,借记"行政支出"科目,贷记"财政拨款预算收入""资金结存"科目。

【例12-16】 某行政单位向外部人员支付应付劳务费25 300元,支付方式为财政直接支付。假设不考虑相关税费,该行政单位应编制如下会计分录:

借:业务活动费用　　　　　　　　　　　　　　　　　　　　25 300
　　贷:财政拨款收入　　　　　　　　　　　　　　　　　　　25 300
借:行政支出　　　　　　　　　　　　　　　　　　　　　　25 300
　　贷:财政拨款预算收入　　　　　　　　　　　　　　　　　25 300

(3) 为购买存货、在建工程、固定资产、无形资产等支付相关款项时,按照实际支付的金额,借记"行政支出"科目,贷记"财政拨款预算收入""资金结存"科目。行政单位为购买存货、在建工程、固定资产及无形资产等支付相关款项时,在财务会计中表现为资产的增加,而预算会计则表现为支出的增加;领用存货、在建工程等相关资产时,在财务会计中要记录业务活动费用的增加,而在预算会计中不进行相应的账务处理。

【例 12-17】 某行政单位购入一台需要安装的固定资产,采用财政直接支付方式支付价款 95 000 元。假设不考虑相关税费,该行政单位应编制如下会计分录:

借:在建工程 95 000
  贷:财政拨款收入 95 000
借:行政支出 95 000
  贷:财政拨款预算收入 95 000

(4) 发生预付账款时,在预算会计中按照实际支付的金额,借记"行政支出"科目,贷记"财政拨款预算收入""资金结存"科目;在财务会计中借记"预付账款",贷记"财政拨款收入"。在预算会计中,对于暂付款项可不做账务处理,待结算或报销时,按照结算或报销的金额,借记"行政支出"科目,贷记"资金结存"科目。当行政单位收到购买的服务时,在财务会计中,转销预付账款的同时确认业务活动费用,而在预算会计中不需要进行账务处理,除非收回多余的预付款或者之前的预付款不足。

【例 12-18】 某行政单位通过财政直接支付方式购买一项服务,发生预付账款 3 800 元。该行政单位应编制如下会计分录:

借:预付账款 3 800
  贷:财政拨款收入 3 800
借:行政支出 3 800
  贷:财政拨款预算收入 3 800

(5) 发生其他各项支出时,按照实际支付的金额,借记"行政支出"科目,贷记"财政拨款预算收入""资金结存"科目。

【例 12-19】 某行政单位通过财政授权支付的方式,支付履职过程中发生的物业管理费等办公费用 1 960 元。该行政单位应编制如下会计分录:

借:业务活动费用 1 960
  贷:零余额账户用款额度 1 960
借:行政支出 1 960
  贷:资金结存——零余额账户用款额度 1 960

(6) 因购货退回等发生款项退回,或者发生差错更正的,属于当年支出收回的,按照收回或更正金额,借记"财政拨款预算收入""资金结存"科目,贷记"行政支出"科目;属于以前年度支出收回的,在财务会计中通过"以前年度盈余调整"科目调整净资产数额,在预算会计中通过"财政拨款结转""财政拨款结余""非财政拨款结转""非财政拨款结余"科目调整结转结余数额。

【例 12-20】 某行政单位因产品规格不符合要求,退回当年购入的一批价值为 580 元的产品。该批产品在购入时已计入本年业务活动费用和行政支出,退货款项已收到并存入银行账户。该行政单位应编制如下会计分录:

借：银行存款	580	
贷：业务活动费用		580
借：资金结存	580	
贷：行政支出		580

（7）年末，将"行政支出"科目本年发生额中的财政拨款支出转入财政拨款结转，借记"财政拨款结转——本年收支结转"科目，贷记本科目下各财政拨款支出明细科目；将"行政支出"科目本年发生额中的非财政专项资金支出转入非财政拨款结转，借记"非财政拨款结转——本年收支结转"科目，贷记本科目下各非财政专项资金支出明细科目；将"行政支出"科目本年发生额中的其他资金支出（非财政非专项资金支出）转入其他结余，借记"其他结余"科目，贷记本科目下其他资金支出明细科目。年末结转后，"行政支出"科目应无余额。

二、事业支出

事业支出是指事业单位开展专业业务活动及其辅助活动所发生的各项现金流出。为了强化事业支出的管理，有必要对其按照一定的要求进行恰当的分类。事业支出按照资金性质分为财政拨款支出、非财政专项资金支出和其他资金支出；按照部门预算管理的要求，分为基本支出和项目支出两大类；各项事业支出都需要按照政府支出功能分类科目进行分类反映。

事业单位应当设置"事业支出"总账科目，核算事业支出业务。本科目应当分别按照"财政拨款支出""非财政专项资金支出"和"其他资金支出"，"基本支出"和"项目支出"等进行明细核算，并按照《政府收支分类科目》中支出功能分类科目的项级科目进行明细核算；"基本支出"和"项目支出"明细科目下应当按照《政府收支分类科目》中部门预算支出经济分类科目的款级科目进行明细核算，同时在"项目支出"明细科目下按照具体项目进行明细核算。有一般公共预算财政拨款、政府性基金预算财政拨款等两种或两种以上财政拨款的事业单位，还应当在"财政拨款支出"明细科目下按照财政拨款的种类进行明细核算。对于预付款项，可通过在本科目下设置"待处理"明细科目进行明细核算，待确认具体支出项目后再转入本科目下相关明细科目。年末结账前，应将本科目"待处理"明细科目余额全部转入本科目下相关明细科目。事业支出的主要账务处理如下：

（1）支付事业单位职工（经营部门职工除外）薪酬。向事业单位职工个人支付薪酬时，按照实际支付的数额，借记"事业支出"科目，贷记"财政拨款预算收入""资金结存"科目。按照规定代扣代缴个人所得税以及代扣代缴或为职工缴纳职工社会保险费、住房公积金等时，按照实际缴纳的金额，借记"事业支出"科目，贷记"财政拨款预算收入""资金结存"科目。

（2）为专业业务活动及其辅助活动支付外部人员劳务费。按照实际支付给外部人员个人的金额，借记"事业支出"科目，贷记"财政拨款预算收入""资金结存"科目。按照规定代扣代缴个人所得税时，按照实际缴纳的金额，借记"事业支出"科目，贷记"财政拨款预算收入""资金结存"科目。

(3) 开展专业业务活动及其辅助活动过程中为购买存货、固定资产、无形资产等,以及为在建工程支付相关款项时,按照实际支付的金额,借记"事业支出"科目,贷记"财政拨款预算收入""资金结存"科目。

(4) 开展专业业务活动及其辅助活动过程中发生预付账款时,按照实际支付的金额,借记"事业支出"科目,贷记"财政拨款预算收入""资金结存"科目。对于暂付款项,在支付款项时可不做预算会计处理,待结算或报销时,按照结算或报销的金额,借记"事业支出"科目,贷记"资金结存"科目。

(5) 开展专业业务活动及其辅助活动过程中缴纳的相关税费以及发生的其他各项支出,按照实际支付的金额,借记"事业支出"科目,贷记"财政拨款预算收入""资金结存"科目。

(6) 开展专业业务活动及其辅助活动过程中因购货退回等发生款项退回,或者发生差错更正的,属于当年支出收回的,按照收回或更正金额,借记"财政拨款预算收入""资金结存"科目,贷记"事业支出"科目。

(7) 年末,将"事业支出"科目本年发生额中的财政拨款支出转入财政拨款结转,借记"财政拨款结转——本年收支结转"科目,贷记本科目下各财政拨款支出明细科目;将本科目本年发生额中的非财政专项资金支出转入非财政拨款结转,借记"非财政拨款结转——本年收支结转"科目,贷记本科目下各非财政专项资金支出明细科目;将本科目本年发生额中的其他资金支出(非财政非专项资金支出)转入其他结余,借记"其他结余"科目,贷记本科目下其他资金支出明细科目。年末结转后,"事业支出"科目应无余额。

【例12-21】 某事业单位在开展专业业务活动及其辅助活动过程中用银行存款缴纳城市维护建设税360元。该事业单位应编制如下会计分录:
(1) 计提城市维护建设税时。
借:业务活动费用　　　　　　　　　　　　　　　　360
　　贷:其他应缴税费——应缴城市维护建设税　　　　360
(2) 实际发生纳税义务时。
借:其他应缴税费——应缴城市维护建设税　　　　360
　　贷:银行存款　　　　　　　　　　　　　　　　360
借:事业支出　　　　　　　　　　　　　　　　　360
　　贷:资金结存——货币资金　　　　　　　　　　360

除开展专业业务活动及其辅助活动过程中缴纳相关税费的业务及其会计核算外,事业支出的其他内容和核算方法与行政支出类似,此处不再举例说明。

三、经营支出

经营支出是指事业单位在专业业务活动及其辅助活动之外开展非独立核算经营活动实际

发生的各项现金流出。经营支出与经营费用不同，经营费用的记账基础是权责发生制，经营支出的记账基础是收付实现制；经营支出是预算会计的核算内容，经营费用是财务会计的核算内容。事业单位的经营活动不能使用事业活动的资金。事业单位经营活动的主要内容和特点可参阅经营费用中的相关内容，此处不再重复阐述。

事业单位应当设置"经营支出"总账科目核算事业单位的经营支出业务。本科目应当按照经营活动类别、项目、《政府收支分类科目》中支出功能分类科目的项级科目和部门预算支出经济分类科目的款级科目等进行明细核算。对于预付款项，可通过在本科目下设置"待处理"明细科目进行明细核算，待确认具体支出项目后再转入本科目下相关明细科目。年末结账前，应将本科目"待处理"明细科目余额全部转入本科目下相关明细科目。经营支出的主要账务处理如下。

（1）支付经营部门职工薪酬。向职工个人支付薪酬时，按照实际的金额，借记"经营支出"科目，贷记"资金结存"科目。按照规定代扣代缴个人所得税以及代扣代缴或为职工缴纳职工社会保险费、住房公积金时，按照实际缴纳的金额，借记"经营支出"科目，贷记"资金结存"科目。

（2）为经营活动支付外部人员劳务费。按照实际支付给外部人员个人的金额，借记"经营支出"科目，贷记"资金结存"科目。按照规定代扣代缴个人所得税时，按照实际缴纳的金额，借记"经营支出"科目，贷记"资金结存"科目。

（3）开展经营活动过程中为购买存货、固定资产、无形资产等以及在建工程支付相关款项时，按照实际支付的金额，借记"经营支出"科目，贷记"资金结存"科目。

（4）开展经营活动过程中发生预付账款时，按照实际支付的金额，借记"经营支出"科目，贷记"资金结存"科目。对于暂付款项，在支付款项时可不做预算会计处理，待结算或报销时，按照结算或报销的金额，借记"经营支出"科目，贷记"资金结存"科目。

（5）因开展经营活动缴纳的相关税费以及发生的其他各项支出，按照实际支付的金额，借记"经营支出"科目，贷记"资金结存"科目。

（6）开展经营活动中因购货退回等发生款项退回，或者发生差错更正的，属于当年支出收回的，按照收回或更正金额，借记"资金结存"科目，贷记"经营支出"科目。

（7）年末，将本科目本年发生额转入经营结余，借记"经营结余"科目，贷记"经营支出"科目。年末结转后，"经营支出"科目应无余额。

四、对附属单位补助支出

对附属单位补助支出是指事业单位用财政拨款预算收入之外的收入对附属单位补助发生的现金流出。事业单位应当设置"对附属单位补助支出"总账科目核算事业单位对附属单位补助支出业务。本科目应当按照接受补助单位、补助项目、《政府收支分类科目》中支出功能分类科目的项级科目和部门预算支出经济分类科目的款级科目等进行明细核算。发生对附属单位补助支出的，按照实际补助的金额，借记本科目，贷记"资金结存"科目。年末，将本科目本年发生额转入其他结余,借记"其他结余"科目,贷记本科目。年末结转后,本科目应无余额。

五、投资支出

投资支出是指事业单位以货币资金对外投资发生的现金流出。事业单位应当设置"投资支出"总账科目核算事业单位投资支出业务。本科目应当按照投资类型、投资对象、《政府收支分类科目》中支出功能分类科目的项级科目和部门预算支出经济分类科目的款级科目等进行明细核算。投资支出的主要账务处理如下。

(1) 以货币资金对外投资时,按照投资金额和所支付的相关税费金额的合计数,借记"投资支出"科目,贷记"资金结存"科目。

(2) 出售、对外转让或到期收回本年度纳入单位预算的以货币资金取得的对外投资的,按照实际收到的金额,借记"资金结存"科目,按照取得投资时"投资支出"科目的发生额,贷记"投资支出"科目,借贷差额计入"投资预算收益"科目;如果按规定将投资收益上缴财政的,按照取得投资时"投资支出"科目的发生额,借记"资金结存"科目,贷记"投资支出"科目。出售、对外转让或到期收回以前年度的纳入单位预算的以货币资金取得的对外投资的,按照实际收到的金额,借记"资金结存"科目,按照取得投资时"投资支出"科目的发生额,贷记"其他结余"科目,借贷差额计入"投资预算收益"科目;如果按规定将投资收益上缴财政的,按照取得投资时"投资支出"科目的发生额,借记"资金结存"科目,贷记"其他结余"科目。

(3) 年末,将本科目本年发生额转入其他结余,借记"其他结余"科目,贷记"投资支出"科目。年末结转后,"投资支出"科目应无余额。

【例12-22】 某事业单位用银行存款购买一批国债作为短期投资,实际投资成本为12 600元。次年,该事业单位出售该项短期投资,出售价款为12 800元,实际收到款项12 600元按照规定,取得的投资收益200元直接上缴财政。该事业单位应编制如下会计分录:

(1) 取得短期投资时。

借:短期投资	12 600
贷:银行存款	12 600
借:投资支出	12 600
贷:资金结存——货币资金	12 600

(2) 出售短期投资时。

借:银行存款	12 800
贷:短期投资	12 600
应缴财政款	200
借:资金结存——货币资金	12 600
贷:其他结余	12 600

六、上缴上级支出

上缴上级支出是指事业单位按照财政部门和主管部门的规定上缴上级单位款项发生的现金流出。事业单位应当设置"上缴上级支出"总账科目核算事业单位的上缴上级支出业务。本科目应当按照收缴款项单位、缴款项目、《政府收支分类科目》中支出功能分类科目的项级科目和部门预算支出经济分类科目的款级科目等进行明细核算。按照规定将款项上缴上级单位的，按照实际上缴的金额，借记本科目，贷记"资金结存"科目。年末，将本科目本年发生额转入其他结余，借记"其他结余"科目，贷记本科目。年末结转后，本科目应无余额。

【例12-23】 某事业单位按照财政部门和主管部门的规定，用银行存款支付上缴上级单位款项16 000元。该事业单位应编制如下会计分录：

借：上缴上级费用　　　　　　　　　　　　　　　　16 000
　　贷：银行存款　　　　　　　　　　　　　　　　　16 000
借：上缴上级支出　　　　　　　　　　　　　　　　16 000
　　贷：资金结存——货币资金　　　　　　　　　　　16 000

七、债务还本支出

债务还本支出是指事业单位偿还自身承担的纳入预算管理的从金融机构举借的债务本金的现金流出。事业单位应当设置"债务还本支出"总账科目核算事业单位的债务还本支出业务。本科目应当按照贷款单位、贷款种类、《政府收支分类科目》中支出功能分类科目的项级科目和部门预算支出经济分类科目的款级科目等进行明细核算。偿还各项短期或长期借款时，按照偿还的借款本金，借记本科目，贷记"资金结存"科目。年末，将本科目本年发生额转入其他结余，借记"其他结余"科目，贷记本科目。年末结转后，本科目应无余额。

【例12-24】 某事业单位用银行存款向金融机构偿还一项短期借款本金80 000元，该事业单位应编制如下会计分录：

借：短期借款　　　　　　　　　　　　　　　　　　80 000
　　贷：银行存款　　　　　　　　　　　　　　　　　80 000
借：债务还本支出　　　　　　　　　　　　　　　　80 000
　　贷：资金结存——货币资金　　　　　　　　　　　80 000

八、其他支出

其他支出是指行政事业单位除行政支出、事业支出、经营支出、对附属单位补助支出、投资支出、上缴上级支出、债务还本支出以外的各项现金流出，包括利息支出、对外捐赠现金支出、现金盘亏损失、接受捐赠（调入）和对外捐赠（调出）非现金资产发生的税费支出、资产置换过程中发生的相关税费支出、罚没支出等。行政事业单位应当设置"其他支出"总账科目核算行政事业单位发生的其他支出业务。本科目应当按照其他支出的类别、"财政拨款支出""非财政专项资金支出"和"其他资金支出",以及《政府收支分类科目》中支出功能分类科目的项级科目和部门预算支出经济分类科目的款级科目等进行明细核算。其他支出中如有专项资金支出,还应当按照具体项目进行明细核算。有一般公共预算财政拨款、政府性基金预算财政拨款等两种或两种以上财政拨款的事业单位,还应当在"财政拨款支出"明细科目下按照财政拨款的种类进行明细核算。其他支出的主要账务处理如下。

(1) 利息支出。支付银行借款利息时,按照实际支付金额,借记"其他支出"科目,贷记"资金结存"科目。

(2) 对外捐赠现金资产。对外捐赠现金资产时,按照捐赠金额,借记"其他支出"科目,贷记"资金结存——货币资金"科目。

(3) 现金盘亏损失。每日现金账款核对中如发现现金短缺,按照短缺的现金金额,借记"其他支出"科目,贷记"资金结存——货币资金"科目。经核实,属于应当由有关人员赔偿的,按照收到的赔偿金额,借记"资金结存——货币资金"科目,贷记"其他支出"科目。

(4) 接受捐赠(无偿调入)和对外捐赠(无偿调出)非现金资产发生的税费支出。接受捐赠(无偿调入)非现金资产发生的归属于捐入方(调入方)的相关税费、运输费等,以及对外捐赠(无偿调出)非现金资产发生的归属于捐出方(调出方)的相关税费、运输费等,按照实际支付金额,借记"其他支出"科目,贷记"资金结存"科目。

(5) 资产置换过程中发生的相关税费支出。资产置换过程中发生的相关税费,按照实际支付金额,借记"其他支出"科目,贷记"资金结存"科目。

(6) 其他支出。发生罚没等其他支出时,按照实际支出金额,借记"其他支出"科目,贷记"资金结存"科目。

(7) 年末,将"其他支出"科目本年发生额中的财政拨款支出转入财政拨款结转,借记"财政拨款结转——本年收支结转"科目,贷记本科目下各财政拨款支出明细科目;将"其他支出"科目本年发生额中的非财政专项资金支出转入非财政拨款结转,借记"非财政拨款结转——本年收支结转"科目,贷记本科目下各非财政专项资金支出明细科目;将"其他支出"科目本年发生额中的其他资金支出(非财政非专项资金支出)转入其他结余,借记"其他结余"科目,贷记本科目下各其他资金支出明细科目。年末结转后,"其他支出"科目应无余额。

复习思考题

1. 什么是行政事业单位的费用?行政事业单位的费用包括哪些?
2. 什么是行政事业单位的预算支出?行政事业单位的预算支出包括哪些?

第十三章

行政事业单位的净资产和预算结余

> **学习目的**
>
> 熟悉行政事业单位净资产和预算结余的构成，能够正确地进行本期盈余、本年盈余分配、累计盈余、专用基金、权益法调整、无偿调拨净资产和以前年度盈余调整等净资产要素的核算，以及资金结存、财政拨款结转、财政拨款结余、非财政拨款结转、非财政拨款结余、专用结余、经营结余、其他结余等预算结余要素的核算，提供行政事业单位净资产和预算结余的核算信息。

行政事业单位的净资产是指行政事业单位资产扣除负债后的净额，其金额取决于资产和负债的计量。行政事业单位核算的净资产包括本期盈余、本年盈余分配、无偿调拨净资产、以前年度盈余调整、累计盈余、专用基金与权益法调整。

行政事业单位的预算结余是指行政事业单位预算收入减去预算支出后的余额，它是行政事业单位采用收付实现制度基础核算预算收入和预算支出后，按照预算结余的种类进行分类，包括资金结存、财政拨款结转、财政拨款结余、非财政拨款结转、非财政拨款结余、专用结余、经营结余、其他结余和非财政拨款结余分配。

在行政事业单位中，净资产属于财务会计要素，预算结余属于预算会计要素。净资产和预算结余在基本概念、具体种类、确认和计量方法上虽然有一定的联系，但存在明显的区别。

第一节 行政事业单位的净资产

一、本期盈余

本期盈余是指行政事业单位本期各项收入、费用相抵后的余额。行政事业单位应当设置

"本期盈余"总账科目核算行政事业单位本期各项收入、费用相抵后的余额情况。本科目期末如为贷方余额，反映行政事业单位自年初至当期期末累计实现的盈余；如为借方余额，反映行政事业单位自年初至当期期末累计发生的亏损。年末结账后，本科目应无余额。

期末，将各类收入科目的本期发生额转入本期盈余，借记"财政拨款收入""事业收入""上级补助收入""附属单位上缴收入""经营收入""非同级财政拨款收入""投资收益""捐赠收入""利息收入""租金收入""其他收入"科目，贷记本科目；将各类费用科目本期发生额转入本期盈余，借记本科目，贷记"业务活动费用""单位管理费用""经营费用""所得税费用""资产处置费用""上缴上级费用""对附属单位补助费用""其他费用"科目。年末，完成上述结转后，将本科目余额转入"本年盈余分配"科目，借记或贷记本科目，贷记或借记"本年盈余分配"科目。

【例13-1】 某事业单位12月31日期末结账前有关业务活动收入费用科目情况如表13-1所示。相应的会计分录如下。

表13-1 某事业单位12月31日期末结账前有关业务活动收入费用科目情况　　　　元

科目名称	贷方余额	科目名称	借方余额
财政拨款收入	2 000 000	业务活动费用	1 800 000
事业收入	900 000	单位管理费用	950 000
上级补助收入	100 000	对附属单位补助费用	200 000
附属单位上缴收入	300 000	上缴上级费用	200 000
经营收入	640 000	经营费用	640 000
其他收入	20 000	其他费用	30 000
合计	3 960 000	合计	3 820 000

（1）结转本期收入时。

借：财政拨款收入　　　　　　　　　　　　　　　　　　2 000 000
　　事业收入　　　　　　　　　　　　　　　　　　　　　900 000
　　上级补助收入　　　　　　　　　　　　　　　　　　　100 000
　　附属单位上缴收入　　　　　　　　　　　　　　　　　300 000
　　经营收入　　　　　　　　　　　　　　　　　　　　　640 000
　　其他收入　　　　　　　　　　　　　　　　　　　　　 20 000
　　贷：本期盈余　　　　　　　　　　　　　　　　　　3 960 000

（2）结转本期费用时。

借：本期盈余　　　　　　　　　　　　　　　　　　　　3 820 000
　　贷：业务活动费用　　　　　　　　　　　　　　　　1 800 000
　　　　单位管理费用　　　　　　　　　　　　　　　　　950 000
　　　　经营费用　　　　　　　　　　　　　　　　　　　640 000
　　　　上缴上级费用　　　　　　　　　　　　　　　　　200 000

对附属单位补助费用	200 000
其他费用	30 000

(3) 将"本期盈余"转入"本年盈余分配"时。

借：本期盈余	140 000
贷：本年盈余分配	140 000

二、本年盈余分配

本年盈余分配是指行政事业单位对本年度实现的盈余按照有关规定进行分配的情况和结果。行政事业单位应当设置"本年盈余分配"总账科目核算行政事业单位本年度盈余分配的情况和结果。年末，将"本期盈余"科目余额转入本科目，借记或贷记"本期盈余"科目，贷记或借记本科目。根据有关规定从本年度非财政拨款结余或经营结余中提取专用基金的，按照预算会计下计算的提取金额，借记本科目，贷记"专用基金"科目。按照规定完成上述处理后，将本科目余额转入累计盈余，借记或贷记本科目，贷记或借记"累计盈余"科目。年末结账后，本科目应无余额。

【例13-2】 年末，某事业单位"本期盈余"科目贷方余额为28 000元，将其转入"本年盈余分配"科目。按规定从本年度非财政拨款结余中提取专用基金4 000元。之后，将"本年盈余分配"科目贷方余额24 000元转入"累计盈余"科目。该事业单位应编制如下会计分录：

(1) 年末将"本期盈余"科目余额转入"本年盈余分配"科目时。

借：本期盈余	28 000
贷：本年盈余分配	28 000

(2) 按规定从本年度非财政拨款结余中提取专用基金时。

借：本年盈余分配	4 000
贷：专用基金	4 000

(3) 年末将"本年盈余分配"科目余额转入"累计盈余"科目时。

借：本年盈余分配	24 000
贷：累计盈余	24 000

三、无偿调拨净资产

无偿调拨净资产是指行政事业单位无偿调入或调出非现金资产所引起的净资产变动金额。行政事业单位应当设置"无偿调拨净资产"总账科目核算行政事业单位的无偿调拨净资产业务。年末结账后，本科目应无余额。无偿调拨净资产的主要账务处理如下。

(1) 按照规定取得无偿调入的存货、长期股权投资、固定资产、无形资产、公共基础设施、政府储备物资、文物文化资产、保障性住房等，按照确定的成本，借记"库存物品""长期股权投资""固定资产""无形资产""公共基础设施""政府储备物资""文物文化资产"“保障性住房"等科目，按照调入过程中发生的归属于调入方的相关费用，贷记"零余额账户用款额度"“银行存款"等科目，按照其差额，贷记本科目。

（2）按照规定经批准无偿调出存货、长期股权投资、固定资产、无形资产、公共基础设施、政府储备物资、文物文化资产、保障性住房等，按照调出资产的账面余额或账面价值，借记本科目，按照固定资产累计折旧、无形资产累计摊销、公共基础设施累计折旧或摊销、保障性住房累计折旧的金额，借记"固定资产累计折旧"“无形资产累计摊销"“公共基础设施累计折旧（摊销）"“保障性住房累计折旧"科目，按照调出资产的账面余额，贷记"库存物品"“长期股权投资"“固定资产"“无形资产"“公共基础设施"“政府储备物资"“文物文化资产"“保障性住房"等科目；同时，按照调出过程中发生的归属于调出方的相关费用，借记"资产处置费用"科目，贷记"零余额账户用款额度"“银行存款"等科目。

（3）年末，将本科目余额转入累计盈余，借记或贷记本科目，贷记或借记"累计盈余"科目。

【例13-3】 某行政单位按规定报经批准无偿调出一项账面余额为 80 000 元、累计折旧为 2 000 元的固定资产，该行政单位应编制如下会计分录：

借：无偿调拨净资产　　　　　　　　　　　　　　　60 000
　　固定资产累计折旧　　　　　　　　　　　　　　20 000
　　贷：固定资产　　　　　　　　　　　　　　　　　　　80 000

四、以前年度盈余调整

以前年度盈余调整是指行政事业单位本年度发生的调整以前年度盈余的事项，包括本年度发生的重要前期差错更正涉及调整以前年度盈余的事项。行政事业单位应当设置"以前年度盈余调整"总账科目核算行政事业单位本年度发生的调整以前年度盈余的事项。调整增加以前年度收入时，按照调整增加的金额，借记有关科目，贷记本科目，调整减少的，做相反会计分录；调整增加以前年度费用时，按照调整增加的金额，借记本科目，贷记有关科目，调整减少的，做相反会计分录；盘盈的各种非流动资产，报经批准后处理时，借记"待处理财产损溢"科目，贷记本科目。经上述调整后，应将本科目的余额转入累计盈余，借记或贷记"累计盈余"科目，贷记或借记本科目。本科目结转后应无余额。

【例13-4】 某行政单位本年度发现上一会计年度遗漏计提一项固定资产折旧，由此形成上一会计年度少分摊相应的业务活动费用 12 600 元，本年度发现时，对这一重要前期差错进行更正，调整增加以前年度的费用数额，并相应调整减少以前年度的累计盈余数额。该行政单位应编制如下会计分录：

(1) 调整增加以前年度费用时。

借：以前年度盈余调整　　　　　　　　　　　　　　12 600
　　贷：固定资产累计折旧　　　　　　　　　　　　　　　12 600

(2) 将"以前年度盈余调整"科目余额转入累计盈余时。

借：累计盈余	12 600	
贷：以前年度盈余调整		12 600

五、累计盈余

累计盈余是指行政事业单位历年实现的盈余扣除盈余分配后滚存的金额，以及因无偿调入调出资产产生的净资产变动额。行政事业单位应当设置"累计盈余"总账科目核算行政事业单位的累计盈余业务。按照规定上缴、缴回、单位间调剂结转结余资金产生的净资产变动额，以及对以前年度盈余的调整金额，也通过本科目核算。本科目期末余额，反映行政事业单位未分配盈余（或未弥补亏损）的累计数以及截至上年末无偿调拨净资产变动的累计数；本科目期末余额，反映单位未分配盈余（或未弥补亏损）以及无偿调拨净资产变动的累计数。累计盈余的主要账务处理如下。

（1）年末，将"本年盈余分配"科目的余额转入累计盈余，借记或贷记"本年盈余分配"科目，贷记或借记本科目。

（2）年末，将"无偿调拨净资产"科目的余额转入累计盈余，借记或贷记"无偿调拨净资产"科目，贷记或借记本科目。

（3）按照规定上缴财政拨款结转结余、缴回非财政拨款结转资金、向其他单位调出财政拨款结转资金时，按照实际上缴、缴回、调出金额，借记本科目，贷记"财政应返还额度""零余额账户用款额度""银行存款"等科目。按照规定从其他单位调入财政拨款结转资金时，按照实际调入金额，借记"零余额账户用款额度""银行存款"等科目，贷记本科目。

（4）将"以前年度盈余调整"科目的余额转入本科目，借记或贷记"以前年度盈余调整"科目，贷记或借记本科目。

（5）按照规定使用专用基金购置固定资产、无形资产的，按照固定资产、无形资产成本金额，借记"固定资产""无形资产"科目，贷记"银行存款"等科目；同时，按照专用基金使用金额，借记"专用基金"科目，贷记本科目。

【例13-5】 年末，某行政单位"本年盈余分配"科目的贷方余额为13 800元，将其转入"累计盈余"科目。该行政单位应编制如下会计分录：

借：本年盈余分配	13 800	
贷：累计盈余		13 800

六、专用基金与权益法调整

（一）专用基金

专用基金是指事业单位按照规定提取或设置的具有专门用途的净资产，主要包括职工福利基金、科技成果转换基金等。事业单位应当设置"专用基金"总账科目核算事业单位提取或设置的专用基金事项。本科目期末贷方余额反映事业单位累计提取或设置的尚未使用的专用基金。本科目应当按照专用基金的类别进行明细核算。专用基金的主要账务处理如下。

(1) 年末,根据有关规定从本年度非财政拨款结余或经营结余中提取专用基金的,按照预算会计下计算的提取金额,借记"本年盈余分配"科目,贷记本科目。

(2) 根据有关规定从收入中提取专用基金并计入费用的,一般按照预算会计下基于预算收入计算提取的金额,借记"业务活动费用"等科目,贷记本科目。

(3) 根据有关规定设置的其他专用基金,按照实际收到的基金金额,借记"银行存款"等科目,贷记本科目。

(4) 按照规定使用提取的专用基金时,借记本科目,贷记"银行存款"等科目。使用提取的专用基金购置固定资产、无形资产的,按照固定资产、无形资产成本金额,借记"固定资产""无形资产"科目,贷记"银行存款"等科目;同时,按照专用基金使用金额,借记本科目,贷记"累计盈余"科目。

【例13-6】 年末,某事业单位根据有关规定从本年度非财政拨款结余中提取职工福利基金24 500元。该事业单位应编制如下会计分录:

借:本年盈余分配　　　　　　　　　　　　　　　　　　24 500
　　贷:专用基金——职工福利基金　　　　　　　　　　　　　　24 500

(二) 权益法调整

权益法调整是指事业单位持有的长期股权投资采用权益法核算时,按照被投资单位除净损益和利润分配以外的所有者权益变动份额调整长期股权投资账面余额而计入净资产的金额。事业单位应当设置"权益法调整"总账科目核算事业单位权益法调整事项。本科目期末余额反映事业单位在被投资单位除净损益和利润分配以外的所有者权益变动中累积享有(或分担)的份额。本科目应当按照被投资单位进行明细核算。权益法调整的主要账务处理如下。

(1) 年末,按照被投资单位除净损益和利润分配以外的所有者权益变动应享有(或应分担)的份额,借记或贷记"长期股权投资——其他权益变动"科目,贷记或借记本科目。

(2) 采用权益法核算的长期股权投资,因被投资单位除净损益和利润分配以外的所有者权益变动而将应享有(或应分担)的份额计入单位净资产的,处置该项投资时,按照原计入净资产的相应部分金额,借记或贷记本科目,贷记或借记"投资收益"科目。

【例13-7】 某事业单位持有A公司70%的股份,有权决定A公司的财务和经营政策,相应的长期股权投资采用权益法核算。年末,A公司发生除净利润和利润分配以外的所有者权益变动增加数为30 000元。该事业单位应编制如下会计分录:

借:长期股权投资——其他权益变动　　　　　　　　　　　21 000
　　贷:权益法调整　　　　　　　　　　　　　　　　　　　　21 000

第二节　行政事业单位的预算结余

一、资金结存

资金结存是指行政事业单位纳入部门预算管理的资金的流入、流出、调整和滚存的金额，包括结存的零余额账户用款额度、货币资金和财政应返还额度等。行政事业单位应当设置"资金结存"总账科目核算行政事业单位的资金结存业务，并应当设置下列明细科目。

第一，"零余额账户用款额度"明细科目。该明细科目核算实行国库集中支付的行政事业单位根据财政部门批复的用款计划收到和支用的零余额账户用款额度。年末结账后，本明细科目应无余额。

第二，"货币资金"明细科目。该明细科目核算行政事业单位以库存现金、银行存款、其他货币资金形态存在的资金。本明细科目年末借方余额反映行政事业单位尚未使用的货币资金。

第三，"财政应返还额度"明细科目。该明细科目核算实行国库集中支付的行政事业单位可以使用的以前年度财政直接支付资金额度和财政应返还的财政授权支付资金额度。该明细科目下可设置"财政直接支付""财政授权支付"两个明细科目进行明细核算。本明细科目年末借方余额反映单位应收财政返还的资金额度。

资金结存的主要账务处理如下。

（1）财政授权支付方式下行政事业单位根据代理银行转来的财政授权支付额度到账通知书，按照通知书中的授权支付额度，借记"资金结存——零余额账户用款额度"科目，贷记"财政拨款预算收入"科目。以国库集中支付以外的其他支付方式取得预算收入时，按照实际收到的金额，借记"资金结存——货币资金"科目，贷记"财政拨款预算收入""事业预算收入""经营预算收入"等科目。

（2）财政授权支付方式下，发生相关支出时，按照实际支付的金额，借记"行政支出""事业支出"等科目，贷记"资金结存——零余额账户用款额度"科目。从零余额账户提取现金时，借记"资金结存——货币资金"科目，贷记"资金结存——零余额账户用款额度"科目。退回现金时，做相反会计分录。使用以前年度财政直接支付额度发生支出时，按照实际支付金额，借记"行政支出""事业支出"等科目，贷记"资金结存——财政应返还额度"科目。

国库集中支付以外的其他支付方式下，发生相关支出时，按照实际支付的金额，借记"事业支出""经营支出"等科目，贷记"资金结存——货币资金"科目。

【例13-8】　某事业单位从单位零余额账户中提取现金800元，以备日常零星开支使用。该事业单位应编制如下会计分录：

借：库存现金　　　　　　　　　　　　　　　　　　　　　　　　800

第十三章 行政事业单位的净资产和预算结余

贷：零余额账户用款额度	800
借：资金结存——货币资金	800
贷：资金结存——零余额账户用款额度	800

（3）按照规定上缴财政拨款结转结余资金或注销财政拨款结转结余资金额度的，按照实际上缴资金数额或注销的资金额度数额，借记"财政拨款结转——归集上缴"或"财政拨款结余——归集上缴"科目，贷记"资金结存"科目（财政应返还额度、零余额账户用款额度、货币资金）。按规定向原资金拨入单位缴回非财政拨款结转资金的，按照实际缴回资金数额，借记"非财政拨款结转——缴回资金"科目，贷记"资金结存——货币资金"科目。

收到从其他单位调入的财政拨款结转资金的，按照实际调入资金数额，借记"资金结存"科目（财政应返还额度、零余额账户用款额度、货币资金），贷记"财政拨款结转——归集调入"科目。

【例13-9】某行政单位按规定通过财政授权支付额度的方式上缴财政拨款结转资金4 600元。该行政单位应编制如下会计分录：

借：累计盈余	4 600
贷：零余额账户用款额度	4 600
借：财政拨款结转——归集上缴	4 600
贷：资金结存——零余额账户用款额度	4 600

（4）按照规定使用专用基金时，按照实际支付金额，借记"专用结余——从非财政拨款结余中提取的专用基金"科目或"事业支出_从预算收入中计提的专用基金"等科目，贷记"资金结存——货币资金"科目。

（5）因购货退回、发生差错更正等退回国库直接支付、授权支付款项，或者收回货币资金的，属于本年度支付的，借记"财政拨款预算收入"科目或"资金结存"科目（零余额账户用款额度、货币资金），贷记相关支出科目；属于以前年度支付的，借记"资金结存"科目（财政应返还额度、零余额账户用款额度、货币资金），贷记"财政拨款结转""财政拨款结余""非财政拨款结转""非财政拨款结余"科目。

（6）有企业所得税缴纳义务的事业单位缴纳所得税时，按照实际缴纳金额，借记"非财政拨款结余——累计结余"科目，贷记"资金结存——货币资金"科目。

【例13-10】某事业单位通过银行存款缴纳企业所得税1 200元。该事业单位应编制如下会计分录：

借：其他应缴税费——应缴所得税	1 200
贷：银行存款	1 200
借：非财政拨款结余——累计结余	1 200
贷：资金结存——货币资金	1 200

（7）年末，根据本年度财政直接支付预算指标数与当年财政直接支付实际支出数的差

额,借记"资金结存——财政应返还额度"科目,贷记"财政拨款预算收入"科目。

(8)行政事业单位依据代理银行提供的对账单做注销额度的相关账务处理,借记"资金结存——财政应返还额度"科目,贷记"资金结存——零余额账户用款额度"科目;本年度财政授权支付预算指标数大于零余额账户用款额度下达数的,根据未下达的用款额度,借记"资金结存——财政应返还额度"科目,贷记"财政拨款预算收入"科目。

二、财政拨款结转

财政拨款结转是指行政事业单位当年预算已执行但尚未完成,或因故未执行,下一年度需要按照原用途继续使用的同级财政拨款滚存资金。行政事业单位应当设置"财政拨款结转"总账科目核算行政事业单位取得的同级财政拨款结转资金的调整、结转和滚存情况。本科目年末贷方余额反映行政事业单位滚存的财政拨款结转资金数额。

(一)本科目应当设置的明细科目

1. 与会计差错更正、以前年度支出收回相关的明细科目

"年初余额调整"明细科目。该明细科目核算因发生会计差错更正、以前年度支出收回等原因,需要调整财政拨款结转的金额。年末结账后,本明细科目应无余额。

2. 与财政拨款调拨业务相关的明细科目

(1)"归集调入"明细科目。该明细科目核算按照规定从其他单位调入财政拨款结转资金时,实际调增的额度数额或调入的资金数额。

(2)"归集调出"明细科目。该明细科目核算按照规定向其他单位调出财政拨款结转资金时,实际调减的额度数额或调出的资金数额。

(3)"归集上缴"明细科目。该明细科目核算按照规定上缴财政拨款结转资金时,实际核销的额度数额或上缴的资金数额。

(4)"单位内部调剂"明细科目。该明细科目核算经财政部门批准对财政拨款结余资金改变用途,调整用于本单位其他未完成项目等的调整金额。

年末结账后,上述明细科目应无余额。

3. 与年末财政拨款结转业务相关的明细科目

(1)"本年收支结转"明细科目。该明细科目核算行政事业单位本年度财政拨款收支相抵后的余额。年末结账后,本明细科目应无余额。

(2)"累计结转"明细科目。该明细科目核算行政事业单位滚存的财政拨款结转资金。本明细科目年末贷方余额反映行政事业单位财政拨款滚存的结转资金数额。

(二)财政拨款结转的主要账务处理

1. 与会计差错更正、以前年度支出收回相关的账务处理

(1)因发生会计差错更正退回以前年度国库直接支付、授权支付款项或财政性货币资金,或者因发生会计差错更正增加以前年度国库直接支付、授权支付支出或财政性货币资金

支出，属于以前年度财政拨款结转资金的，借记或贷记"资金结存"科目（财政应返还额度、零余额账户用款额度、货币资金），贷记或借记"财政拨款结转——年初余额调整"科目。

（2）因购货退回、预付款项收回等发生以前年度支出又收回国库直接支付、授权支付款项或收回财政性货币资金，属于以前年度财政拨款结转资金的，借记"资金结存"科目（财政应返还额度、零余额账户用款额度、货币资金），贷记"财政拨款结转——年初余额调整"科目。

2. 与财政拨款结转结余资金调整业务相关的账务处理

（1）按照规定从其他单位调入财政拨款结转资金的，按照实际调增的额度数额或调入的资金数额，借记"资金结存"科目（财政应返还额度、零余额账户用款额度、货币资金），贷记"财政拨款结转——归集调入"科目。

（2）按照规定向其他单位调出财政拨款结转资金的，按照实际调减的额度数额或调出的资金数额，借记"财政拨款结转——归集调出"科目，贷记"资金结存"科目（财政应返还额度、零余额账户用款额度、货币资金）。

（3）按照规定上缴财政拨款结转资金或注销财政拨款结转资金额度的，按照实际上缴资金数额或注销的资金额度数额，借记"财政拨款结转——归集上缴"科目，贷记"资金结存"科目（财政应返还额度、零余额账户用款额度、货币资金）。

（4）经财政部门批准对财政拨款结余资金改变用途，调整用于本单位基本支出或其他未完成项目支出的，按照批准调剂的金额，借记"财政拨款结余——单位内部调剂"科目，贷记"财政拨款结转——单位内部调剂"科目。

3. 与年末财政拨款结转和结余业务相关的账务处理

（1）年末，将财政拨款预算收入本年发生额转入"财政拨款结转"科目，借记"财政拨款预算收入"科目，贷记"财政拨款结转——本年收支结转"科目；将各项支出中财政拨款支出本年发生额转入"财政拨款结转"科目，借记"财政拨款结转——本年收支结转"科目，贷记各项支出（财政拨款支出）科目。

（2）年末冲销有关明细科目余额。将本科目（本年收支结转、年初余额调整、归集调入、归集调出、归集上缴、单位内部调剂）余额转入本科目（累计结转）。结转后，本科目除"累计结转"明细科目外，其他明细科目应无余额。

（3）年末完成上述结转后，应当对财政拨款结转各明细项目执行情况进行分析，按照有关规定将符合财政拨款结余性质的项目余额转入财政拨款结余，借记"财政拨款结转——累计结转"科目，贷记"财政拨款结余——结转转入"科目。

三、财政拨款结余

财政拨款结余是指行政事业单位取得的同级财政拨款项目支出结余资金。行政事业单位应当设置"财政拨款结余"总账科目核算行政事业单位取得的同级财政拨款项目支出结余资金的调整、结转和滚存情况。该科目应当设置"年初余额调整""归集上缴""单位内部调剂""结转转入""累计结余"等明细科目。其中,"结转转入"明细科目核算行政事业单位按照规定转入财政拨款结余的财政拨款结转资金。其他明细科目的使用方法与"财政拨款结转"总账科目的相应明细科目类似。本科目年末贷方余额反映单位滚存的财政拨款结余资金数额。

【例13-11】 年末,某行政单位"财政拨款结余"科目相关明细科目的余额为:"结转转入"贷方余额300 500元,"归集上缴"借方余额200 800元。该行政单位在预算会计中应编制如下会计分录:

借:财政拨款结余——结转转入　　　　　　　　　　　　　300 500
　　贷:财政拨款结余——归集上缴　　　　　　　　　　　　200 800
　　　　　　　　　　——累计结余　　　　　　　　　　　　 99 700

四、非财政拨款结转

非财政拨款结转是指行政事业单位由财政拨款收支、经营收支以外各非同级财政拨款专项资金收支形成的结转资金。行政事业单位应当严格区分财政资金和非财政资金,对于非财政资金,应当进一步区分专项资金和非专项资金,分别对其进行会计核算。行政事业单位应当设置"非财政拨款结转"总账科目核算行政事业单位非财政拨款专项资金的调整、结转和滚存情况。该科目应当设置"年初余额调整""缴回资金""项目间接费用或管理费""本年收支转""累计结转"明细科目。其中,"项目间接费用或管理费"明细科目核算行政事业单位取得的科研项目预算收入中,按照规定计提项目间接费用或管理费的数额,其他明细科目的使用方法与"财政拨款结转"总账科目的相应明细科目类似。本科目年末贷方余额反映行政事业单位滚存的非同级财政拨款专项结转资金数额。

【例13-12】 年末,某事业单位按照规定从某科研项目预算收入中提取项目管理费73 000元,下年使用该计提的项目管理费48 000元,该事业单位应编制如下会计分录:

(1) 从科研项目预算收入中计提项目管理费时。

借:单位管理费用　　　　　　　　　　　　　　　　　　　73 000
　　贷:预提费用——项目间接费用或管理费　　　　　　　　73 000
借:非财政拨款结转——项目间接费用或管理费　　　　　　 73 000
　　贷:非财政拨款结转——项目间接费用或管理费　　　　　73 000

(2) 下年使用该项目管理费时。

借:预提费用——项目间接费用或管理费　　　　　　　　　48 000
　　贷:银行存款　　　　　　　　　　　　　　　　　　　 48 000
借:事业支出　　　　　　　　　　　　　　　　　　　　　48 000
　　贷:资金结存——货币资金　　　　　　　　　　　　　 48 000

五、非财政拨款结余

非财政拨款结余是指行政事业单位历年滚存的非限定用途的非同级财政拨款结余资金，主要为非财政拨款结余扣除结余分配后滚存的金额。行政事业单位应当设置"非财政拨款结余"总账科目核算行政事业单位的非财政拨款结余资金事项，该科目应当设置"年初余额调整""项目间接费用或管理费""结转转入""累计结余"明细科目。相应明细科目的使用方法可参阅"财政拨款结余""非财政拨款结转"总账科目的相应明细科目。本科目年末贷方余额反映行政事业单位非同级财政拨款结余资金的累计滚存数额。

【例13-13】 某事业单位"非财政拨款结余分配"科目贷方余额为18 500元，将其转入非财政拨款结余。该事业单位在预算会计中应编制如下会计分录：

借：非财政拨款结余分配　　　　　　　　　　　　　　18 500
　　贷：非财政拨款结余——累计结余　　　　　　　　　　　　18 500

六、专用结余

专用结余是指事业单位按照规定从非财政拨款结余中提取的具有专门用途的资金。事业单位应当设置"专用结余"总账科目核算事业单位按照规定从非财政拨款结余中提取的具有专用基金的变动和滚存情况。本科目应当按照专用结余的类别进行明细核算。本科目年末贷方余额反映事业单位从非同级财政拨款结余中提取的专用基金的累计滚存数额。根据有关规定从本年度非财政拨款结余或经营结余中提取基金的，按照提取金额，借记"非财政拨款结余分配"科目，贷记本科目；根据规定使用从非财政拨款结余或经营结余中提取的专用基金时，按照使用金额，借记本科目，贷记"资金结存——货币资金"科目。

【例13-14】 年末，某事业单位根据有关规定从本年度非财政拨款结余中提取专用基金23 500元。该事业单位应编制如下会计分录：

借：本年盈余分配　　　　　　　　　　　　　　　　　23 500
　　贷：专用基金　　　　　　　　　　　　　　　　　　　　23 500
借：非财政拨款结余分配　　　　　　　　　　　　　　23 500
　　贷：专用结余　　　　　　　　　　　　　　　　　　　　23 500

七、经营结余

经营结余是指事业单位本年度经营活动收支相抵后的余额弥补以前年度经营亏损后的余额。事业单位应当设置"经营结余"总账科目核算事业单位经营结余事项。年末，将经营预算收入本年贷方发生额转入经营结余的贷方；将经营支出本年借方发生额转入经营结余的借方。完成上述结转后，如该科目为贷方余额，将该科目贷方余额转入"非财政拨款结余分配"科目，借记本科目，贷记"非财政拨款结余分配"科目；如该科目为借方余额，为经营亏损，不予结转。年末结账后，该科目一般无余额；如为借方余额，反映事业单位累计

· 201 ·

发生的经营亏损。

八、其他结余

其他结余是指行政事业单位本年度除财政拨款收支、非同级财政专项资金收支和经营收支以外各项收支相抵后的余额。行政事业单位应当设置"其他结余"总账科目核算行政事业单位其他结余事项。行政事业单位本年度同级财政拨款收支相抵后的余额通过"财政拨款结转"科目核算，本年度非同级财政专项资金收支相抵后的余额通过"非财政拨款结转"科目核算，本年度经营收支相抵后的余额通过"经营结余"科目核算。年末，将"事业预算收入""上级补助预算收入""附属单位上缴预算收入""非同级财政拨款预算收入""债务预算收入""其他预算收入"科目本年发生额中的非专项资金收入以及"投资预算收益"科目本年发生额转入本科目，借记"事业预算收入""上级补助预算收入""附属单位上缴预算收入""非同级财政拨款预算收入""债务预算收入""其他预算收入"科目下各非专项资金收入明细科目和"投资预算收益"科目，贷记本科目（"投资预算收益"科目本年发生额为借方净额时，借记本科目，贷记"投资预算收益"科目）；将"行政支出""事业支出""其他支出"科目本年发生额中的非同级财政、非专项资金支出，以及"上缴上级支出""对附属单位补助支出""投资支出""债务还本支出"科目本年发生额转入本科目，借记本科目，贷记"行政支出""事业支出""其他支出"科目下各非同级财政、非专项资金支出明细科目和"上缴上级支出""对附属单位补助支出""投资支出""债务还本支出"科目。完成上述结转后，行政单位将本科目余额转入"非财政拨款结余——累计结余"科目；事业单位将本科目余额转入"非财政拨款结余分配"科目。当本科目为贷方余额时，借记本科目，贷记"非财政拨款结余——累计结余"或"非财政拨款结余分配"科目；当本科目为借方余额时，借记"非财政拨款结余——累计结余"或"非财政拨款结余分配"科目，贷记本科目。年末结账后，本科目应无余额。

九、非财政拨款结余分配

非财政拨款结余分配是指事业单位对本年度非财政拨款结余资金进行的分配。事业单位应当设置"非财政拨款结余分配"总账科目核算事业单位非财政拨款结余分配的情况和结果。年末，事业单位将"其他结余"科目余额转入该科目，将"经营结余"科目贷方余额转入该科目。根据有关规定提取专用基金的，按照提取的金额，借记本科目，贷记"专用结余"科目。年末，按照规定完成上述相关处理后，将该科目余额转入非财政拨款结余。年末结账后，本科目应无余额。

【例13-15】 年末，某事业单位"其他结余"科目贷方余额为103 200元，"经营结余"科目贷方余额为12 800元，将其转入"非财政拨款结余分配"。该事业单位根据有关规定从本年度其他结余和经营结余中提取专用基金共计4 000元，具体为职工福利基金。提取专用基金后，该事业单位将"非财政拨款结余分配"科目的贷方余额112 000元转入非财政拨款结余。该事业单位应编制如下会计分录：

(1) 结转"其他结余"和"经营结余"科目余额时。

借：其他结余　　　　　　　　　　　　　　　　103 200
　　经营结余　　　　　　　　　　　　　　　　 12 800
　　　贷：非财政拨款结余分配　　　　　　　　　　　116 000

(2) 按规定从其他结余和经营结余中提取专用基金时。

借：本年盈余分配　　　　　　　　　　　　　　　4 000
　　　贷：专用基金——职工福利基金　　　　　　　　 4 000
借：非财政拨款结余分配　　　　　　　　　　　　4 000
　　　贷：专用结余　　　　　　　　　　　　　　　　 4 000

(3) 将"非财政拨款结余分配"科目余额转入非财政拨款结余时。

借：非财政拨款结余分配　　　　　　　　　　　112 000
　　　贷：非财政拨款结余——累计结余　　　　　　　112 000

复习思考题

1. 行政事业单位的净资产主要包括哪些内容？
2. 什么是行政事业单位的预算结余？预算结余主要包括哪些内容？
3. 简述累计盈余的定义及主要账务处理。

第十四章

行政事业单位会计报表的编制

> **学习目的**
>
> 了解行政事业单位年终清理和结账，了解行政事业单位财务会计报表和预算会计报表的构成，熟悉行政事业单位财务报表和预算报表的编制，能够正确地编制资产负债表、收入费用表及预算收入支出表，提供行政事业单位会计报表信息。

行政事业单位会计报表是反映行政事业单位财务状况、运行情况及预算执行情况等信息的书面文件，主要包括财务会计报表和预算会计报表。

行政事业单位在编制会计报表之前，需要进行年终清理和结账。年终清理和结账是行政事业单位编制年度决算的一个重要环节，也是保证单位财务报表和预算报表数字真实、准确、完整的一项基础工作。

第一节 年终清理和结账

一、年终清理

年终清理是指行政事业单位根据财政部门或主管单位关于决算编审工作的要求，对全年预算资金收支、其他资金收支活动进行全面的清查、核对、整理和结算的工作。年终清理主要包括以下内容。

（一）清理核对年度预算收支数字和预算缴拨款数字

年终前，财政机关、上级单位和所属各单位之间，应当认真清理核对预算数；同时，要逐笔清理核对上下级之间预算拨款和预算缴款数，按核定的预算和调整的预算，该拨付的拨付，该上缴的上缴，以保证与财政部门以及上下级之间的年度预算数、领拨经费数和上缴、下拨数一致。为了准确反映各项收支数额，凡属本年度的应拨款项，应当在本年度12月31日拨付给对方。主管单位的拨款扎账日为12月25日，逾期一般不再办理下拨。

（二）清理核对各项收支款项

凡属于本年的各项收入都应及时入账。本年的各项应缴国库款和应缴财政专户款，应在年终前全部上缴。属于本年的各项支出，应按规定的支出用途据实列报。年度支出决算，一律以基层用款单位截至12月31日的本年实际支出数为准，不得将年终前预拨下级单位的下年的预算拨款列入本年的支出，也不得以上级会计单位的拨款数代替基层用款单位的实际支出数。

（三）清理、核对各项往来款项

对行政事业单位的各种暂存款和暂付款等往来款项，要在年终前尽量清理完毕，按照有关规定应当转作各项收入或各项支出的往来款项要及时转入有关科目，编入本年决算。这些往来款项如果长期挂账，会导致收入数字和支出数字不符。

（四）清查货币资金

行政事业单位年终要及时与开户银行对账。零余额账户用款额度应当清零，发生额与银行对账单核对相符；银行存款的账面余额同银行对账单的余额核对相符；现金的账面余额与库存现金核对相符；有价证券账面数字与实存的有价证券核对相符。

（五）清理盘点财产物资

各种财产物资年终必须全部入账，各行政事业单位应制订盘点计划，配备专人对全部财产进行全面的清查盘点，发生盘盈、盘亏的，要及时查明原因，按规定处理，调整账簿记录，做到账实相符、账账相符。

二、年终结账

行政事业单位要在年终清理结算的基础上进行年终结账。年终结账工作包括三个方面：年终转账、结清旧账、记入新账。

（一）年终转账

账目数字核对无误后，首先计算出各账户借方或贷方的12月合计数和全年累计数，结出12月月末余额；然后，编制结账前的资产负债表，试算平衡；最后，将应对冲结转的各个收支账户的余额按年终冲转办法，填制12月31日的记账凭证，办理结账冲转。

（二）结清旧账

将结账后无余额的账户结出全年累计数，然后在下面划双红线，表示本账户全部结清；对年终有余额的账户，在"全年累计数"下行的"摘要"栏内注明"结转下年"字样，再在下面划双红线，表示年终余额转入新账，结束旧账。

（三）记入新账

根据本年度各科目余额，编制年终决算资产负债表和有关明细表。对表列各科目的年终余额数，不编制记账凭证，直接记入新年度相应的各有关账户的余额栏内，并在"摘要"栏注明"上年结转"字样，以区别新年度的发生数。

第二节 财务会计报表

行政事业单位财务会计报表包括四张报表，即资产负债表、收入费用表、净资产变动表和现金流量表，下面分别阐述。

一、资产负债表

（一）资产负债表的定义和格式

资产负债表反映的是时点指标，是反映行政事业单位在某一特定日期全部资产、负债和净资产情况的报表。行政事业单位资产负债表按照平衡等式"资产=负债+净资产"来编制。行政事业单位资产负债表如表15-1所示（表中数字作为举例，均为假设。其他会计报表的情况也是如此）。

表 15-1　行政事业单位资产负债表

会政财01表

编制单位：某行政单位　　　　　201×年12月31日　　　　　单位：元

资产	期末余额	年初余额	负债和净资产	期末余额	年初余额
流动资产			流动负债		
货币资金	300		应付职工薪酬	720	
财政应返还额度	740		应付账款	400	
预付账款	940		一年到期的非流动负债	640	
存货	1 340		流动负债合计	1 760	
流动资产合计	3 320		非流动负债		
非流动资产			长期借款	1 320	
固定资产原值	73 200		长期应付款		
减：累计折旧	17 000		预计负债		
固定资产净值	56 200		非流动负债合计	1 320	
在建工程	13 000		负债合计	3 080	
无形资产原值	37 200		累计盈余	93 640	
减：无形资产累计摊销	13 000		专用基金		
无形资产净值	24 200		权益法调整		
非流动资产合计	93 400		净资产合计	93 640	
资产合计	96 720		负债和净资产	96 720	

(二)资产负债表的列报方法

在资产负债表中,"期末余额"栏各项目的填列方法如下。

(1)根据总账账户期末余额直接填列。例如,"资产类项目中短期投资""财政应返还额度""应收票据""预付账款""应收股利""应收利息""固定资产原值""工程物资"等项目按照期末余额直接填列。

(2)根据总账账户或明细账户期末余额分析计算填列。例如,"货币资金"项目按照"库存现金""银行存款""零余额账户用款额度""其他货币资金"科目的期末余额的合计数填列。若单位存在通过"库存现金""银行存款"科目核算的受托代理资产,还应当按照前述合计数扣减"库存现金""银行存款"科目下受托代理资产明细科目的期末余额后的金额填列。

(3)根据总账账户期末余额分析填列。例如,一年内到期的非流动资产项目按照"长期债券投资"等科目的明细科目的期末余额分析填列;"长期借款"项目按照期末余额减去一年及一年内到期的长期借款余额后填列。

二、收入费用表

(一)收入费用表的定义和格式

收入费用表是时期指标,反映行政事业单位在某一会计期间内发生的收入、费用及当期盈余情况的报表。行政事业单位收入费用表按照公式"本期收入-本期费用=本期盈余"来编制。行政事业单位收入费用表如表15-2所示。

表15-2 行政事业单位收入费用表

会政财02表

编制单位:某行政单位　　　　　　201×年　月　　　　　　　　　单位:元

项目	本月数	本年累计数
一、本期收入		8 100
(一)财政拨款收入		
其中:政府性基金收入		7 900
(二)事业收入		
(三)上级补助收入		
(四)附属单位上缴收入		
(五)经营收入		
(六)非同级财政拨款收入		
(七)投资收益		200
(八)捐赠收入		
(九)利息收入		
(十)租金收入		

续表

项目	本月数	本年累计数
（十一）其他收入		
二、本期费用		11 960
（一）业务活动费用		
（二）单位管理费用		11 680
（三）经营费用		
（四）资产处置费用		
（五）上缴上级费用		260
（六）对附属单位补助费用		
（七）所得税费用		
（八）其他费用		20
三、本期盈余		-3 860

（二）收入费用表的列报方法

在收入费用表中，"本月数"栏各项目应当按照相应会计科目的本期发生额填列。其中，"政府性基金收入"项目按照"财政拨款收入"相关明细科目的本期发生额填列；"本期盈余"项目按照本期收入-本期费用后的金额填列；如为负数，以"-"号填列。

三、净资产变动表

（一）净资产变动表的定义和格式

净资产变动表是反映行政事业单位在某一会计期间内净资产项目变动情况的报表。行政事业单位净资产变动表采用矩阵的格式，即一方面列示净资产的各组成部分，另一方面列示净资产各组成部分增减变动的具体原因。行政事业单位净资产变动表的格式如表15-3所示。

表15-3 行政事业单位净资产变动表

会政财03表

编制单位：某行政单位　　201×年度　　单位：元

项目	本年数				上年数			
	累计盈余	专用基金	权益法调整	净资产合计	累计盈余	专用基金	权益法调整	净资产合计
一、上年年末余额	97 220			97 220				
二、以前年度损益调整（减少用"-"填列）		—				—		—

续表

项目	本年数				上年数			
	累计盈余	专用基金	权益法调整	净资产合计	累计盈余	专用基金	权益法调整	净资产合计
三、本年年初余额	97 220			97 220				
四、本年变动金额（减少以"-"填列）	-3 580			-3 580				
（一）本年盈余	-3 860	—	—	-3 860				
（二）无偿调拨净资产	320	—	—	320		—	—	
（三）归集调整预算结转结余	-40	—	—	-40				
（四）提取或设置专用基金			—				—	
其中：从预算收入中提取	—							
从预算结余中提取			—					
设置的专用基金	—							
（五）使用专用基金								
（六）权益法调整						—		
五、本年年末余额	93 640			93 640				

备注："—"表示不需要填数。

（二）净资产变动表的列报方法

在净资产变动表中，"本年数"栏各项目的填列方法如下。

(1) 在"上年年末余额"行，按照"累计盈余""专用基金""权益法调整"科目上年年末余额填列。

(2) 在"以前年度盈余调整"行，"累计盈余"项目应当根据本年度"以前年度盈余调整"科目转入"累计盈余"科目的金额填列。

(3) 在"本年年初余额"行，按照"上年年末余额"和"以前年度盈余调整"行对应项目金额的合计数填列。

(4) 在"本年变动金额"行，按照各自在"本年盈余""无偿调拨净资产""归集调整预算结转结余""提取或设置专用基金""使用专用基金""权益法调整"对应项目金额的合计数填列。

(5) 在"本年盈余"行，"累计盈余"项目按照年末由"本期盈余"转入"本年盈余分配"的金额填列。

（6）在"无偿调拨净资产"行，"累计盈余"项目按照年末由"无偿调拨净资产"科目转入"累计盈余"科目的金额填列。

（7）在"归集调整预算结转结余"行，"累计盈余"项目按照"累计盈余"科目明细账记录分析填列。

（8）在"提取或设置专用基金"行，"累计盈余"项目按照"从预算结余中提取"行中的累计盈余金额填列，"专用基金"按照"从预算收入中提取""从预算结余中提取""设置的专用基金"行中专用基金金额的合计数填列。"从预算收入中提取""从预算结余中提取""设置的专用基金"行，通过对"专用基金"科目明细账记录的分析，根据相应内容的金额填列。

（9）在"使用专用基金"行，"累计盈余""专用基金"项目通过对"专用基金"明细账记录的分析，根据本年按规定使用专用基金的金额填列。

（10）在"权益法调整"行，"权益法调整"项目按照"权益法调整"科目本年发生额填列。

（11）在"本年年末余额"行，"累计盈余""专用基金""权益法调整"项目按照各自在"本年年初余额""本年变动金额"行对应项目金额的合计数填列。

四、现金流量表

（一）现金流量表的定义和格式

现金流量表是时期报表，是反映行政事业单位在某一会计期间内现金流入和流出信息的报表。行政事业单位现金流量表按照规定按年度编制，由三部分组成：日常活动产生的现金流量、投资活动产生的现金流量、筹资活动产生的现金流量。现金流量表是反映现金流入和现金流出信息的表格。现金流量表的编制基础为：现金流入－现金流出＝现金流量净额。行政事业单位现金流量表如表15-4所示。

表15-4 行政事业单位现金流量表

会政财04表

编制单位：某行政单位　　　　　　　201×年　　　　　　　　　　　单位：元

项目	本年金额	上年金额
一、日常活动产生的现金流量：		（略）
财政基本支出拨款收到的现金	2 400	
财政非资本性项目拨款收到的现金	1 900	
事业活动收到的除财政拨款以外的现金		
收到的其他与日常活动有关的现金	120	
日常活动的现金流入小计	4 420	
购买商品、接受劳务支付的现金	2 260	

续表

项目	本年金额	上年金额
支付给职工以及为职工支付的现金	1 760	
支付的各项税费		
支付的其他与日常活动有关的现金	100	
日常活动的现金流出小计	4 120	
日常活动产生的现金流量净额	300	
二、投资活动产生的现金流量：		
收回投资收到的现金		
取得投资收益收到的现金		
处置固定资产、无形资产、公共基础设施等收回的现金净额	90	
收到的其他与投资活动有关的现金		
投资活动的现金流入小计	90	
购建固定资产、无形资产、公共基础设施等支付的现金	3 600	
对外投资支付的现金		
上缴处置固定资产、无形资产、公共基础设施等净收入支付的现金	90	
支付的其他与投资活动有关的现金		
投资活动的现金流出小计	3 690	
投资活动产生的现金流量净额	-3 600	
三、筹资活动产生的现金流量：		
财政资本性项目拨款收到的现金	3 600	
取得借款收到的现金		
收到的其他与筹资活动有关的现金		
筹资活动的现金流入小计	3 600	
偿还借款支付的现金		
偿还利息支付的现金		
支付的其他与筹资活动有关的现金	200	
筹资活动的现金流出小计	200	
筹资活动产生的现金流量净额	3 400	
四、汇率变动对现金的影响额		
五、现金净增加额	100	

（二）现金流量表的列报方法

行政事业单位现金流量表中的现金指的是行政事业单位的库存现金、可以随时用于支付的银行存款、其他货币资金、零余额账户用款额度、财政应返还额度，以及通过财政直接支付方式支付的款项。行政事业单位应当采用直接法编制现金流量表。

1. 日常活动产生的现金流量

（1）相关现金流入项目，根据"库存现金""银行存款""其他货币资金""零余额账户用款额度""财政拨款收入""应收账款""应收票据""预收账款""事业收入""租金收入""捐赠收入""利息收入""其他收入"等科目的记录分析填列。

（2）相关现金流出项目，根据"库存现金""银行存款""预付账款""在途物品""库存物品""应付账款""业务活动费""单位管理费用"等科目的记录分析填列。

2. 投资活动产生的现金流量

（1）相关现金流入项目，按照"库存现金""银行存款""短期投资""应收股利""长期股权投资""长期债券投资""应收利息"等科目的记录分析填列。

（2）相关现金流出项目，应当根据"库存现金""银行存款""在建工程""固定资产""工程物资""研发支出""无形资产"等科目的记录分析填列。

3. 筹资活动产生的现金流量

（1）相关现金流入项目，应当根据"银行存款""零余额账户用款额度""财政拨款收入""短期借款""长期借款"等科目的记录分析填列。

（2）相关现金流出项目，应当根据"库存现金""银行存款""短期借款""长期借款""应付利息""长期应付款"等科目的记录分析填列。

五、财务会计报表附注

会计报表附注是对未在会计报表中列示的项目，以及在报表中列示不明的项目进一步解释说明，是财务会计报表的重要组成部分。凡对报表使用者的决策有重要影响的会计信息，行政事业单位均应当在会计报表附注中进行充分披露。根据现行政府会计制度的规定，财务会计报表附注主要包括单位的基本情况、遵循政府会计准则制度的声明、会计报表重要项目说明、会计报表编制基础、重要会计政策和会计估计、本年盈余与预算结余的差异情况说明、其他重要事项说明等内容。

第三节 预算会计报表

行政事业单位预算会计报表包含三张表，即：预算收入支出表、预算结转结余变动表和财政拨款预算收入支出表。

一、预算收入支出表

（一）预算收入支出表的定义和格式

预算收入支出表是反映行政事业单位在某一会计年度内各项预算收入、预算支出和预算收支差额情况的报表。预算收入支出表主要由三部分构成，即：本年预算收入、本年预算支出、本年预算收支差额。其编制基础为：本年预算收入－本年预算支出＝本年预算收支差额。行政事业单位预算收入支出表如表15-5所示。

表15-5 行政事业单位预算收入支出表

会政预01表

编制单位：某行政单位　　　　　201×年　　　　　　　　　　单位：元

项目	本年数	上年数
一、本年预算收入	8 100	（略）
（一）财政拨款预算收入	7 900	
其中：政府性基金收入		
（二）事业预算收入		
（三）上级补助预算收入		
（四）附属单位上缴预算收入		
（五）经营预算收入		
（六）债务预算收入		
（七）非同级财政拨款预算收入	200	
（八）投资预算收益		
（九）其他预算收入		
其中：利息预算收入		
捐赠预算收入		
租金预算收入		
二、本年预算支出	7 840	
（一）行政支出	7 820	
（二）事业支出		
（三）经营支出		
（四）上缴上级支出		
（五）对附属单位补助支出		
（六）投资支出		
（七）债务还本支出		
（八）其他支出	20	
其中：利息支出		
捐赠支出		
三、本年预算收支差额	260	

（二）预算收入支出表的列报方法

预算收入支出表中"本年数"项目应当根据相关会计科目的本年发生额填列；其中，"政府性基金收入"项目，按照"财政拨款预算收入"相关明细科目的本年发生额填列；本年预算收入减去预算支出的金额填列在"本年预算收支差额"项目，相减后若金额为负数，以"-"号填列。

二、预算结转结余变动表

（一）预算结转结余变动表的定义和格式

预算结转结余变动表是反映行政事业单位在某一会计年度内预算结转结余变动情况的报表，按年度编制。预算结转结余变动表分四个组成部分，即：年初预算结转结余、年初余额调整、本年变动金额、年末预算结转结余。其编制基础为：年初预算结转结余±年初余额调整±本年变动金额=年末预算结转结余。行政事业单位预算结转结余变动表如表15-6所示。

表15-6 行政事业单位预算结转结余变动表

会政预02表

编制单位：某行政单位　　　　　　201×年　　　　　　单位：元

项目	本年数	上年数
一、年初预算结转结余	160	（略）
（一）财政拨款结转结余	160	
（二）其他资金结转结余		
二、年初余额调整（减少以"-"号填列）		
（一）财政拨款结转结余		
（二）其他资金结转结余		
三、本年变动金额（减少以"-"号填列）	220	
（一）财政拨款结转结余	200	
1. 本年收支差额	240	
2. 归集调入		
3. 归集上缴或调出	-40	
（二）其他资金结转结余	20	
1. 本年收支差额	20	
2. 缴回资金		
3. 使用专用结余		
4. 支付所得税		
四、年末预算结转结余	380	
（一）财政拨款结转结余	360	

续表

项目	本年数	上年数
1. 财政拨款结转	330	
2. 财政拨款结余	30	
(二) 其他资金结转结余	20	
1. 非财政拨款结转	20	
2. 非财政拨款结余		
3. 专用结余		
4. 经营结余（如有余额，以"-"号填列）		

（二）预算结转结余变动表的列报方法

在预算结转结余变动表中，"本年数"栏各项目的填列方法如下。

1. "年初预算结转结余"项目

（1）"财政拨款结转结余"项目，按照"财政拨款结转"和"财政拨款结余"项目的本年年初余额加总后填列。

（2）"其他资金结转结余"项目，按照"非财政拨款结转""非财政拨款结余""专用结余""经营结余"科目本年年初余额加总后填列。

2. "年初余额调整"项目

（1）"财政拨款结转结余"项目，按照"财政拨款结转""财政拨款结余"科目下年年初余额调整明细科目的本年发生额加总后填列。

（2）其他"资金结转结余"项目，按照"非财政拨款结转""非财政拨款结余"科目下年初余额调整明细科目的本年总的发生额填列。

3. "本年变动金额"项目

（1）"财政拨款结转结余"项目，按照本项目下"本年收支差额""归集调入""归集上缴或调出"项目金额加总后填列。

1）"本年收支差额"项目，按照"财政拨款结转"科目下"本年收支结转"明细科目本年转入的预算收支差额填列。

2）"归集调入"项目，按照"财政拨款结转"科目下"归集调入"明细科目的本年发生额填列。

3）"归集上缴或调出"项目，按照"财政拨款结转""财政拨款结余"科目下"归集上缴"明细科目，以及"财政拨款结转"科目下"归集调出"明细科目本年发生额加总后填列。

（2）"其他资金结转结余"项目，按照本项目下"本年收支差额""缴回资金""使用专用结余""支付所得税"项目加总后的金额填列。

1）"本年收支差额"项目，按照"非财政拨款结转"科目下"本年收支结转"明细科目"其他结余""经营结余"科目本年转入的预算收支的差额加总后填列。

2）"缴回资金"项目，按照"非财政拨款结转"科目下"缴回资金"明细科目本年发生额加总后填列。

3）"使用专用结余"项目，应当根据"专用结余"科目明细账中本年使用专用结余业务的发生额填列。

4）"支付所得税"项目，按照"非财政拨款结余"明细账中本年实际缴纳企业所得税业务的发生额填列。

4. "年末预算结转结余"项目

（1）"财政拨款结转结余"项目，按照本项目下"财政拨款结转""财政拨款结余"项目本年年末余额加总后填列。

（2）"其他资金结转结余"项目，按照本项目下"非财政拨款结转""非财政拨款结余""专用结余""经营结余"项目本年年末金额加总后填列。

三、财政拨款预算收入支出表

（一）财政拨款预算收入支出表的定义和格式

财政拨款预算收入支出表是反映行政事业单位本年财政拨款预算资金收入、支出及相关变动具体情况的报表，按年度编制。行政事业单位财政拨款预算收入支出表如表15-7所示。

表15-7 行政事业单位财政拨款预算收入支出表

会政预03表

编制单位：某行政单位　　　　201×年　　　　单位：元

项目	年初财政拨款结转结余		调整年初财政拨款结转结余		本年归集调入	本年归集上缴或调出	单位内部调剂		本年财政拨款收入	本年财政拨款支出	年末财政拨款结转结余	
	结转	结余	结转	结余			结转	结余			结转	结余
一、一般公共预算财政拨款	160					-40			7 900	7 660	330	30
（一）基本支出	60								2 400	2 420	40	
1. 人员经费												
2. 日常公用经费												
（二）项目支出	100					-40			5 500	5 240	290	30
1. ××项目												
2. ××项目												
……												
二、政府性基金预算财政拨款												

续表

项目	年初财政拨款结转结余		调整年初财政拨款结转结余	本年归集调入	本年归集上缴或调出	单位内部调剂		本年财政拨款收入	本年财政拨款支出	年末财政拨款结转结余	
	结转	结余				结转	结余			结转	结余
（一）基本支出											
1. 人员经费											
2. 日常公用经费											
（二）项目支出											
1. ××项目											
2. ××项目											
……											
总计	160				−40			7 900	7 660	330	30

（二）财政拨款预算收入支出表的列报方法

在财政拨款预算收入支出表中，各栏及其对应项目的填列方法如下。

（1）"年初财政拨款结转结余"栏中各项目，应当根据"财政拨款结转""财政拨款结余"及其明细科目的年初余额填列。

（2）"调整年初财政拨款结转结余"栏中各项目，应当根据"财政拨款结转""财政拨款结余"科目下"年初余额调整"明细科目及其所属明细科目的本年发生额填列；如调整减少年初财政拨款结转结余，以"−"号填列。

（3）"本年归集调入"栏中各项目，应当根据"财政拨款结转"科目下"归集调入"明细科目及其所属明细科目的本年发生额填列。

（4）"本年归集上缴或调出"栏中各项目，应当根据"财政拨款结转""财政拨款结余"科目下"归集上缴"科目和"财政拨款结转"科目下"归集调出"明细科目，及其所属明细科目的本年发生额填列，以"−"号填列。

（5）"单位内部调剂"栏中各项目，应当根据"财政拨款结转"和"财政拨款结余"科目下的"单位内部调剂"明细科目及其所属明细科目的本年发生额填列；对单位内部调剂减少的财政拨款结余金额，以"−"号填列。

（6）"本年财政拨款收入"栏中各项目，应当根据"财政拨款预算收入"科目及其所属明细科目的本年发生额填列。

（7）"本年财政拨款支出"栏中各项目，应当根据"行政支出""事业支出"等科目及其所属明细科目本年发生额中的财政拨款支出数的合计数填列。

（8）"年末财政拨款结转结余"栏中各项目，应当根据"财政拨款结转""财政拨款结余"科目及其所属明细科目的年末余额填列。

复习思考题

1. 行政事业单位年终清理的主要内容是什么?
2. 简述行政事业单位的会计报表包含的内容。
3. 资产负债表的定义是什么?怎样编制行政事业单位资产负债表?
4. 收入费用表的定义是什么?怎样编制行政事业单位收入费用表?
5. 预算收入支出表的定义是什么?怎样编制行政事业单位预算收入支出表?

第四篇　民间非营利组织会计

- 第十五章　民间非营利组织的资产和负债
- 第十六章　民间非营利组织的收入、费用和净资产
- 第十七章　民间非营利组织会计报表的编制

第十五章

民间非营利组织的资产和负债

> **学习目的**
>
> 熟悉民间非营利组织资产、负债核算的范围,能够正确地进行相应资产和负债的核算,提供民间非营利组织资产和负债的核算信息。

民间非营利组织的资产是指过去的交易或者事项形成并由民间非营利组织拥有或者控制的资源,该资源预期会给民间非营利组织带来经济利益或者服务潜力。

民间非营利组织的负债是过去的经济业务或者事项形成的现实义务,履行该义务预期会导致经济利益或者服务资源流出民间非营利组织。

第一节 民间非营利组织的资产

一、资产的种类

资产应当按其流动性分为流动资产、长期投资、固定资产、无形资产和受托代理资产等。其中:流动资产是指预期可在1年内(含1年)变现或者耗用的资产,主要包括现金、银行存款、短期投资、应收款项、预付账款、存货、待摊费用等;长期投资是指除短期投资以外的投资,包括长期股权投资和长期债权投资等。民间非营利组织的资产在取得时应当按照实际成本计量。民间非营利组织的资产与以营利为目的的企业资产种类相类似。

二、资产核算举例

(一)固定资产

固定资产是指民间非营利组织为行政管理、提供服务、生产商品或者出租目的而持有的单位价值较高且预计使用年限超过1年的有形资产。为核算固定资产业务，民间非营利组织应设置"固定资产"总账科目。本科目主要账务处理如下。

1. 取得固定资产

固定资产在取得时，应当按取得时的实际成本入账。取得时的实际成本包括买价、包装费、运输费、缴纳的有关税金等相关费用，以及为使固定资产达到预定可使用状态前所必要的支出。固定资产取得时的实际成本应当根据以下具体情况分别确定。

（1）外购的固定资产，按照实际支付的买价、相关税费以及为使固定资产达到预定可使用状态前所发生的可直接归属于该固定资产的其他支出（如运输费、安装费、装卸费等）确定其成本。如果以一笔款项购入多项没有单独标价的固定资产，按各项固定资产公允价值的比例对总成本进行分配，分别确定各项固定资产的成本。

（2）自行建造的固定资产，按照建造该项资产达到预定可使用状态前所发生的全部必要支出确定其成本。

（3）接受捐赠的固定资产，如果捐赠方提供了有关凭据（如发票、报关单、有关协议等），应当以凭据上标明的金额作为入账价值；如果捐赠方没有提供有关凭据，受赠固定资产应当以其公允价值作为入账价值。

（4）通过非货币性交易换入的固定资产，以换出资产的账面价值，加上应支付的相关税费和支付的补价或减去收到的补价，作为换入资产的入账价值。

（5）融资租入的固定资产，按照租赁协议或者合同确定的价款、运输费、途中保险费、安装调试费以及融资租入固定资产达到预定可使用状态前发生的借款费用等确定其成本。

取得时，按照确定的成本，借记"固定资产"科目，贷记"银行存款""应付账款""捐赠收入"等科目。购入需要安装或者自制的固定资产，先通过"在建工程"科目，待安装完毕达到预定可使用状态时再转入"固定资产"科目。

2. 计提折旧

按月提取固定资产折旧时，按照应计提的折旧金额，借记"管理费用""存货——生产成本"等科目，贷记"累计折旧"科目。

3. 与固定资产有关的后续支出

如果使可能流入民间非营利组织的经济利益或者服务潜力超过了原先的估计，如延长了固定资产的使用寿命，或者使服务质量实质性提高，或者使商品成本实质性降低，则应当计入固定资产账面价值，但其增计后的金额不应当超过该固定资产的可收回金额。其他后续支出，应当计入当期费用。

发生后续支出时，按照应当资本化的金额，借记"在建工程""固定资产"科目，贷记"银行存款"等科目；按照应当费用化的金额，借记"管理费用"等科目，贷记"银行存款"等科目。

4. 固定资产出售、报废或者毁损等原因处置时

按照所处置固定资产的账面价值，借记"固定资产清理"科目，按照已提取的折旧金

额,借记"累计折旧"科目,按照固定资产账面余额,贷记本科目。固定资产的清理净损益,应当计入当期收入或者费用。

5. 固定资产盘点

民间非营利组织对固定资产应当定期或者至少每年实地盘点一次。对盘盈、盘亏的固定资产,应当及时查明原因,写出书面报告,并根据管理权限经董事会、理事会或类似权力机构批准后,在期末结账前处理完毕。

盘盈的固定资产应当按照其公允价值借记本科目,贷记"其他收入"科目;盘亏的固定资产按照减去过失人或者保险公司等赔款和残料价值之后的金额,借记"管理费用"科目,按照收回的过失人赔偿和保险赔偿金等,借记"现金""银行存款""其他应收款"等科目,按照已提取的折旧金额,借记"累计折旧"科目,按照固定资产账面余额,贷记本科目。

【例15-1】 某基金会接受企业捐赠办公设备2台,同类或类似固定资产的市场价格每台3 000元,经验收入库。该基金会应编制的会计分录为:

借:固定资产　　　　　　　　　　　　　　　　　　　　　　6 000
　　贷:捐赠收入　　　　　　　　　　　　　　　　　　　　　　6 000

【例15-2】 接【例15-1】月末,计提固定资产折旧300元。该基金会应编制的会计分录为:

借:管理费用　　　　　　　　　　　　　　　　　　　　　　300
　　贷:累计折旧　　　　　　　　　　　　　　　　　　　　　　300

(二) 受托代理资产

受托代理资产是指民间非营利组织接受委托方委托从事受托代理业务而收到的资产。民间非营利组织本身只是在委托代理过程中起中介作用,无权改变受托代理资产的用途或者变更受益人。为核算受托代理资产业务,民间非营利组织应设置"受托代理资产"和"受托代理负债"总账科目。收到受托代理资产时,借记"受托代理资产"科目,贷记"受托代理负债"科目;如果受托代理资产为货币资金,可以在"现金""银行存款""其他货币资金"科目下设置"受托代理资产"明细科目进行核算。

转赠或转出受托代理资产时,按照转出受托代理资产的账面余额,借记"受托代理负债",贷记"受托代理资产"科目。

【例15-3】 某民办非企业接受捐赠人委托,受托代理价值50 000元的资产。应编制的会计分录为:

借:受托代理资产　　　　　　　　　　　　　　　　　　　　50 000
　　贷:受托代理负债　　　　　　　　　　　　　　　　　　　　50 000

【例15-4】 接【例15-3】,该民办非企业按照捐赠人意愿,将该受托代理资产转赠。应编制的会计分录为:

借:受托代理负债　　　　　　　　　　　　　　　　　　　　50 000
　　贷:受托代理资产　　　　　　　　　　　　　　　　　　　　50 000

第二节　民间非营利组织的负债

一、负债的种类

民间非营利组织的负债按照流动性分为流动负债、长期负债和受托代理负债等。流动负债是指将在1年内（含1年）偿还的负债，包括短期借款、应付款项、应付工资、应缴税金、预收账款、预提费用和预计负债等。长期负债是指偿还期限在1年以上（不含1年）的负债，包括长期借款、长期应付款和其他长期负债。受托代理负债是指民间非营利组织因从事受托代理业务、接受受托代理资产而产生的负债。受托代理负债应当按照相对应的受托代理资产的金额予以确认和计量。民间非营利组织的负债与以营利为目的的企业负债种类基本一致。

二、负债核算举例

（一）应付工资

应付工资是指民间非营利组织应付未付的员工工资。为核算民间非营利组织为员工支付的工资、津贴、补贴、奖励性工资等业务，民间非营利组织应设置"应付工资"总账科目。对各月发放的工资，要在月份终了时编制工资表进行归集、计算和分配，计入相关成本费用。工资的分配应按照内部管理的要求进行，如行政管理人员的工资，计入"管理费用"；从事各项业务活动的人员工资计入"业务活动成本""存货"；从事在建工程人员的工资计入"在建工程"等。

【例15-5】　某会计学会编制本月工资表，其中：行政管理人员工资12 120元，专业业务人员工资30 995元，在建工程人员工资15 780元，合计58 895元。应编制的会计分录为：

借：管理费用　　　　　　　　　　　　　　　　　　　　12 120
　　业务活动成本　　　　　　　　　　　　　　　　　　30 995
　　在建工程　　　　　　　　　　　　　　　　　　　　15 780
　　贷：应付工资　　　　　　　　　　　　　　　　　　58 895

（二）应缴税金

应缴税金是指民间非营利组织按照国家税法规定应缴未缴的各种税费，如增值税、城市维护建设税、企业所得税、房产税、个人所得税等。当发生增值税等应纳税义务时，借记"业务活动成本"等科目，贷记本科目；发生企业所得税纳税义务时，借记"其他费用"科目，贷记本科目；发生个人所得税纳税义务时，借记"应付工资"等科目，贷记本科目。实际缴纳时，借记本科目，贷记"银行存款"科目。

【例15-6】 年末,某民办非企业计算应缴企业所得税2 500元。应编制的会计分录为:

借:其他费用　　　　　　　　　　　　　　　　　　　　　2 500
　　贷:应缴税金　　　　　　　　　　　　　　　　　　　　　　2 500

复习思考题

1. 民间非营利组织的资产包括哪些?
2. 民间非营利组织的负债包括哪些?

第十六章

民间非营利组织的收入、费用和净资产

> **学习目的**
>
> 熟悉民间非营利组织收入、费用的来源,以及净资产的形成,能够正确地进行相应收入、费用和净资产的核算,提供民间非营利组织收入、费用和净资产信息。

民间非营利组织的收入是指民间非营利组织开展业务活动所取得的、导致本期净资产增加的经济利益或者服务潜能的流入。

民间非营利组织的费用是指民间非营利组织开展业务活动所发生的、导致本期净资产减少的经济利益或者服务潜能的流出。

民间非营利组织的净资产是指民间非营利组织的资产减去负债后的余额。

第一节 民间非营利组织的收入

收入应当按照其来源分为捐赠收入、会费收入、提供服务收入、政府补助收入、商品销售收入、投资收益等主要业务活动收入和其他收入等。民间非营利组织的收入可以按照不同的标准分类:按照民间非营利组织业务的主次,分为主要业务收入和其他收入;按照收入是否受到限制,分为限定性收入和非限定性收入;按照收入是否为交换交易形成的,分为交换交易形成的收入和非交换交易形成的收入等。交换交易形成的收入包括:提供服务收入、商品销售收入、会费收入等。非交换交易形成的收入包括:捐赠收入、政府补助收入等。

一、捐赠收入

捐赠收入是指民间非营利组织接受其他单位或者个人捐赠所取得的收入,不包括因受托代理业务而从委托方收到的受托代理资产。捐赠收入按照资产提供者对资产的使用是否设置了时间限制或者用途限制，分为限定性捐赠收入和非限定性捐赠收入。

为核算捐赠收入，民间非营利组织会计应设置"捐赠收入"总账科目，同时，设置"限定性收入"和"非限定性收入"明细科目。接受捐赠时，按照应确认的金额，借记"现金""银行存款""固定资产"等科目，贷记"捐赠收入"科目。期末，将本科目及各明细科目的余额分别转入限定性净资产和非限定性净资产，借记"捐赠收入——限定性收入"科目，贷记"限定性净资产"科目，或借记"捐赠收入——非限定性收入"科目，贷记"非限定性净资产"科目。结转后，本科目无余额。

对于接受的附条件捐赠，如果存在需要偿还全部或部分资产或者相应金额的现义务时，按照需要偿还的金额，借记"管理费用"，贷记"其他应付款"科目。

【例16-1】 甲基金会获得捐赠图书一批，价值200 000元，捐赠人要求将该批图书用于资助留守儿童。该基金会应编制的会计分录为：

(1) 收到捐赠图书时。

借：存货——图书	200 000
贷：捐赠收入——限定性收入	200 000

(2) 将其中价值50 000元的图书转赠给第一批留守儿童。

借：业务活动成本	50 000
贷：存货——图书	50 000

同时，限定性收入解除限定，转为非限定性收入。

借：捐赠收入——限定性收入	50 000
贷：捐赠收入——非限定性收入	50 000

(3) 期末，结转捐赠收入。

借：捐赠收入——非限定性收入	50 000
贷：非限定性净资产	50 000
借：捐赠收入——限定性收入	150 000
贷：限定性净资产	150 000

(4) 将剩余150 000元的图书转赠给第二批留守儿童。

借：业务活动成本	150 000
贷：存货——图书	150 000
借：限定性净资产	150 000
贷：非限定性净资产	150 000

二、会费收入

会费收入是指民间非营利组织根据章程等的规定向会员收取的会费。一般情况下，民间非营利组织的会费收入为非限定性收入，除非相关资产提供者对资产的使用设置了限制。

为核算会费收入，民间非营利组织会计应设置"会费收入"总账科目，同时设置"非限定性收入"明细科目。如果存在限定性会费收入,应设置"限定性收入"明细科目。向会员收取会费并满足收入确认条件时,借记"现金""银行存款""应收账款"等科目,贷记"会费收入——非限定性收入"科目(如果存在限定性会费收入,贷记"会费收入—限定性收入"科目)。如果存在多种会费(单位会费或个人会费等),可以按照会费种类进行明细核算。期末,将本科目及具明细科目余额转入"非限定性净资产"科目,借记"会费收入——非限定性收入"科目,贷记"非限定性净资产"科目(如果存在限定性会费收入,借记"会费收入——限定性收入"科目,贷记"限定性净资产")。结转后,本科目无余额。

【例16-2】 某书法家协会收到个人会员会费1 200元,存入银行。应编制的会计分录为:

借:银行存款　　　　　　　　　　　　　　　　　　　　　　　1 200
　　贷:会费收入——非限定性收入(个人会费)　　　　　　　　　1 200

期末,结转会费收入时,应编制的会计分录为:

借:会费收入—非限定性收入(个人会费)　　　　　　　　　　1 200
　　贷:非限定性净资产　　　　　　　　　　　　　　　　　　　1 200

三、提供服务收入

提供服务收入是指民间非营利组织根据章程等的规定向其服务对象提供服务取得的收入,包括学费收入、医疗费收入、培训费收入等。一般情况下,民间非营利组织的提供服务收入为非限定性收入,除非相关资产提供者对资产的使用设置了限制。

为核算提供服务收入业务,应设置"提供服务收入"总账科目,并设置"非限定性收入"明细科目。如果存在限定性提供服务收入,应设置"限定性收入"明细科目。同时,按照提供服务种类,在"非限定性收入"或"限定性收入"二级明细科目下设置三级明细科目进行核算。取得提供服务收入并满足收入确认条件时,借记"银行存款""应收账款""预收账款"等科目,贷记"提供服务收入——非限定性收入"科目(如果存在限定性提供服务收入,贷记"提供服务收入——限定性收入"科目)。期末,将本科目及其明细科目余额分别转入"限定性净资产"或"非限定性净资产"科目,借记"提供服务收入——非限定性收入"科目,贷记"非限定性净资产"科目(如果存在限定性提供服务收入,借记"提供服务收入——限定性收入"科目,贷记"限定性净资产"科目)。结转后,本科目无余额。

【例16-3】 某会计协会201×年7月7日至13日举办会计业务培训班,培训费为每人300元,款项在7月7日现场缴纳,共有60人参加培训班并缴纳了培训费。7月10日,该会计协会支付了本次培训的场地租赁费及其他相关费用12 000元,应编制的会计分录如下:

(1) 201×年7月7日,收取培训费时。

借:银行存款　　　　　　　　　　　　　　　　　　　　　　　18 000

贷：预收账款　　　　　　　　　　　　　　　　　　　　　　　　18 000
（2）201×年7月10日，确认收入时。
借：预收账款　　　　　　　　　　　　　　　　　　　　　　　　　18 000
　　贷：提供服务收入——非限定性收入　　　　　　　　　　　　　　18 000
借：业务活动成本——提供服务成本　　　　　　　　　　　　　　　12 000
　　贷：银行存款　　　　　　　　　　　　　　　　　　　　　　　　12 000

四、政府补助收入

政府补助收入是指民间非营利组织接受政府拨款或者政府机构给予的补助而取得的收入。为核算政府补助收入，应设置"政府补助收入"总账科目，同时设置"限定性收入"和"非限定性收入"明细科目。接受政府补助时，按照确认的金额，借记"银行存款"等科目，贷记"政府补助收入——限定性收入（或非限定性收入）"科目。期末，将本科目及其明细科目余额分别转入"限定性净资产"和"非限定性净资产"科目，借记"政府补助收入——限定性收入"科目，贷记"限定性净资产"科目，或借记"政府补助收入——非限定性收入"科目，贷记"非限定性净资产"科目。结转后，本科目无余额。

对于接受的附条件的政府补助，如果存在需要偿还全部或部分资产或者相应金额的现时义务，按照需要偿还的金额，借记"管理费用"科目，贷记"其他应付款"科目。

【例16-4】　某机器人协会收到当地政府部门补助款30 000元，专项用于人工智能机器人科普宣传，款项存入银行，应编制的会计分录如下：
（1）确认收入时。
借：银行存款　　　　　　　　　　　　　　　　　　　　　　　　　30 000
　　贷：政府补助收入——限定性收入　　　　　　　　　　　　　　　30 000
（2）按照该政府补助资金规定使用用途印刷人工智能机器人科普宣传册，支付印刷费等19 000元。
借：业务活动成本——印刷费　　　　　　　　　　　　　　　　　　19 000
　　贷：银行存款　　　　　　　　　　　　　　　　　　　　　　　　19 000
同时，限定性收入解除限定，转为非限定性收入时。
借：政府补助收入——限定性收入　　　　　　　　　　　　　　　　19 000
　　贷：政府补助收入——非限定性收入　　　　　　　　　　　　　　19 000

五、商品销售收入

商品销售收入是指民间非营利组织销售商品（如出版物、药品）所形成的收入。一般情况下，民间非营利组织的商品销售收入为非限定性收入，除非相关资产提供者对资产的使用设置了限制。

为核算销售商品收入的实现和业务活动成本的发生情况，民间非营利组织应设置"商品销售收入"和"业务活动成本"总账科目。确认实现的收入时,借记"银行存款"等科目,贷记"商品销售收入"科目。结转销售成本时,借记"业务活动成本"科目,贷记"存货"等科目。期末结转时,将本科目和"业务活动成本"科目转入"非限定性净资产"科目。本科目按照商品的种类设置明细账,进行明细核算。

【例16-5】 某民间非营利组织201×年9月27日对外销售商品一批,取得收入40 000元,成本30 000元。假设根据税法的规定,该民间非营利组织为小规模纳税人,适用的增值税征收率为3%。该组织不含税销售收入和应支增值税分别为:

不含税销售收入 = 40 000 ÷ (1+3%) = 38 835 (元)

应缴增值税 = 40 000 ÷ (1+3%) × 3% = 1 165 (元)

该组织应编制的会计分录如下:

借:银行存款　　　　　　　　　　　　　　　　　　　40 000
　　贷:商品销售收入　　　　　　　　　　　　　　　　38 835
　　　　应缴税金——应缴增值税　　　　　　　　　　　 1 165
借:业务活动成本　　　　　　　　　　　　　　　　　　30 000
　　贷:存货　　　　　　　　　　　　　　　　　　　　30 000

六、投资收益和其他收入

投资收益是指民间非营利组织因对外投资取得的投资净损益,一般情况下为非限定性收入,除非相关资产提供者对资产的使用设置了限制。

其他收入是指民间非营利组织除捐赠收入、会费收入、提供服务收入、商品销售收入、政府补助收入、投资收益等主要业务活动收入以外的其他收入,如确实无法支付的应付款项、存货盘盈、固定资产盘盈、固定资产处置净收入、无形资产处置净收入、在非货币性交易中收到补价情况下确认的损益等。一般情况下,民间非营利组织的其他收入为非限定性收入,除非相关资产提供者对资产的使用设置了限制。期末,将"其他收入"科目的余额转入"非限定性净资产"科目,结转后,本科目无余额。

第二节　民间非营利组织的费用

民间非营利组织的费用按照功能分为业务活动成本、管理费用、筹资费用和其他费用等。

一、业务活动成本

业务活动成本是指民间非营利组织为了实现业务活动目标、开展项目活动或者提供服务所发生的费用。如果民间非营利组织从事的项目、提供的服务或者开展的业务比较单一,可以将相关费用全部归集在"业务活动成本"项目下进行核算和列报;如果民间非营利组织从事的项目、提供的服务或者开展的业务种类较多，应在"业务活动成本"项目下分别按项目、服务或者业务大类进行核算和列报。

为核算业务活动成本业务，民间非营利组织应设置"业务活动成本"总账科目。发生业务活动成本时，借记该科目，贷记"银行存款""存货"等科目。期末，将本科目借方余额全部转入净资产科目，借记"非限定性净资产"科目，贷记本科目。结转后，本科目无余额。

【例16-6】 某基金会201×年11月30日计算出本月职工工资为110 000元，其中：专项业务人员工资60 000元，行政管理人员工资50 000元。该基金会应编制如下会计分录：

借：业务活动成本　　　　　　　　　　　　　　　　　　　60 000
　　管理费用　　　　　　　　　　　　　　　　　　　　　50 000
　　贷：应付工资　　　　　　　　　　　　　　　　　　　　　110 000

二、管理费用

管理费用是指民间非营利组织为组织和管理其业务活动所发生的各项费用，包括民间非营利组织董事会（或者理事会或者类似权力机构）经费和行政管理人员的工资、奖金、福利费、住房公积金、住房补贴、社会保障费、离退休人员工资与补助，以及办公费、水电费、邮电费、物业管理费、差旅费、折旧费、修理费、租赁费、无形资产摊销费、资产盘亏损失、资产减值损失、因预计负债所产生的损失、聘请中介机构费和应偿还的受赠资产等。其中，福利费应当依法根据民间非营利组织的管理权限，按照董事会、理事会或类似权力机构等的规定据实列支。

为核算管理费用业务，民间非营利组织应设置"管理费用"总账科目。发生管理费用业务时，借记本科目，贷记"银行存款""应付账款"等科目。提取行政管理部门用固定资产折旧时，借记本科目，贷记"累计折旧"科目。计提无形资产摊销时，借记本科目，贷记"无形资产"科目。期末，将本科目借方余额全部转入"净资产"科目时，借记"非限定性净资产"科目，贷记本科目。结转后，本科目无余额。本科目按照费用项目进行明细核算。

【例16-7】 某基金会201×年11月网上转账支付行政管理部门水电费670元，应编制的会计分录如下：

借：管理费用——水电费　　　　　　　　　　　　　　　　670
　　贷：银行存款　　　　　　　　　　　　　　　　　　　　　670

三、筹资费用

筹资费用是指民间非营利组织为筹集业务活动所需资金而发生的费用，包括民间非营利组织为了获得捐赠资产而发生的费用以及应当计入当期费用的借款费用、汇兑损失（减汇兑收益）等。民间非营利组织为了获得捐赠资产而发生的费用包括举办募款活动费，准备、印刷和发放募款宣传资料费以及其他与募款或者争取捐赠资产有关的费用。

为核算筹资费用业务，民间非营利组织应设置"筹资费用"总账科目。发生筹资费用时，借记本科目，贷记"银行存款""长期借款"等科目。将本科目借方余额转入"净资产"科目时，借记"非限定性净资产"科目，贷记本科目。结转后，本科目无余额。筹资费用按照筹资费用种类进行明细核算。

【例16-8】 某基金会201×年11月为募集捐款共发生准备、印刷和募款宣传资料费2 100元，应编制的会计分录如下：

借：筹资费用　　　　　　　　　　　　　　　　　　　　　2 100
　　贷：银行存款　　　　　　　　　　　　　　　　　　　　　2 100

四、其他费用

其他费用是指民间非营利组织发生的、无法归属到上述业务活动成本、管理费用或者筹资费用中的费用，包括固定资产处置净损失、无形资产处置净损失等。民间非营利组织发生的固定资产处置净损失，借记"其他费用"科目，贷记"固定资产清理"科目。发生的无形资产处置净损失，按照实际取得的价款，借记"银行存款"等科目，按照该项无形资产的账面余额，贷记"无形资产"科目，按照其差额，借记"其他费用"科目。期末，将本科目借方余额全部转入"非限定性净资产"科目。结转后，本科目无余额。其他费用按照费用种类进行明细核算。

【例16-9】 某基金会处置一项专利技术，取得价款17 000元，该无形资产账面余额为23 000元，应编制的会计分录如下：

(1) 处置该项无形资产时。

借：其他费用　　　　　　　　　　　　　　　　　　　　　6 000
　　银行存款　　　　　　　　　　　　　　　　　　　　　17 000
　　贷：无形资产　　　　　　　　　　　　　　　　　　　　23 000

(2) 期末结转该项处置费用时。

借：非限定性净资产　　　　　　　　　　　　　　　　　　6 000
　　贷：其他费用　　　　　　　　　　　　　　　　　　　　6 000

第三节　民间非营利组织的净资产

民间非营利组织净资产应当按照其是否受到限制，分为限定性净资产和非限定性净资产等。如果资产或者资产所产生的经济利益（如资产的投资收益和利息等）的使用受到资产提供者或者国家有关法律、行政法规所设置的时间限制或（和）用途限制，则由此形成的净资产即为限定性净资产，国家有关法律、行政法规对净资产的使用直接设置限制的，该受限制的净资产亦为限定性净资产；除此之外的其他净资产，即为非限定性净资产。

时间限制是指资产提供者或者国家有关法律、行政法规要求民间非营利组织在收到资产后的特定时期之内或特定日期之后使用该项资产，或者对资产的使用设置了永久限制。用途限制是指资产提供者或者国家有关法律、行政法规要求民间非营利组织将收到的资产用于某一特定的用途。

如果限定性净资产的限制已经解除,应当对净资产进行重新分类,将限定性净资产转为非限定性净资产。当存在下列情况之一时,可以认为限定性净资产的限制已经解除。

第一,所限定净资产的限制时间已经到期。

第二,所限定净资产规定的用途已经实现(或者目的已经达到)。

第三,资产提供者或者国家有关法律、行政法规撤销了所设置的限制。

如果限定性净资产受到两项或两项以上的限制,应当在最后一项限制解除时,才能认为该项限定性净资产的限制已经解除。

一、限定性净资产

为核算限定性净资产业务,民间非营利组织应设置"限定性净资产"总账科目。期末,将限定性收入实际发生额转入该科目的贷方,借记"捐赠收入——限定性收入""政府补助收入——限定性收入""会费收入——限定性收入"等科目,贷记"限定性净资产"科目。限定性净资产解除限制条件进行重新分类时,借记本科目,贷记"非限定性净资产"科目。

二、非限定性净资产

为核算非限定性净资产业务,民间非营利组织应设置"非限定性净资产"总账科目。期末,将非限定性收入实际发生额转入该科目的贷方,借记"捐赠收入——非限定性收入""政府补助收入——非限定性收入""会费收入——非限定性收入"等科目,贷记"非限定性净资产"科目。同时,将各费用类科目的余额转入本科目,借记"非限定性净资产"科目,贷记"业务活动成本""管理费用""筹资费用""其他费用"等科目。

【例16-10】 某行业协会201×年12月31日期末结账前有关业务活动收入、费用科目情况如表16-1所示。

表16-1 某行业协会有关业务活动收入、费用科目情况

科目名称	贷方余额/元	科目名称	借方余额/元
捐赠收入——限定性收入	1 300 000	业务活动成本	1 250 000
捐赠收入——非限定性收入	100 000	管理费用	950 000
政府补助收入——限定性收入	200 000	筹资费用	7 100
会费收入——非限定性收入	300 000	其他费用	6 900
提供服务收入——非限定性收入	440 000		
商品销售收入——非限定性收入	58 130		
投资收益——非限定性收入	-3 000		
其他收入——非限定性收入	1 610		
收入合计	2 396 740	费用合计	2 214 000

应编制如下年末收入费用类账户结转的会计分录:

(1) 结转收入类科目中的非限定性收入时。

借：捐赠收入——非限定性收入	100 000
会费收入——非限定性收入	300 000
提供服务收入——非限定性收入	440 000
商品销售收入——非限定性收入	58 130
其他收入——非限定性收入	1 610
贷：投资收益——非限定性收入	3 000
非限定性净资产	896 740

(2) 结转收入类科目中的限定性收入时。

借：捐赠收入——限定性收入	1 300 000
政府补助收入——限定性收入	200 000
贷：限定性净资产	1 500 000

(3) 结转费用类科目时。

借：非限定性净资产	2 214 000
贷：业务活动成本	1 250 000
管理费用	950 000
筹资费用	7 100
其他费用	6 900

复习思考题

1. 民间非营利组织的收入包括哪些？民间非营利组织的收入与企业的收入在核算上有何区别？

2. 民间非营利组织的费用包括哪些？民间非营利组织的费用与企业的费用在核算上有何区别？

第十七章

民间非营利组织会计报表的编制

学习目的

掌握资产负债表、业务活动表和现金流量表的编制方法，能够编制民间非营利组织会计报表，提供民间非营利组织财务报表的信息。

财务会计报告是反映民间非营利组织财务状况、业务活动情况和现金流量等的书面文件。民间非营利组织的财务会计报告有多种分类方式：按报表反映的内容不同，分为资产负债表、业务活动表和现金流量表；按编制时间不同，分为年度财务会计报告和中期财务会计报告；按报告的使用者不同，分为内部报告和外部报告。

民间非营利组织财务会计报告中的会计报表至少应当包括三张报表：资产负债表、业务活动表和现金流量表。

第一节 资产负债表

一、资产负债表的定义与格式

资产负债表是反映民间非营利组织某一会计期末全部资产、负债和净资产的报表。资产负债表的理论基础是"资产=负债+净资产"这一会计恒等式。民间非营利组织资产负债表如表17-1所示。

表 17-1 民间非营利组织资产负债表

编制单位：_____　　　　　　　　　___年_月_日　　　　　　　　　会民非01表
　　　　　　　　　　　　　　　　　　　　　　　　　　　　　　　　　　　单位：元

资产	行次	年初数	期末数	负债和净资产	行次	年初数	期末数
流动资产：				流动负债：			
货币资金	1			短期借款	61		
短期投资	2			应付款项	62		
应收款项	3			应付工资	63		
预付账款	4			应缴税金	65		
存货	8			预收账款	66		
待摊费用	9			预提费用	71		
一年内到期的长期债权投资	15			预计负债	72		
其他流动资产	18			一年内到期的长期负债	74		
流动资产合计	20			其他流动负债	78		
长期投资：				流动负债合计	80		
长期股权投资	21						
长期债权投资	24			长期负债：			
长期投资合计	30			长期借款	81		
固定资产：				长期应付款	84		
固定资产原价	31			其他长期负债	88		
减：累计折旧	32			长期负债合计	90		
固定资产净值	33						
在建工程	34			受托代理负债：			
文物文化资产	35			受托代理负债	91		
固定资产清理	38			负债合计	100		
固定资产合计	40			净资产：			
无形资产：				非限定性净资产	101		
无形资产	41			限定性净资产	102		
受托代理资产：				净资产合计			
受托代理资产	51						
资产总计	60			负债和净资产总计	120		

二、资产负债表的列报方法

资产负债表中各项目通常有两栏数字，包括"年初数"和"期末数"，相当于两期比较资产负债表。"年初数"应当根据上年年末资产负债表的"期末数"填列。如果本年度资产负债表项目的名称及内容与上年度不一致，应当对上年年末资产负债表各项目的数字按照本年度的规定进行调整，将调整后数字填入"年初数""期末数"根据资产、负债和净资产各有关总账账户和明细账户期末余额填列或计算填列，具体有以下三种方法。

（1）根据总账账户期末余额直接填列。资产负债表中的大部分项目，都可以根据相应的总账账户余额直接填列，如"待摊费用""固定资产原价""累计折旧""无形资产""应付工资""应缴税金""非限定性净资产""限定性净资产"等。

（2）根据总账账户期末余额分析计算填列。如"应收款项"项目应当根据"应收票据""应收账款""其他应收款"账户的期末余额合计，减去"坏账准备"账户的期末余额后的金额填列；"存货"项目应当根据"存货"账户的期末余额，减去"存货跌价准备"账户的期末余额后的金额填列；"长期股权投资"项目应当根据"长期股权投资"账户的期末余额，减去"长期投资减值准备"账户的期末余额中长期股权投资减值准备余额后的金额填列；"长期债权投资"项目应当根据"长期债权投资"账户的期末余额，减去"长期投资减值准备"账户的期末余额中长期债权投资减值准备余额，再减去本表"一年内到期的长期债权投资"项目金额后的金额填列；"长期借款"项目应当根据"长期借款"账户的期末余额减去其中将于1年内（含1年）到期的长期借款余额后的金额填列；"长期应付款"项目应当根据"长期应付款"账户的期末余额减去其中将于1年内（含1年）到期的长期应付款余额后的金额填列。

（3）根据总账账户和明细账户期末余额分析计算填列。如"货币资金"项目应当根据"现金""银行存款""其他货币资金"账户的期末余额合计填列。如果民间非营利组织的受托代理资产为现金、银行存款或其他货币资金且通过"现金""银行存款""其他货币资金"账户核算，还应当扣减"现金""银行存款""其他货币资金"账户中"受托代理资产"明细账户的期末余额。"受托代理资产"项目应当根据"受托代理资产"账户的期末余额填列。如果民间非营利组织的受托代理资产为现金、银行存款或其他货币资金且通过"现金""银行存款""其他货币资金"账户核算，还应当加上"现金""银行存款""其他货币资金"账户中"受托代理资产"账户科目的期末余额。

第二节　业务活动表

一、业务活动表的定义和格式

业务活动表是反映民间非营利组织在某一会计期间内开展业务活动实际情况的报表，是一定期间的收入与其同一会计期间相关的成本费用进行配比的结果，体现了民间非营利组织的实际绩效，反映了民间非营利组织净资产的形成内容。民间非营利组织业务活动表如表17-2所示。

表 17-2 民间非营利组织业务活动表

会民非 02 表

编制单位：_____　　　　　　___年_月　　　　　　单位：元

项目	行次	本月数			本年累计数		
		非限定性	限定性	合计	非限定性	限定性	合计
一、收入							
其中：捐赠收入	1						
会费收入	2						
提供服务收入	3						
商品销售收入	4						
政府补助收入	5						
投资收益	6						
其他收入	9						
收入合计	11						
二、费用							
（一）业务活动成本	12						
其中：	13						
	14						
	15						
	16						
（二）管理费用	21						
（三）筹资费用	24						
（四）其他费用	28						
费用合计	35						
三、限定性净资产转为非限定性净资产	40						
四、净资产变动额（若为净资产减少额，以"-"号填列）	45						

二、业务活动表的列报方法

在业务活动表中各项目通常有两栏数字，包括"本月数"和"本年累计数"。"本月数"栏反映各项目的本月实际发生数；"本年累计数"栏反映各项目自年初起至报告期末止的累计实际发生数。"非限定性"栏反映本期非限定性收入的实际发生数、本期费用的实际发生数和本期由限定性净资产转为非限定性净资产的金额;"限定性"栏反映本期限定性收入的实际发生数和本期由限定性净资产转为非限定性净资产的金额(以"-"号填列)。在提供上年度比较报表项目金额时,"限定性"和"非限定性"栏的金额可以合并填列。

业务活动表中的收入和费用项目可以根据收入、费用类账户本期发生额直接填列。收入类项目需要区分"限定性"和"非限定性"分别填列,费用类项目全部属于"非限定性"栏。"限定性净资产转为非限定性净资产"项目,应当根据"限定性净资产""非限定性净资产"科目的发生额分析填列。"净资产变动额"项目,应当根据本表"收入合计"项目的金额,减去"费用合计"项目的金额,再加上"限定性净资产转为非限定性净资产"项目的金额后填列。

第三节 现金流量表

一、现金流量表的定义和格式

现金流量表是反映民间非营利组织在某一会计期间内现金和现金等价物流入和流出信息的报表,如表17-3所示。

表17-3 民间非营利组织现金流量表

会民非03表

编制单位:_____   ____年度   单位:元

项 目	行 次	金 额
一、业务活动产生的现金流量:		
接受捐赠收到的现金	1	
收取会费收到的现金	2	
提供服务收到的现金	3	
销售商品收到的现金	4	
政府补助收到的现金	5	
收到的其他与业务活动有关的现金	8	
现金流入小计	13	
提供捐赠或者资助支付的现金	14	
支付给员工以及为员工支付的现金	15	
购买商品、接受服务支付的现金	16	
支付的其他与业务活动有关的现金	19	
现金流出小计	23	
业务活动产生的现金流量净额	24	
二、投资活动产生的现金流量:		

续表

项　目	行　次	金　额
收回投资所收到的现金	25	
取得投资收益所收到的现金	26	
处置固定资产和无形资产所收回的现金	27	
收到的其他与投资活动有关的现金	30	
现金流入小计	34	
购建固定资产和无形资产所支付的现金	35	
对外投资所支付的现金	36	
支付的其他与投资活动有关的现金	39	
现金流出小计	43	
投资活动产生的现金流量净额	44	
三、筹资活动产生的现金流量：		
借款所收到的现金	45	
收到的其他与筹资活动有关的现金	48	
现金流入小计	50	
偿还借款所支付的现金	51	
偿付利息所支付的现金	52	
支付的其他与筹资活动有关的现金	55	
现金流出小计	58	
筹资活动产生的现金流量净额	59	
四、汇率变动对现金的影响额	60	
五、现金及现金等价物净增加额	61	

二、现金流量表的列报方法

现金流量表中的现金是指民间非营利组织的库存现金以及可以随时用于支付的存款，包括现金、可以随时用于支付的银行存款和其他货币资金；现金等价物是指民间非营利组织持有的期限短、流动性强、易于转换为已知金额现金、价值变动风险很小的投资（除特别指明外，以下所指的现金均包含现金等价物）。现金流量表中将现金流量分为三大类：业务活动现金流量、投资活动现金流量和筹资活动现金流量。

民间非营利组织应当采用直接法编制业务活动产生的现金流量。采用直接法编制业务活动现金流量时，有关现金流量的信息可以从会计记录中直接获得，也可以在业务活动表收入和费用数据基础上，通过调整存货和与业务活动有关的应收应付款项的变动、投资以及固定资产折旧、无形资产摊销等项目后获得。

复习思考题

1. 资产负债表的定义是什么？如何编制民间非营利组织的资产负债表？
2. 业务活动表的定义是什么？如何编制民间非营利组织的业务活动表？

主要参考文献

［1］赵建勇. 政府与非营利组织会计［M］. 4版. 北京：中国人民大学出版社，2018.
［2］贺蕊莉. 政府与非营利组织会计［M］. 5版. 大连：东北财经大学出版社，2016.
［3］朱久霞，王钧，郭莹. 政府与非营利组织会计［M］. 北京：九州出版社，2013.
［4］赵建勇. 政府与非营利组织会计［M］. 北京：人民邮电出版社，2019.
［5］中华人民共和国财政部. 2020年政府收支分类科目［M］. 上海：立信会计出版社，2020.
［6］中华人民共和国财政部. 政府会计制度［M］. 2版. 北京：中国财政经济出版社，2019.
［7］中华人民共和国财政部. 政府会计准则［M］. 上海：立信会计出版社，2018.